主办 西南政法大学刑事辩护高等研究院
西南政法大学证据法学研究中心

证据·刑辩散思集（第五集）

ZHENGJU XINGBIAN SANSIJI

主编/潘金贵

中国检察出版社

图书在版编目（CIP）数据

证据·刑辩散思集．第五集 / 潘金贵主编．—北京：中国检察出版社，2025. —ISBN 978-7-5102-3257-2

Ⅰ．D925.113.4-53；D925.210.4-53

中国国家版本馆 CIP 数据核字第 2025L55U66 号

证据·刑辩散思集（第五集）

潘金贵　主编

责任编辑： 刘豫陵
技术编辑： 王英英
美术编辑： 徐嘉武

出版发行： 中国检察出版社
社　　址： 北京市石景山区香山南路 109 号（100144）
网　　址： 中国检察出版社（www.zgjccbs.com）
编辑电话：（010）86423778
发行电话：（010）86423726　86423727　86423728
（010）86423730　86423732
经　　销： 新华书店
印　　刷： 唐山玺诚印务有限公司
开　　本： 710 mm × 960 mm　16开
印　　张： 17.5
字　　数： 272千字
版　　次： 2025 年 4 月第一版　　2025 年 4 月第一次印刷
书　　号： ISBN 978-7-5102-3257-2
定　　价： 59.00 元

序

基于对证据法学教学科研的浓厚兴趣，以及长期兼职从事刑事辩护实务的经验与感悟，我深刻认识到，加强证据法学学习对于培养合格法科人才的重要意义。“打官司就是打证据”，法科学生或许只有走上司法实务工作岗位，才能真正体会到这个朴素原理的正确性。然而，在我国，证据法学的教学科研长期以来并未受到应有的重视，即使近年来稍有起色，但总体上仍然处于弱势学科地位。我从教伊始即主要专注证据法学的教学科研，所讲授的第一门课程就是本科生的证据法学。“位卑未敢忘忧国”，作为一名普通的高校教师，我一直在思考，自己应该为培养学生的证据意识，提高学生的证据法学素养，甚或为推动证据法学的教学科研做些什么。

或许除了兴趣之外，更多的是出于作为教师的良知和责任感，我开始做一些力所能及的、至少能够推动自己所任教学校的证据法学教学科研的事情：2011 年，经学校有关部门批准，我牵头成立了“西南政法大学证据法学研究中心”。2012 年，我创办了“证据法学讲堂”，后更名为“证据 · 刑辩讲堂”，邀请理论界和实务界对证据法学有研究兴趣的朋友一起面向全校学生以讲座形式探讨证据法学以及刑事辩护的理论及实践问题，迄今已经成为西南政法大学坚持得最好的“民办”学术讲座。2012 年，我自费出资，主编了《证据法学论丛》，其第一卷于当年 12 月由中国检察出版社出版，迄今已经出版了十一卷，为开展证据法学理论研究搭建了学术平台。2013 年，我主编了西南政法大学新阶梯法学规划课程系列教材之《证据法学》，弥补了自 20 世纪 90 年代初以来的 20 余年内西南政法大学无本校证据法学教材的缺憾，并于2016年对该教材进行了修订。2015年，我自费出资，主编了《证据法学译丛》，其第一本著作翻译的是澳大利亚著名律师大学教师安德鲁·帕尔玛先生的《证明：如何进行庭前证据分析》（第二版）》，由中国检察出版社出版，从而为介绍外国证据法学理论与实践，拓展证据法学教学科研视野搭建了新的平台，目前正在组织翻译英国经典教材《墨菲论证据》（第十五版）等英国证据法学系列著作，将陆续出版，2020年，我又创办了“证据法学文丛”，目前第一卷《刑事庭审质证规则研究》、第二卷《瑕疵证据研究》和第三卷《我国刑事庭审人证调查规则研究》已由中国检察出版社出版，后续专著的出版也在推进之中。2021年起，我每年组织举办全国性的“证据法学论坛”，在理论界和实务界引起了较好的社会反响。2022年我组织编写出版了西南政法大学新文科系列教材之《证据法学》教材，该教材被法律出版社评为教材类“2022年度畅销书”。2023年初，我组织编写的国内第一本面向本科生和实务工作者的证据法学实务教材《证据运用实务教程》已经出版，得到了各方面的好评，被评为法律出版社“2023年度十大好书”。

2023年底，我和河南韬涵律师事务所合作，共同出资设立了“全国证据法学研究生优秀科研成果奖”奖学金，鼓励证据法学科研方面有突出成绩的学子更加努力地学习进步，并创办了“全国证据法学研究生硕博论坛”，积极培养证据法学学术新人，目前已经成功举办了两届奖学金颁发及硕博论坛，对推动证据法学研究生教学科研工作产生了积极影响。2024年至今，我先后和河南韬涵律师事务所、北京冠衡律师事务所合作，创办了“全国青年证据法学者在线论坛”，会聚证据法学领域的优秀青年才俊，一起在线研讨证据法学的相关问题，取得了良好的社会反响。

多年来，我积极开展证据法学方面的课题研究，如：2012年主持完成了重庆市教学改革项目“证据法学教学模式改革研究”；与重庆市江北区人民法院联合完成了“刑事证人、鉴定人、专家辅助人出庭作证机制研究”横向项目研究；2016年成功申报了教育部研究项目“刑事庭审质证规则研究”，其最终研究成果已经由中国检察出版社出版；主持国家社科基金项目“刑事案件事实认定中的经验法则研究”，前期成果《刑事司法经验法则运用研究》《刑事司法排除合理怀疑研究》已由中国检察出版社出版，该项目结项鉴定被评为“优秀”，最终成果即将出版。此外，我还利用网络资源，创办了“西南证据法学网”“证据·刑辩论坛”微信公众号等多媒体、自媒体研究、交流平台。聊以自慰地说，经过多来年的艰辛付出，我已经在本校证据法学领域基本构建了一个较好的教学科研平台体系。

在诸多努力中，我最引以为豪的是坚持举办至今的“证据·刑辩讲堂”。创立“讲堂”的初衷就是通过系列讲座形式，吸引在校学生关注、重视证据法学的学习，培养学生的学习兴趣。之所以冠以“讲堂”而不是“论坛”之类“高大上”的称谓，主要在于“讲堂”主要采取近乎于讲课的方式进行，内容以实务为主，较少涉及理论问题，更多的是让学生了解司法实践中证据及刑事辩护方面的一些情况，有“第二课堂”之义。主讲人、与谈嘉宾大多是司法实务部门中有丰富实践经验的业务专家，其中不乏“全国检察业务专家”“全国审判业务专家”“全国优秀法官”“全国十佳公诉人”以及“全国优秀律师”等实务专家莅临讲授，也有外籍教授、国内著名学者或者学术新秀举办过专题讲座。“讲堂”每学期举办两至三次，一年举办四至六次，迄今已经坚持了十余年，成功举办了七十余场讲座，能够坚持下来，实属不易。“讲堂”目前已经成为西南政法大学颇有名气的学术沙龙，既为理论界和实务界的交流提供了一个平台，更为在校学生学习证据法学架起了课堂内外的桥梁，不乏有本科学生听了“讲堂”的讲座后，报考了我所属专业的研究生，可见善莫大焉！需要说明的是，“讲堂”在创办之初系由我个人出资举办，后来引进律师事务所参与。“讲堂”的每一次讲座均整理成文字稿，汇编成《证据·刑辩散思集》，付梓出版，以彰显其纪念意义。之所以谓之“散思集”，则是考虑到这原本是系列讲座的汇总，是不同主讲人、与谈嘉宾对相关主题思考的结果，是大家智慧火花的闪烁。

2024年，西南政法大学设立了“刑事辩护高等研究院”，我受命担任执行院长。刑事辩护高等研究院的成立，是西南政法大学加强刑事辩护领域教学科研、人才培养、实务交流等工作的重大战略性举措，将更好地推动刑事辩护理论与实践研究水平的提高。刑事辩护高等研究院创立伊始，就开办了“西政刑辩大讲堂”，邀请知名理论专家和实务专家就刑事辩护的有关问题进行专题讲座。鉴于开设了“西政刑辩大讲堂”，为了避免“证据·刑辩讲堂”在“刑辩”方面内容与之重复，从今年起，将原“证据·刑辩讲堂”改名为“证据法学大讲堂”，与“西政刑辩大讲堂”相得益彰。“西政刑辩大讲堂”

的每一期讲座内容亦将汇编入《证据·刑辩散思集》，其主办单位相应地增加了刑事辩护高等研究院，从而进一步提升了该书的学术档次。

蓦然回首，西南政法大学“证据法学研究中心”自成立至今，基本上是我以一己之力在支撑其运转，个中滋味，自不堪言。不过，做自己感兴趣的事情，终究是有价值的。如今，西南政法大学“刑事辩护高等研究院”的成立，得到了学校的大力支持，亦将大刀阔斧地开展刑事辩护方面的教学科研工作，二者相互辉映。承蒙学校信任，我有幸担任了两个学术机构的负责人，得以在自身最热衷的研究领域深耕探索，亦是人生一大幸事！故此，我将不改初衷、不忘初心，不懈前行！在此谨借《证据·刑辩散思集》（第五集）出版之际，向长期以来对西南政法大学证据法学研究中心教学科研工作予以大力支持的各界朋友致以衷心的感谢，并希望各界朋友能够大力支持西南政法大学刑事辩护高等研究院的教学科研工作，共同为推动我国证据法学、刑事辩护事业的发展作出贡献。身为人师，为国育才，唯尽自己本分，但求无愧于心。与诸君共勉。

是为序。

潘金贵

西南政法大学证据法学研究中心主任

西南政法大学刑事辩护高等研究院执行院长

2025年4月于歌乐山麓

目 录

01

轻刑案件的刑事辩护

主讲人：孙道萃 中国政法大学国家法律援助研究院副教授、学术部主任，中国刑法学研究会副秘书长

主持人：潘金贵 西南政法大学法学院教授、博士生导师，西南政法大学刑事辩护高等研究院执行院长，西南政法大学证据法学研究中心主任

嘉　宾：王　彪 西南政法大学法学院副教授、硕士生导师

王东海 重庆市两江地区人民检察院副检察长，全国检察业务专家、法学博士

杨　初 河南韬涵律师事务所合伙人、副主任

时　间： 2024年3月19日19：00

地　点： 西南政法大学渝北校区敬业楼3031会议室

潘金贵： 今天是西南政法大学证据法学研究中心主办的证据刑辩讲堂第五十八讲，也是今年的第一讲。我们非常荣幸地邀请到中国政法大学法律援助研究院学术部主任孙道萃教授来给大家主讲关于轻刑案件的刑事辩护问题。

随着我国的法治化进程，司法实践中重刑案件占比越来越低，呈现出所谓的“二八定律”，即重刑案件只占20%左右，而80%左右的案件是轻刑案件。《刑法》修改时把以前一些属于治安处罚范畴的轻微违法行为纳入其中，这在很大程度上扩大了犯罪圈，也就是说刑法要规制的对象越来越多，这种轻刑化的治理方式给刑事辩护带来了很大的挑战。这些案件好像并不严重，但是不打击也不行。在这种情况下，随着认罪认罚从宽制度的推行，怎

样给犯罪嫌疑人、被告人辩护值得深入研究。认罪认罚从宽制度是一个刑法刑诉交叉的司法制度，值得我们关注，所以今天的讲座主题非常具有现实意义。

今天我们邀请到的与谈嘉宾，第一位是西南政法大学法学院王彪副教授，第二位是重庆市两江地区人民检察院副检察长王东海博士，第三位是河南韬涵律师事务所的副主任、合伙人杨初律师。

下面，我们以热烈的掌声欢迎道萃教授。

孙道萃：非常感谢潘老师，感谢西政，感谢各位与谈嘉宾，也感谢同学们，感谢各位拨冗过来听我们唠叨一下这个当前比较热点的话题。

在讲这个话题之前，可能有一个小前提需要商榷。不是每个人都认同我们已经进入了轻刑化时代，因为我们对“轻刑”的理解是不一样的。通常认为，法定刑在有期徒刑三年以下的是轻刑，但是也有学者认为轻刑有纯正和不纯正之分，有一些“重刑”最后量刑在三年以下，也是轻刑。所以从这个角度来讲，轻刑的体量是很大的。

2019 年最高检的工作报告非常清晰地描述了从 2009 年到 2019 年这十年以来，我国犯罪结构发生了很大的变化，简单来说，就是重刑案件在减少，轻微犯罪案件在增加。

近现代刑法关注的重点是重刑案件，特别是以自然犯为主。我国 1997 年《刑法》的规制中也是重刑结构，而且三年以上的法定刑配置是很多的。正因为这种背景，所以我想和大家交流一下犯罪结构变化对整个刑事法的影响。而刑事辩护只是刑事法运作这个流程当中的一小环，甚至可以说是末端、是业务端，可能它的反应最急促、最敏感、也最强烈，因为它涉及商业活动，涉及市场的流变。就这一话题，我选了几个自认为比较重要的问题和大家简单地探讨一下。

一是我们可能需要重新审视我们很熟悉的重刑结构下的理论体系、立法规则、司法套路，甚至是一些习惯。它们可能正在发生变化，有的可能没有用了，有的可能不是非常有效。我们更需要注意的是，在轻微犯罪案件增多或者犯罪结构发生重大变化之后，到底发生了哪些微变量，以及这些微变量之后哪些有大变量。这是去做动态的、有一定实质观察的合理判断、预测和评估的前提。在犯罪结构发生变化之后，刑事辩护中最主要的几个问题，包括认罪认罚从宽制度，当这几个问题发生碰撞，结果让大家非常关切。

二是量刑问题。在以往，基本上是重定罪轻量刑；但是现在有一个显而易见的、能直观感受到的问题是，当定罪不那么重要的时候，在三年以下这个限定范围之内，更加合理的、精准的、有效的量刑成为所关注的焦点。但是传统理论并不是那么重视它，在刑事辩护中，独立发表量刑辩护意见比较少，即使在认罪认罚的情况下也是这样。

三是出罪问题。我们一度对出罪很关注，而且容忍度会偏高一点。因为对于一个严重的案件，从观念、名义、认知、理论以及立法上来讲，出罪的空间是有限的，出罪是在一个极其严格的条件下运行的。但是现在，环境发生了变化，一个是罪刑结构和犯罪的性质的改变使得出罪难度更大，但是出罪的空间会更多、诉求会更强烈。在这种变化和犯罪类型发生新的分流的情况下，怎么去重新看待出罪理论，特别是在辩护中怎么去做无罪辩护或者罪轻辩护，这都是值得去探讨的一些关键性话题。

首先，第一个话题，就是在轻微犯罪案件增多的背景下，我们面临哪些问题。我举了九种情形，这只是一个主要的列举，并不能包括所有的情形。我想强调的一个基本的前提或一个基本的认识论，就是我们需要重新看待司空见惯的理论立法、司法惯性和犯罪治理结构，包括刑事辩护的方法策略。我认为以下这九个方面很突出。

第一，定罪和量刑。刚才讲得非常清楚，在重刑结构中定罪是核心。很多刑法学者，包括刑法课都在讲某行为是盗窃还是诈骗，定罪方面有很大争议。但是目前，特别是在认罪认罚从宽制度的加持下，定罪成为一种确认的过程，我概括为确认式定罪，也就是在已经自愿认罪认罚的情况下，我们原本设计的复杂理论体系，包括犯罪构成理论体系，定罪的规则、事实证据，还有程序，它们的意义都被极大地削弱，量刑成为最重要的一点。这是很大的变化。

第二，量刑幅度。在三年以下刑期结构中讨论量刑时，它一定是轻刑化，不是重刑化。在五年到十五年的量刑幅度内，一般人对判七年还是判八年，甚至判七年还是十年都不那么敏感。但在三年以下的量刑幅度中，一般人对多一个月少一个月都是非常敏感的。在轻微犯罪案件增多的情况下，量刑的总体趋向是轻缓化，不是严厉化。

第三，行为和行为人。早期，我们关注的是行为本身，即行为表现出什么样的客观危害结果。但是现在，我们更多地要去关注人。当然，对人的关注是一个永恒的、复杂的问题，因为你无法全面探析他内心深处想的是什么。但不管怎么讲，要通过法律对一个人进行有效的规制和介入，肯定比对行为本身的规制难度更大。所以在很长一段时间，刑法理论非常重视人身危险性这个概念。

第四，社会危害性和人身危险性。这和第三点是并列的关系，我们很难评估人身危险性。比如醉驾案件，有的人酒量好，有的人酒量差，有的地方酒风不一样，有的路段情况不一样，每个人都有侥幸心理。这种情况下，喝酒之后血液中的酒精含量达到一定标准，是否等同于存在法律拟制的抽象危险，这两者之间是有差别的。但是在醉驾案件上不可能精细地进行区分，最高法、最高检、公安部、司法部刚颁布的《关于办理醉酒危险驾驶刑事案件的意见》也很难做到。

第五，实害犯和危险犯。在以前学的很多刑法理论和刑事诉讼理论中，我们熟悉的大部分罪名都是实害犯，实害犯要求存在物理性的或者实质性的危害结果，但是很多轻缓化量刑对应的是危险犯、行为犯或者举动犯。在这种情况下，犯罪结构发生了变化。

第六，不起诉的问题。以前对不起诉案件的把握比较严格，但对于轻刑案件，不起诉的诉求强烈，而且不起诉和可以作出不起诉决定的适用条件比以前更明确和完善，这也是一个变化。

第七，程序的简化。如果案件都很轻微，那么烦琐的、精细的、复杂的普通诉讼程序其实没有必要，之前设计的精细化的犯罪构成理论和程序规则主要是为了服务于犯罪治理，在现在这种背景下，供需上会出现不一致，但程序简化也不能过度。我个人认为某些认罪认罚案件程序简化有些过度，比如缺少对自愿性的审查，虽然法律和司法解释有相关规定，但对于“自愿”没有一个程序的反映过程，而只是庭审的确认，这种简化缺乏实质性作用。

第八，证明标准，这也是有争议的。重刑案件比如故意杀人罪的证明标准是很严格的，对于轻微案件而言，主观方面的证明标准又出现了新的变化。

第九，公正和效率。在以往，公众对公正的诉求更强烈，但目前，案多人少，加上其他的外部因素，对效率的诉求会更明显，立法已经合理地体现出来了。我在基层法院开过一个庭，那里只有一个员额刑事法官，他一年要审理 500 多个案件。他说，如果没有认罪认罚，案件审理是非常困难的，有认罪认罚从宽制度后，工作更快捷。

以上是价值层面的变化，也是轻刑案件和重刑案件司法实践中的差异。犯罪结构变化会引发一系列的反应，这个反应既体现在实体上，也体现在程序上，还体现在整个刑事法的运作过程中，肯定也会体现在刑事辩护的实践中。在这种新的变化下，有一些规律也发生了变动，我列举了六种情形，但这六种情形并不囊括所有。

第一，程序分流。我们刚刚也提到，要消化掉那么多轻刑案件，在司法成本有限的情况下应当程序简化，所以程序分流是一个大的趋势。

第二，但书条款的适用。以往，在理解时但书条款有这样一个背景：针对大量法定刑较高的严重犯罪，由于其实际应用的概率极低，但书条款的虚置率客观存在。然而，当下但书条款可适用的对象与情形显著增多，醉驾案件便是最为典型的例子。

第三，严格的定罪和不起诉。以前，大家认为我们采取是严格的、法定的强制性定罪，认罪认罚从宽制度没有明确规定可以进行类似于国外的辩诉交易，但其实从刑事诉讼法的规定和实务操作来讲，该制度容忍一定限度的、小范围、小剂量的定罪协商，这其实也包含了对不起诉的强烈诉求。

第四，程序正当、人权保障以及程序简化。此方面虽通常为程序法重点关注，但实际上实体法亦与之密切相关。随着犯罪结构发生转变，原本精细的理论体系对于实践的指导作用有所减弱，甚至在某些情况下难以发挥效用。以定罪环节为例，在犯罪嫌疑人自愿认罪认罚后，仅需通过特定程序予以确认，定罪活动即告完成。这意味着定罪活动演变为一种确认性过程，此变革对传统刑法理论产生了重大影响。然而，应当予以重视的是，当这一关键工作被简化之后，需着重关注其可能衍生的潜在不确定性因素。

第五，严格证明和缓和证明。

第六，辩护模式。此乃需特别予以强调的关键点。在过往的司法实践中，诸多辩护技巧与策略主要围绕严重犯罪案件展开思路构建，例如精细化的专业辩护模式。对于轻刑案件，尽管这类辩护手段仍具有一定的适用性，但在内容方面已产生显著差异。即对量刑环节的要求更为严苛，证据辩护在轻刑案件中的意义相较以往有所弱化，甚至需要辩护律师转变思维方式。

在这些规律发生显著变化的情况下，有必要从全新的视角审视轻微犯罪案件办理过程中需着重考量的宏观问题。其一，深入剖析实体法与程序法之间的内在关联；其二，精准把握定罪与量刑之间的逻辑关系；其三，全面梳理公检法司机关与辩护方之间的互动关系。以公检法与辩护方的关系为例，以往受我国对抗式程序结构的影响，辩护活动多以对抗式辩护为主。然而，当下的司法环境已然发生转变，辩护律师需掌握与公诉人通过友好、平和的协商方式解决问题的技巧。刑法目的也发生了深刻变革，这与当前轻微犯罪增多的趋势紧密相连。当前大量案件量刑幅度主要集中在三年以下有期徒刑，无疑促使对刑法的需求产生相应变化。报应、预防、恢复等刑法理论，尽管在抽象层面上显得较为理论化和概念化，但倘若将其量化至具体案件以及特定指标体系之中，便会清晰地察觉到其在实践应用中的动态变化。

第二个话题，在当前的犯罪结构下，刑事辩护可能有一些维度在发生变化。这只是一个粗浅的观察。

第一，实体辩护和程序辩护。以我的观察，以往辩护的重点是实体辩护，程序辩护会稍微弱化一些，但是现在，可能程序辩护的地位会有相当的提高，比如我刚刚讲的在认罪认罚案件中，对自愿性的审查是一个非常重要的环节，这个环节若以非常简单的方式一笔带过，没有实质化，这是存在风险的。

第二，定罪辩护与量刑辩护。在过往的司法实践中，我们高度重视定罪辩护，而独立进行量刑辩护的情况相对较少。即便在认罪认罚案件中，包括我本人在内的许多律师，都难以充分有效地开展量刑辩护，主要原因在于难以找到一种能使检察官认可的合理方式说服他们。这一问题不容忽视，必须加以解决，是刑事辩护领域的必答题。至于后续该如何推进，我将在之后的论述中详细阐述。

第三，对抗式辩护和协商式辩护。以前的庭审是很激烈的，但是现在，特别是在认罪认罚的情况下，对抗式辩护的环境缺失，协商成为一个很重要的解决法律问题的途径。但是，如何协商是个问题。目前存在协商不对等的情况，这种不对等既包括能力不对等，也包括环境不对等，但我觉得环境不对等不是我们需要去考虑的问题，主要是能力不对等。从2018年《刑事诉讼法》正式确立认罪认罚从宽制度以来，检察系统在量刑方面的专业能力提升到一个非常高的层次，刑辩律师还在关注实体辩护中的定罪辩护。发表独立量刑辩护意见是律师亟待提高的能力。在很多案件中，特别是一些轻微的案件，独立量刑辩护意见是很少的。如何去发表一个让人信服的量刑辩护意见，这是很重要的。

第四，个案辩护和类案辩护。为什么要讲这个问题？因为现在很重视类案问题，类案是在解决一个不确定性问题时非常重要的一点，律师可以参考。对于一些类型化的案件，比如说帮信罪、醉驾案件，可以实现流程化、标准化的处理。

第五，关于个体与团队在刑事辩护中的作用。在司法实践中，仅对于极其复杂的严重犯罪案件而言，才需要组建一个强大的专业团队进行辩护；而对于简单案件，个体辩护或许能发挥更有效的作用。

第六，辩护的专业与标准问题。在任何时期，专业与标准都是刑事辩护不可或缺的要素。目前针对轻微犯罪案件辩护的专业与标准内涵发生了变化。以标准为例，呈现出许多新情况，大量案件逐渐趋于模块化，其辩护规则具有通用性。对专业的理解同样如此，以往专业更多侧重于实体定性，而如今量刑方面的专业考量则更为关键。由此可见，当下对刑事辩护的要求在不断演变。当然，这种变化并非一蹴而就，有一个渐进的过程。

司法实践中遇到的难点，往往也是法学理论研究的难点。当刑事辩护领域出现上述问题时，理论层面也必然会产生相应的回应。

发生改变的还有刚刚所提到的审前和庭审辩护，以前辩护的战场是庭审阶段，辩护律师需要为庭审做非常精细的准备。我听说过很多非常有影响力的辩护律师为了某一个复杂的案件准备很长的时间。去年在上海调研时，一起案件的辩护意见就有30多万字，相当于两篇博士论文。但在认罪认罚的案件或者轻微犯罪案件中，庭审并不是不重要，而是需求发生了变化，很大一部分工作集中在审前阶段，这与之前是有变化的。

在刑事辩护的关系中，从一名兼职律师的角度来说，我也有以下困惑。

一是在轻微犯罪案件增多的情况下，刑事辩护的重要性和地位有所下降，特别是认罪认罚从宽制度给其造成了冲击。大量轻微犯罪案件通过认罪认罚从宽制度快速处理掉了，就算律师接受了认罪认罚案件中被告人的委托，能发挥的作用也十分有限。

二是辩护市场萎缩，导致律师业务总体数量减少，辩护空间的减小使律师辩护的作用可能得不到充分的展现。

三是专业中心化。为什么讲这个问题，因为轻微犯罪案件案件集中在几个罪名，如醉驾案件、帮信案件等，这几个罪名基本上占据了绝大部分。对于这些模块案件，可以标准化、类型化处理，这与之前是不一样的，对于刑辩律师来讲，需要认真思考。在这种新环境下，在辩护上需要关注哪些正在发生的微变量。

第三个话题是认罪认罚从宽制度。

在这个话题上，我想讲两个大问题。第一是“两个 90%”。最高法公布的数据表明，2023 年，判处三年有期徒刑以下刑罚的罪犯占生效判决总人数的 86.21%；2023 年，检察机关提出的量刑建议，法院采纳数占同期提出量刑建议数的 97.5%。从这“两个 90%”可以得出一个非常简单的结论：在办理轻微犯罪案件的时候，最重要的、最基本的制度是认罪认罚从宽制度，这也是刑事辩护当中非常重要的基础和前提。当下讨论如何有效辩护、如何精准辩护、如何专业辩护、辩护的重点、辩护的着力点等问题，都可以以认罪认罚为重点。

但是，关于认罪认罚从宽制度，从试点、立法到现在实施很长时间以来，绝大部分的重心都在程序问题上，大量的司法解释、大量的规定都在解决这类案件在程序上应当怎么操作。出现这一现象，是因为我国法律之前没有规定这一制度，或者主要以不认罪案件为主，对该制度的关注存在欠缺。这种欠缺并非意味着毫无关注或毫无反应，而是在众多环节中，刑法对于这一极为重要的制度未能作出充分回应。

什么是认罪，这是刑法需要解决的问题，这涉及怎么去理解犯罪构成，这是一个非常重要的前提；什么是认罚，我国刑法没有明确概念，刑法中与认罚有一定关联性的无非就是退赔退赃、积极达成谅解，这些都是以酌定情节出现；什么是从宽，刑法规定的从宽是按照不认罪认罚案件来设计的，针对认罪认罚案件的特殊从宽是不存在的。这个特殊的从宽制度的缺失，尤其表现为以下几个方面：首先，量刑的根据。《关于常见犯罪的量刑指导意见

（试行）》没有对认罪认罚这种行为作出明确的规定；其次，量刑情节上怎么看待认罪和认罚；最后，从宽标准缺失。刑法中对于定罪免刑的适用条件把控极为严格，但随着微罪案件数量的增加，对其定罪免刑的适用需求也在上升。然而，在司法实践中，定罪免刑的适用情况却极为少见，对于如何准确把握适用标准需进一步明确。

刑法对于这项制度的关注不充分，我认为集中体现在五个方面。第一，量刑协商的虚化。具体表现为如何确认、审查判断自愿性。实践中量刑协商是一个形式化的过程。第二，在量刑建议的提出、采纳和接受过程中，犯罪嫌疑人、被告人和辩护律师的参与度有限，当然这背后的原因是比较复杂的。第三，量刑精准，从辩护的角度看，绝大部分被告人更希望的是确定刑，而不是幅度刑，因为确定刑意味着司法预期已经被固化了，但幅度刑还有很多的不确定性。同时，存在一定程度的非典型性不自愿认罪。犯罪嫌疑人、被告人可能出于一些特殊考虑，接受了能认可的量刑建议而认罪。这种情况在实务当中也是存在的，特别是一些特殊的案件。第四，资源性的保障。第五，是独立的协商诉讼程序。在调研中我有一个感受，当前我国非常完善、发达、成熟的诉讼体系、规则体系都是针对重刑案件以及不认罪认罚的情况。但针对微罪案件，适用认罪认罚从宽制度的过程中，很多的程序、规则、理念需要进行调整。

从辩护律师的角度看，回到原点，需要向公诉人或者法官讲清楚的几个核心的问题是什么？第一，在适用认罪认罚从宽制度时，需审慎考量轻刑案件法律适用核心问题，其中认罪认罚的自愿性必须予以严格审查和判断。第二，未来我国或许需在立法层面就认罚作出规定，但就现阶段法律适用而言，需明确强调，认罚应与认罪处于同一层次和维度，并且必须是自愿接受。在量刑建议的确定过程中，犯罪嫌疑人、被告人以及辩护律师有权独立提出质疑，拥有提出合理妥当量刑建议的权利与能力，其意见应当得到充分尊重。第三，轻刑案件呈现出标准化和模块化的变化趋势。以醉驾案件为例，其法定刑幅度极为有限，在此情形下，量刑关注点不再是以月计算，而是精确到天，多 3 天或少 5 天的量刑差异都会备受关注。这表明，量刑的精细化标准要求更高。据了解，许多地方针对此类简单案件已实现辅助量刑。最高人民检察院也极为重视推广辅助量刑系统。当控辩双方寻求量刑平衡点时，若能有一个被各方信赖和认可的中立技术第三方提供参考意见，或许会是打破僵局的良好方式。在适用认罪认罚从宽制度的众多微罪或轻刑案件中，定罪模式发生了显著转变。传统意义上的定罪活动是一个包含严格审查与判断的繁杂过程，需对案件事实、证据以及法律适用等多方面进行全面剖析；而在该制度下，定罪转变为确认式定罪，其核心在于对认罪认罚自愿性的确认。由此引发思考：仅对自愿性予以确认，不能简单等同于定罪活动就此终结，也无法绝对保证定罪的准确性。

在认罪认罚案件中，辩护的新趋势是我们需要关注的。

第一，量刑辩护。在认罪认罚案件中，当事人只有一个关注点，即量刑多少，量刑建议合不合理。如果是幅度刑，到底是就低还是就高？罚金是多少？能不能判缓刑？在认罪认罚当中，量刑辩护是绝对的重点，辩护律师要提高自己的能力，需要能够提出一个合理准确又能让人信服的量刑建议。

第二，绝大部分认罪认罚案件基本上在审前阶段就结束了。有时，庭审活动是一个简化的诉讼程序。比如，一个受贿案件中某一笔贿款存不存在的问题，当数额达到几千万元的时候，一定是10年以上刑期。这种情况下，多一笔贿款或少一笔贿款可能不会根本性地影响量刑建议的幅度。但是，如果辩护律师认为索贿的证据或者其中某一笔贿款有问题的时候，可以提出意见，这会使检察官在量刑建议上有所考虑。

第三，协商式辩护。目前，涉及跑分的案件存在一个核心问题：如何准确理解刑法中“非法从事支付结算业务”的规定。这是个复杂的专业问题，因为非法经营罪限定于金融领域，“非法从事支付结算业务”的本质是逃避金融监管。但现在出现三方支付、四方支付等新形式，目的多是规避这项规定。这类案件中，犯罪嫌疑人大多会认罪认罚。协商式辩护的关键在于，辩护律师需要从证据、事实和法律适用的角度，找出对当事人有利的因素，这个过程往往需要与司法机关反复沟通。

第四，认罪认罚案件中程序辩护与证据辩护面临的境遇。在认罪认罚的背景下，程序辩护和证据辩护存在迷失的风险。就个人观察而言，程序辩护的空间和实际意义在这类案件中确实有所下降。一旦大部分案件适用认罪认罚从宽制度，证据瑕疵或不足所产生的影响便相对有限。不过，这并不代表无须开展相关工作，只是此类工作的开展场域，从庭审环节转移至庭前阶段更为适宜。当部分指控的事实与证据不够充分，而全案又要适用认罪认罚从宽制度时，这便成为律师应当关注的要点，也可能成为律师发挥作用的关键切入点。

第五，类案辩护和类案强制检索。当案件的量刑建议不合理的时候，辩护律师一定会提交很多类案信息，比如同一区域或同一地区相同案件的判决结果的一份报告。这个报告在发表独立量刑辩护时可提供充分的依据，能够产生一定的影响。

第四个话题是量刑。在轻刑案件中，量刑是一个绝对应关注的重点。以我的刑法研究来看，我国很长一段时间内是不太重视量刑问题的。量刑规范化改革从 2010 年开始已经过了十多年，也出台了相关量刑规范的指导意见，包括如何确定量刑的根据、量刑的基准，量刑的幅度，常见罪名还列了很详细的指标体系。但是，从现实和未来的需求来讲还不够。在量刑理论上，刑法的基础理论还比较薄弱。从业务层面以及辩护律师的视角来看，目前尚未实现真正意义上对量刑辩护能力的全方位、充分掌握，也未能将定罪辩护与量刑辩护置于同等重要的地位。当下，我国辩护律师在这方面普遍尚未达到理想状态。轻刑案件中，尤其是犯罪嫌疑人已认罪认罚或有认罪认罚意向时，如何依据案件独特的事实与证据，说服司法机关及相关方认可“一年三个月”量刑的合理性，而非“一年八个月”，这无疑是一项前所未有的挑战。这要求辩护律师不仅要精准把握案件细节，还要深入理解量刑规则与法律适用，通过有理有据的论证，来实现对当事人更有利的量刑结果。

从宏观上来讲，我列举了上述问题，并不一定非常全面，但至少从一定范围、一定程度上反映出在轻刑案件中，对于理论和立法的理解，以及对于立法的影响都会呈现出来。比如定罪免刑，在过去很长一段时间内很少运用，但是在微罪案件中存在一定空间。但对于怎么运用，我国法律并没有明确的规定。同时，量刑的基准如何选择，在我国的司法实践中，一般选择中间线，然后根据有利或者不利的情节进行上下幅度的加减。那么为什么 30% 的幅度是合理的，这一计算方法并不非常清楚。

从微观视角审视，如何有效地提出量刑建议，是刑事辩护工作中的核心问题。就我有限的办案经验而言，在处理认罪认罚案件并提出量刑建议时，通常会开展以下三项工作：

首先，进行类案检索。在案件所属区域内开展类案检索至关重要，通过对相似案件的量刑情况进行分析与研究，能够为当前案件的量刑建议提供参考，使建议更贴合当地司法实践的尺度与标准。

其次，严格依照量刑规范指导意见，梳理并列出案件中所有的量刑情节，进行大致的测算。运用最为常用的中间线法则，根据具体情节对量刑幅度进行合理调整，力求得出一个初步的、基于规则计算的量刑范围。

最后，全面考量全案的其他情节，这些情节可能包括犯罪嫌疑人的个人背景、案件的特殊社会影响、犯罪后的表现等非典型但对量刑有重要影响的因素。经过上述步骤后所得出的量刑建议便代表了我内心对于该案件合理量刑的判断。

在与法官、检察官沟通量刑建议时，以自己得出的量刑建议为参照标准，评判对方提出的建议是否合理、妥当。同时，协商环节在这一过程中亦十分关键，如何将自己对案件的见解以及案件的特殊情况准确、有效地传达给办案人员，是实现合理量刑的重点。由于办案人员与辩护律师在看待案件时的视角存在差异，所以如何在这种差异中找到一个各方都能理解并接纳的平衡点，考验着辩护律师的沟通能力。

此外，人工智能辅助量刑系统具有重要意义。该系统凭借技术手段生成参考意见，因其客观性和专业性，控辩双方对其具有较高的接纳度，在量刑建议的论证过程中，具备较强的说服力。然而，目前该系统主要适用于轻微犯罪案件，这类案件数量庞大，且具有可类型化和标准化的特点。在轻微犯罪案件范畴中，量刑问题尤为突出，对于绝大多数律师而言，确实需要重新审视量刑工作。尽管整个行业对这一问题的重视尚需时日，但不应拒绝或排斥技术所带来的“福利”与便利。知识的意义与目的在于高效解决问题，当存在其他技术手段能够解决问题，部分替代人工思考或节约脑力劳动，并且能形成合理的标准或结论时，辅助量刑系统便彰显出其存在的价值与意义。

关于数罪问题，我想重复强调一个观点，以往对出罪的问题是重视的，但容忍度是偏低的，出罪的需求、民众的观念以及实践当中的操作，都是在一个特定的框架结构里。但是在以轻微犯罪为主的犯罪结构中，出罪面临几个新的变化。

第一，多法衔接。什么是多法衔接？轻微案件中的轻微犯罪基本上是挨着民法典的规定和行政法律的规定，所以民事违约、行政违法行为和轻微犯罪中最下面那一部分其实是嵌在一起的。从定量的角度来讲，区分可能没有那么严格，甚至有时候很难去区分何者一定更轻或更重，可能有倒挂的现象。对于这一部分来讲，理论上应该赋予出罪的空间，但实际上很难操作，因为这种行为一旦出现，司法机关几乎就认定构成犯罪了。

第二，立法的有效性。若通过立法手段增设轻微犯罪，却又频繁依据“但书”规定进行出罪，无疑会对立法权威造成损害。以醉驾入刑为例，2011 年醉驾刚被纳入刑法时，公众普遍认为其刑罚相对较轻。在此情形下，若符合“血液酒精含量达到 80mg/100ml 以上”这一入罪标准后，仍轻易适用“但书”出罪，那么该项立法便难以切实发挥其应有的规范与指引作用，在民众心中也会失去其严肃性和权威性，甚至可能引发民众对法律的误解与不信任，产生负面的社会影响。

第三，立法技术上的挑战。轻微犯罪案件，特别是其中一部分只有几个月主刑或者一年以下有期徒刑的，对立法定量提出了很高的要求，也很难进行规范的标准量化，一般是通过所谓的法律拟制，达到一种抽象危险即可。也就是将这个复杂的问题通过立法技术简化。但在出罪上也同样会带来一个新的问题，也就是其本身会出现一些特殊的情形，本不应当作为犯罪处理的，却很难找到出罪理由。或者是细化了出罪的方式和路径后，发现出罪路径依赖的主要是政策，而没办法通过立法或司法的方式进行处置，且基于政策方式处理的合法性存在危机。所以我的核心结论是，在轻微犯罪案件增多的情况下，出罪的司法环境、理论环境都发生了很大的变化，这一变化可以概括为出罪难度和支持力度不够。但同时，对于轻微犯罪案件，特殊的情况下应当出罪。

举两个例子，讨论出罪在轻微犯罪案件中的变化。第一，轻伤害案件的核心任务发生了变化，对于这种特殊情形，要依法少捕、慎诉、慎押。这种政策导向告诉我们，在办理轻伤害案件时应当有一定的标准，原则是能不办就不办，例外是确实要办就办。所以，司法解释对这类案件赋予的出罪逻辑是能出罪尽量出罪，能不作为犯罪处理就尽量不要作为犯罪处理。司法解释列举了一些情形，比如邻里关系偶发性的应急防御行为等。日常生活中，我们总是不可避免会和别人发生口角或者小冲突，这种情况作为犯罪处理的理由和依据是什么？对于辩护律师来讲，这类案件核心的诉求和思路就是如何不作为犯罪处理。第二，醉驾。醉驾的核心是“两高一部”发布的《关于办理醉酒危险驾驶刑事案件的意见》第12条。在新司法解释出来之后第一批醉驾的人，要按照新的司法解释来处理，所以各地都在把握它的标准和尺度。对于辩护律师来说，微罪案件的办理中最大一部分的占比就是醉驾案件，其具有很大的出罪意义和空间。但是，我们如何从法律角度对当事人作出有效的辩护，这其实也很值得研究。很长一段时间以来实践对这一问题并没有那么重视，如果醉驾案件中犯罪嫌疑人、被告人认罪认罚，而且又不存在因测量导致醉驾认定标准出现严重差错，在这种情况下可能不太会继续深究出罪的问题。但我认为基于司法解释，对有些案件不作为犯罪处理，包括不起诉条件的把握，确实值得研究。我相信之后会发布一些典型案例、指导性案例，这对于我们辩护律师是非常有帮助的。

最后，在轻微犯罪案件中，出罪问题是非常重要的一个辩护方向。轻微犯罪案件很多时候出罪的理由并不是因为案件的事实和证据问题，而是出于政策考量。所以我想强调，从辩护律师的角度来看，轻微犯罪案件出罪的核心路径是关注政策依据，而这也是能够对每个案件进行具体考虑的重要支点。

接下来简单地回顾总结一下刚刚讲的问题。

第一，轻微犯罪案件增多，对于传统刑事法运作产生了很大影响，对辩护也有一定的影响。

第二，以前比较熟悉的经验，习惯、理论、立法和司法都是从重罪案件角度来设计、规划、总结的，但是面对轻微犯罪案件时，肯定会出现一些变化或者偏差，所以需要作出新的调整，这个调整涉及很多的维度。我总结了以下几个比较突出的方面。

首先，体现在传统的理论结构和辩护结构的变化。比如，以前很重视实体辩护、定罪辩护、庭审环节辩护、对抗式辩护，但是在轻刑案件中当事人的关注点是量刑问题，所以量刑辩护是最重要的。当前辩护律师量刑辩护的能力等方面还存在一定的提升空间。其次，重视证据的问题。在认罪认罚案件中，对很多证据提出的意见其实已经完全没有必要，也不可能按照实质庭审的要求在法庭上进行举证、质证。如果认为证据有瑕疵有问题，往往是在审查起诉阶段通过协商、沟通的方式解决。最后，因为辩护的需求和当事人的诉求发生了变化，有效辩护的基点也发生了变化。辩护律师从一个行业的角度出发，需要认真思考哪些方面需要作出新的调整，哪些方面需要进行行业规范化、标准化建设，这是一个比较重要的问题。

第三，怎么准备有效的量刑辩护。技术的加持下，大量的智能系统提供了很好的参考。它把过往几十年海量的司法数据进行了筛选清洗、总结、归纳，尽管不完全，也不一定合理、准确、科学，但有一个基本立场是不能回避的，即通过海量数据整理出来的类型化、规模化的经验和理性，是“活着的”量刑，是“活着的”定罪规则。这应当成为律师辩护的一个很重要的支点。因此，辩护律师不应排斥技术对自身工作的助力。在实际工作中，我们或许需要借助技术所提供的参考性建议，以此与办案人员展开更具成效的沟通。在量刑理论与量刑规则方面，确有必要作出一些新的调整。尤其是在认罪认罚的大背景下，“认罪”“认罚”“从宽”的基础规则已发生改变。故而，未来如何推动立法层面的相应调整，是亟待解决的重要问题。而在立法无法迅速落地的当下，如何从司法角度给出有效应对之策，并非某一方能够独自完成，这需要公安机关、检察院、法院以及辩护律师各方协同合作，认真对待。对于在座的各位，无论是资深学者、资深兼职律师、专业刑事辩护律师，还是检察官、法官，或是各位同学，都应当关注这一问题。司法实践中所暴露出的痛点，必然是理论研究的重点。

最后一点的表述略显抽象，主要基于两方面的原因。一方面，我个人经办的案件数量尚不够丰富；另一方面，这确实属于一个全新的问题，是我们在未来发展进程中将要面对的情况。我们在把握这类不断变化的因素时，往往手段较为单一。但这个问题的意义与价值在于，当面对新事物时，我们要勇于去发现它、预测其走向，并判断其潜在可能性，由此引发更多人的共鸣与思考。对于在座的同学们而言，这或许能为你们未来的职业选择或学术研究提供一个微小却独特的切入点。这便是我此番分享抛砖引玉的意义与价值所在。

潘金贵：我十分抵触轻刑化时代的理念，始终觉得扩大犯罪打击范围并非明智之举，实在没必要把那些长期适用行政处罚就能妥善解决的问题，纳入刑事犯罪的范畴。不过，正如道萃教授先前所言，国家的社会治理模式在持续顺应社会需求。身为法律从业者，我们不能指望社会来迎合自己，而应主动去适应社会的发展。

在轻微犯罪增多的大环境下，法律人该如何开展刑事辩护工作呢？有一点务必明确：罪行的轻重与刑事辩护的必要性毫无关联。有人认为，轻刑化背景下刑事辩护必然会走向萎缩。但换个角度看，无论是轻刑案件还是重刑案件，辩护的重要性都是等同的。所以，轻刑案件辩护依然不容忽视，当下关键是要思考如何具体开展这项工作。

王彪： 因为时间关系，我想谈以下感受。第一，所谓轻刑化，指的是目前轻微犯罪案件在所有的刑事案件里面占比提升了，是因为我们把以前的一些行政违法行为上升为犯罪，实际上并不是意味着完全轻刑化，相反，对有些行为处罚得更重了。所谓轻刑治理，是通过轻刑来治理社会，还是对轻刑案件本身进行治理，这些问题都值得我们进一步思考。在我们国家，犯罪的后果不仅是定罪量刑，还有所谓的附随后果。在这种情况下，将大量的行为入罪，可能带来很多问题。第二，轻刑案件辩护。通过辩护，如何让当事人获得更轻的量刑？如何在一定程度上出罪？从司法实践的情况来看，轻刑案件辩护有很多特点，比如辩护重心前移。那么辩护的困境在哪呢？认罪认罚从宽制度中有很多协商的因素，但是从司法实践来看，辩方基本上没有协商筹码，在这个背景下面临很多困境。据我个人的看法，目前在司法实践中，辩护人能够利用的有两点：一方面，有些案件可能存在一些程序、证据的瑕疵；另一方面，最高检关于认罪认罚适用率的考核指标可能导致一些基层的检察院更愿意通过认罪认罚程序来处理案件。

在当前的司法实践中，存在一种现象：大多数轻刑案件缺乏辩护律师的参与。统计数据显示，我国所有刑事案件中，有律师参与辩护的比例不超过30%，而在轻刑案件中，这一比例更低，大约仅有10%，多数案件未能得到律师的辩护。依据认罪认罚从宽制度及刑事诉讼法的规定，值班律师应提供法律帮助。然而，值班律师往往因缺乏动力和专业能力，难以提供有效的法律帮助，其作用多数时候仅停留于形式层面。例如，去年发生了一起案件：一青年在酒吧饮酒后不慎将他人手机放入自己包中。即使在公安询问时，该青年也坚称自己不知情，拒不认罪，尽管监控视频记录清晰。在此情况下，经律师沟通及辩护，最终认定是其因醉酒而产生的无意识行为，尽管醉酒不免刑责，但经过律师与嫌疑人沟通后，采取了认罪认罚的处理。此案明确展示了有无律师辩护将对案件结果产生显著影响。

进一步讨论，须对“轻刑”与“重刑”两个概念进行区分。尽管轻刑与重刑相对，但并非所有轻刑案件均简单；它们有可能同样复杂。在刑事诉讼法领域，案件往往根据是否认罪分别处理，其中认罪认罚案件的处理重视控辩双方的合作，通常不会出现对抗状况。然而，在现有法律体系和司法实践下，许多被追诉人面临一个困境：缺乏协商的筹码。为确保无论是认罪还是不认罪的案件，被追诉人都能获得公正的审理，我们应当继续加强正当程序的建设，从而保障司法公正与效率。如果被追诉人选择不认罪，在案件办理过程中，他们仍有权获得公正的审判。被追诉人应拥有足够的筹码与控方进行协商沟通，以进一步维护自身利益。

潘金贵：我不得不提及一个广泛认同的观点，众所周知，特别是在刑事诉讼法中，“重大、疑难、复杂”案件，并非并列关系。重大案件不必然疑难或复杂，与此相反，轻刑案件可能隐藏着极高的复杂性。所以存在一种错误的观念，即认为只有处理重刑案件时，辩护才显得格外重要。

重庆市第五中级人民法院审判的一件轻刑案件，充分展现了轻刑案件辩护的重要性。一对老夫妇因一时冲动，在农贸市场盗窃屠夫挂在案板上的一个装有尚未明确数额的钱款的口袋。检察院启动认罪认罚程序，起诉指控老夫妇盗窃金额为 5200 元，最终判决免予刑事处罚。然而，辩护律师认为判决错误，坚持上诉。经过上诉，该案最终送到重庆市第五中级人民法院重新审理。审理过程中，案件焦点转移到了口袋内实际金额的确定上。由于侦查机关在取证过程中存在问题，该案最终被宣判无罪。这个案例凸显了在处理轻刑案件时辩护的重要性。尽管看似轻微，但基于对被告人名誉的维护和对法律公正的追求，辩护律师和当事人不断上诉，最终争取到了公正的判决。这个案件证明了轻刑案件的辩护的重要性。

王东海：孙教授的讲题紧贴当前我国刑事犯罪构造的演变。以数据为证，孙教授提供了最高检发布的犯罪统计数字，有力地映射了 2013 年至 2021 年判决情况的转变，特别是三年以下判决的比率从 55% 上升至 85% 的明显趋势。在此背景下，最高检提出了构建轻微犯罪治理体系的必要性。因此，孙教授的研究主题与当前社会治理模式的需求高度契合。其次，孙教授从理论到实务，涉及了刑事辩护工作的方方面面，特别是在实务中的应用体验。我个人在刑法领域的学术与实践活动中，深感证据法和刑事诉讼法在案件处理中的重要性。特别是涉及立案监督和侦查活动监督时，法律规定的适用尤为关键，这也在孙教授的讲座中得到了充分的体现。

那么结合今天这个主题，我谈几点体会。首先是有关轻微犯罪与认罪认罚从宽制度，我想谈两点。第一，在轻微犯罪增多的背景下，认罪认罚从宽制度有其存在的必要性。例如，酒驾犯罪入刑后，轻微犯罪案件的数量大幅增加。在法院、检察机关及行政机关人员编制严格控制的背景下，繁重的案件如不采用新的程序处理，将会引发诸多问题。比如在司法实务工作中，司法人员因为案件的超负荷运转，处于亚健康的状态，有的甚至都献出了自己的生命。在这样的情境中，认罪认罚从宽制度显得尤为重要，它不仅能提高司法效率，还能化解社会矛盾。认罪认罚使得犯罪嫌疑人或被告人更少地对抗司法机关，减少了矛盾和冲突。在众多适用认罪认罚程序的案件里，尤其是涉及明确受害人的案件，如故意伤害案，存在一个常见的前置条件：要求加害方与受害方必须达成刑事和解。一旦双方达成刑事和解，便可视作双方争议在一定程度上通过协商得以解决。在部分情形下，检察机关会主动介入调解，积极推动和解进程。基于这一前提，犯罪嫌疑人、被告人与受害人之间的矛盾和怨恨能够得到有效缓解，充分彰显出刑事和解在认罪认罚程序中的必要性与重要价值。

第二，认罪认罚的可行性也是经得起实践检验的，认罪认罚在简化审查和加快案件处理过程上有一定的可行性。最初的认罪认罚程序并不要求全程录像，而后经过对规定的完善，现在已经要求对所有认罪认罚案件进行全程同步录像。同时，确保量刑的明确依据也是认罪认罚程序的重要部分。在简化程序的同时，确保量刑的合理性至关重要。轻刑案件的“出罪”并非指完全否认犯罪从而不予起诉，而是涵盖了更广泛的情况，包括一些微罪不起诉的案件。因为即使某些行为免予刑事处罚，但仍可能被贴上犯罪标签。如果对微罪不进行起诉处理，没有经过法院审判，犯罪嫌疑人就不会留下犯罪记录，这是对轻刑制度和认罪认罚从宽制度在实践中的一个观察。在当前的司法环境中，刑事辩护工作应当秉持定罪与量刑并重的原则。就轻刑案件而言，尽管在证据层面的探讨相对简洁，定罪方面的争议也相对较小，但这绝不能成为在量刑阶段弱化辩护工作的理由。在实际司法实践过程中，辩护律师需充分借助人工智能技术，挖掘其中有价值的参考信息，以此为依托，与公诉人展开更具成效的沟通。同时，精准运用最高法发布的量刑规则，从多维度发力，积极主动地与公诉人进行协商对话。通过全面且深入的沟通交流，力求实现最佳的辩护效果，切实维护当事人的合法权益，确保司法公正得以充分彰显。

第三，正确把握政策导向也是刑事辩护过程中不容忽视的要素。例如，对每年检察机关开展的专项检查等活动进行关注并充分利用，可以在辩护中发挥作用。同时，刑事辩护过程中还需兼顾天理、国法和人情等多方面因素，尤其是在量刑建议时，合理提出的非法定与非酌定情节也可能对案件的走向产生影响。最后，与检察官进行效果沟通也至关重要。辩护律师需要确保其观点可以恰当传达给公诉人，并依据情理和法律进行适当处理。有效的沟通有助于推动案件向更加公正合理的方向发展。

潘金贵：王东海检察长指出，在刑事辩护领域，刑事司法政策的应用是一种极为关键的策略，充分理解相关政策，是有效运用政策的前提。精准掌握刑事司法政策以及新颁布的指导文件，对于实现高效、有力的刑事辩护而言，是不可或缺的。

刑事辩护是一门综合性极强的学科，需要调动多方面的知识储备，并灵活运用各类策略，其核心目的在于最大程度地维护委托人的合法权益。刑事司法政策作为其中重要的一环，不仅能为辩护提供有力的依据，还能在复杂的司法环境中，帮助辩护律师找准方向，实现辩护目标，助力司法公正的达成。

杨初：在从事刑事辩护时，针对微罪案件，辩护律师的首要职责是尽可能避免被告人被批准逮捕。在此过程及其他诉讼阶段中，辩护律师常常需要对法律中的一些抽象概念进行量化论证。例如，在审查逮捕条件时，评价被告人的社会危险性是一个核心因素。自 2015 年以来，最高检和公安部已经对逮捕条件的相关规定，包括但不限于《关于逮捕呈现出社会危险性的若干问题的规定》以及《人民检察院、公安机关羁押必要性审查、评估工作规定》，进行了更新与细化。然而，这些规定尚未能彻底解决如何准确评估社会危险性的难题。法律条文的模糊性依然存在。

在这样的背景下，辩护律师在辩护过程中如何向检察官或法官量化地论证这些非具体化的概念，包括社会危险性评价，是我们必须认真考虑并不断努力完善的方面。通过《关于逮捕呈现出社会危险性的若干问题的规定》《人民检察院刑事诉讼规则》《人民检察院、公安机关羁押必要性审查、评估工作规定》这三个法律文件，可以观察到某些规定表现出一致性，而其他条款则是对以往的规定作了一定程度的充实和具体化。不过，仍然存在一个问题，那就是这些规定并未完全解决社会危险性评价在司法实务中的确定性问题。毕竟，法律条文在表述时还保留了一定的可能性，如串供或毁灭证据的情况可能发生。在此背景下，辩护人应如何向法律工作人员（包括检察官）根据具体情况论证当事人社会危险性较小呢？我认为，应从检察机关的实际做法中寻找方法。例如，某地区检察机关在进行犯罪嫌疑人的评估时，访问了其居住地的居委会、邻居以及其他相关个人或机构，以完成书面的社会评估表，这种方法有助于系统地确定犯罪嫌疑人的社会危险性。辩护律师也可以进行类似的调查取证工作。在刑事诉讼过程中，部分辩护律师对证据收集工作持谨慎态度，我对此有不同的看法。其一，这类证据收集工作的风险系数极低。原因在于，它并不直接关联案件本身的核心事实与法律适用，仅仅围绕当事人社会危险性展开评估。其二，当事人家属在这一过程中能够发挥协助作用。但必须明确，这种协助绝不能涉及伪造证据等违法违规行为。家属可以凭借自身的便利条件，帮助律师客观、公正地调查相关事项，最终形成一份关于犯罪嫌疑人社会危险性的调查报告。结合王老师与王检察长的观点，在当下的司法环境中，特别是对于经济犯罪案件，辩护律师开展这样的调查取证工作，更能为当事人争取到不予批准逮捕的结果。这是我想与大家分享的第一点心得。

第二点，刚才各位专家都谈到轻刑案件中出罪的问题，我简单地作些补充。首先，我想先分享一个观点，就是在认罪认罚案件里面，律师的辩护权是独立的。虽然我在办案过程中，也遇到过有些检察官认为犯罪嫌疑人认罪认罚之后，不管是从证据上或者是从其他实体方面，律师都不能再进行无罪辩护。

对于刑事轻刑案件的处理问题，在司法实践中有三个方面需要关注。首先，我们依然要重视构成要件的判断，因为这几年我发现一些法律构成要件方面的争议都大量体现在轻刑案件中。包括对“情节严重”的认定，还有涉及对构成要件的实质性解释等。从构成要件方面，我们有可能在轻刑案件中为当事人提供帮助。

其次，无论是公安机关还是检察机关，基层都有案多人少的现实问题。在我接触的轻刑案件里面，公安机关可能在取证的时候会有所松懈。因为这类案件的当事人可能在侦查阶段就已经表示要认罪认罚，而且事实部分并没有太大争议。所以，公安机关在取证的时候，可能出于平时工作繁重的原因，会忽略一些取证工作，但这恰恰就是我们辩护人的机会。包括我刚才提到的从法律构成要件、证据的角度来说，我们在跟检察官进行认罪认罚沟通时的筹码可能会增加。对于《刑事诉讼法》第 177 条的相对不起诉案件中的“情节轻微”，这个因素要怎么认定？就跟我刚才提到的“社会危险性”的判断一样，它不是那么具体，这个时候我们一般用的方式就是大量的类案检索。因为现在检察院的不起诉决定书都是在网上公开的，大量检索之后会发现这个地区哪些情况不起诉、哪些会被认定为情节轻微，进行汇总后，如果有跟本案的情节类似的，就可以将类案检索结果以书面化方式呈现给检察官，争取为当事人在程序上进行出罪。

最后，轻刑案件对于辩护律师而言，并非降低了要求，相反，它对辩护律师的能力提出了更为多元的挑战。在这类案件中，辩护律师需要与检察官进行沟通，这无疑考验着辩护人的沟通技巧与能力。然而，此处的沟通并非仅仅局限于单一方向。在轻刑案件的辩护工作中，辩护人往往需要对接多方主体。一方面，要与公诉方就案件事实、证据、法律适用以及量刑建议等进行深入且有效的沟通；另一方面，还需与当事人及其家属保持密切联系，向他们清晰、全面地阐明认罪认罚所涉及的法律后果，详细解读认罪认罚从宽制度，确保他们对自身行为及相应法律程序有充分的认知与理解。不仅如此，在部分轻刑案件中，由于涉及争取刑事和解以获取被害人谅解书的需求，辩护律师还得与被害人及其家属进行沟通协商。这一系列工作全方位地考验着律师的沟通能力，从侧面反映出轻刑案件实际上对辩护律师提出了更高层次的要求。尽管案件所涉刑罚相对较轻，但办理绝非易事。

潘金贵：实际上，轻刑案件辩护面临着许多具有困扰性的问题。刚才杨主任在点评的时候提到，比如轻刑案件确实涉及很多认罪认罚案件，辩护人能不能坚持无罪辩护？甚至是双方都和解并赔偿了，但实际上可能是无罪案件。这些都是值得我们去了解和研究的。

提问人 1：我想请教一下关于多法衔接方面的问题。老师刚才提到，民事违约、行政违法和轻微的刑事犯罪，在量上几乎是难以区分的。我自己有一个观点不知道是否正确，希望老师指正。“应受刑罚惩罚性”是我国犯罪的基本特征之一，同时我认为“应受刑罚惩罚性”是我国犯罪概念中既定性又定量的体现。那么，是否可以以“应受刑罚惩罚性”作为一个切入点，构建轻刑出罪的主客观的标准？比如，在最高法、最高检、公安部、司法部发布的《关于办理醉酒危险驾驶刑事案件的意见》中，标准由过去的80mg/100ml 被调整到了 150mg/100ml，这实际上就是在量上进行调整，导致了一种质的变化，这只是客观方面的一种变化。至于主观方面，我认为轻刑案件中行为人的违法性认识可能会成为一个出罪突破口，因目前大部分案件都是法定犯，违法性认识问题在法定犯的领域内有更特别的意义。因此，在主观方面，违法性认识会成为实践中比较重要的一个突破口。至于刚才老师说到的刑法条文可能会被虚置的问题，我认为刑法条文不仅仅是在定罪量刑的过程中才能发挥它的价值，而是只要立法机关立法后普法工作做到位，就不会影响刑法应有的价值。

孙道萃：应受刑罚惩罚性是一个很有意思的话题，我想谈几点体会。第一，像刑法的老前辈陈忠林老师，他将应受刑罚惩罚性作为犯罪的本质特征。我们可以从以下维度重新理解它，包括但不限于你刚才说的。首先，现在我们对刑罚处罚的重视程度是前所未有的，当然是相比以前而言，所以应不应当作出刑罚处罚，是政策考量最重要的基点。所以从这个角度来讲，我是高度认同你刚才的一些想法和思考的。但是我想补充第二点，如果我们细心观察一下《刑事诉讼法》第 177 条规定就会发现，相对不起诉中一个非常重要的前提就是它认为不需要判处刑罚。“不需要”就是政策激励。相对不起诉是一个典型的政策出罪判断的问题。这个“不需要判处刑罚”和你刚刚讲的“应受刑罚处罚”的“需要”，其实是相关联的。第三，在多法衔接的情况下，立法使得刑法和其他法律的边界略有不清。以前边界是比较分明的，我讲的边界分明是两个维度：一个是大家观念上的分离，另一个是立法层面存在的分离现象。从观念角度而言，民众普遍能够清晰辨别民事领域中违反强制性法律规定的行为、行政违法行为以及犯罪行为，这种辨别能力基于一般性的大众认知。

然而，在当下多法衔接的背景之下，刑法需要主动对相对轻微的行为进行确认，这与以往的情况有所不同，进而对刑法立法的定量工作提出了极高要求。但目前的立法技术尚无法充分满足这一需求，于是选择采用一种简化方式，即借助抽象危险犯这类犯罪性质来处理立法定量中存在的难题，这无疑对出罪环节提出了严苛要求。其背后的逻辑在于，当缺乏更为精细的方法来确定犯罪定量标准时，我们往往倾向于引入政策性因素，以此判断某一行为究竟应当入罪还是出罪。这便是我所认为的其中存在关联性的一个动因。对于你所提出的相关性问题，以及你围绕该问题展开的认识与判断阐述，我表示认同。但在此基础上我想概括一下，轻微犯罪案件增多很重要的一个背景就是多法衔接，其加速了轻刑立法。在这种情况下，它的出罪难度比以往更大，因为立法定量这个更加抽象的问题，选择了更简化的方式来处理，这是功利主义的逻辑，但是从司法的角度来讲，出罪的时候，随着政策应用能力的增强，相关需求的实现难度降低且可行性增高。这就是一个此消彼长的逻辑。

提问人 2：在检察院拟定量刑建议，以及法院进行量刑裁决的过程中，对于那些基于个案实际情况，且具体司法解释文件未作明确规定的酌定量刑情节，是否有必要对其进行评价？若有必要，又该如何评价，才能与当下的司法背景相契合？

孙道萃：可以分不同的维度来探讨这个问题。

第一，从辩护的角度来讲，辩护律师的职责便是完整阐述一切可能影响量刑的情节。所以这个问题从本质上简化为一个逻辑，即如何全方位地穷尽所有可能性，并将这些可能性对量刑的积极影响发挥到极致。这就是辩护律师看待和运用酌定量刑情节的基本逻辑、基本立场与基本方法。举例而言，在盗窃案件中，辩护律师可从犯罪嫌疑人的成长背景、家庭环境、犯罪动机的偶发性等方面挖掘酌定量刑情节，向法庭详细说明这些因素，力求为当事人争取更有利的量刑。

第二，从专业的角度来讲，刑辩律师必须善于发现对当事人有利的、酌定的量刑情节。我认为，除了达成和解协议并积极履行赔偿义务这类较为固定的酌定量刑情节外，其他酌定量刑情节大体可归纳为政策性因素，如此便能基本涵盖所有情况。所以，刑辩律师如何精准且有效地运用有利政策，这始终是一个至关重要的课题，也对刑辩律师的专业素养提出了更高要求。例如在一些环保领域的轻微刑事案件中，若当地政府出台了鼓励企业整改、从轻处罚的政策，刑辩律师就需要敏锐捕捉并合理运用这一政策，为当事人争取从轻处理。

第三，当前立法对酌定量刑情节的规定较为分散，个案都不一样。所以从演绎和归纳的方法来讲，对各种可能出现的情节进行归纳难度很大，因为归纳的前提是能够类型化。我们如果要聚焦到某一个案件，它往往是不被归纳的，而不能被归纳的往往就是这个案件的突破点。从辩护的角度来讲，这就是去反击和能够产生反转的一种可能性。反转的逻辑可能除了观念上的疑罪从无，核心还是证据规则的判断，这都是和政策有关系的。比如在某些新型金融犯罪案件中，存在一些特殊的交易模式和情节，难以直接套用现有的量刑规则，这些特殊之处就可能成为辩护的关键突破口，而对证据规则的解读和运用，又与政策导向紧密相连。

提问人 3：认罪认罚从宽制度本来是为了提高诉讼效率，它有利于审查起诉阶段和审判阶段，但是实际上在侦查阶段增加了侦查人员的工作量，由此可能会导致一些问题，比如被追诉人的认罪认罚自愿性问题以及证明标准的问题。请问，在这个制度之下，如何让侦查机关能够享受到这个制度带来的诉讼效率的提升？

孙道萃：以前似乎确实有类似声音。就我所知，认罪认罚从宽制度推行后，从整体来看，侦查机关处于减负状态，有点类似教育部推行改革后的成效。减负之后，部分工作可能会减量，而减量就可能导致减质。另外，公安机关认为在侦查阶段若配合认罪认罚程序，无法从法律层面获得积极反馈，感觉干多干少一个样，现在却要多干。在认罪认罚从宽制度正式确立前夕，不少地方的公安机关持观望态度，一方面是不想多做事，另一方面是想看看后续具体该如何开展工作。这种情况持续过一段时间，但如今应该很少出现了。抛开这个话题。在中国特有的司法环境下，从现实供需角度而言，供需状况是功利主义的有效判断逻辑。大量案件亟待解决，认罪认罚从宽制度确实有其益处，但在实施过程中存在一些问题，比如被追诉人认罪认罚自愿性的确认审查。再好的规定和制度，都需要高素质的人员以及良好的环境来推动实施。所以，我们可以对这一制度的良好施行寄予更多期待。

潘金贵：我补充两句。关于认罪认罚从宽制度是否会影响诉讼效率的问题，实际上在制度推行之初，实务部门是很有异议的。但是在侦查阶段，无论这个制度刚推行还是现在，应该说它对侦查效率的影响都不大。在实践操作中，侦查机关通常仅需告知犯罪嫌疑人享有选择认罪认罚的权利，以及选择后可获得从宽处罚的结果，一般不会协助犯罪嫌疑人处理认罪认罚从宽的具体事宜。实际上，受认罪认罚从宽制度影响最大的当属检察院。在审查起诉阶段，检察官会面临诸多复杂情况，例如被害人是否愿意和解、接受赔偿等问题，这往往需要检察官投入大量精力，进行大量劝导工作，并反复沟通协商。如此一来，检察官会感觉效率低下，毕竟原本直接提起公诉等待判决即可结束诉讼流程。所以，客观来讲，认罪认罚从宽制度在起诉环节确实会对诉讼效率产生一定程度的影响。

不过，如今这种影响已相对降低。随着近五年制度的持续推行，办案人员的业务愈发熟练。例如，在侦查阶段，辩护律师便可能已代表当事人与被害人达成和解，为检察机关处理案件时作出有利于被追诉人的决定创造条件。进入起诉阶段，律师介入后也能轻车熟路地按照既定思路迅速开展协商工作，使得诉讼效率并未受到太大冲击。而且，认罪认罚案件进入审判阶段，尤其是集中审判时，审判效率得到了极大提升。

真正困扰认罪认罚从宽制度的问题在于，如何在确保认罪认罚真实性的前提下，保证案件处理不偏离法律的基本轨道。至于在认罪认罚从宽制度下如何开展辩护工作，其与今天所探讨的轻微犯罪增多背景下的辩护既有内在联系，又存在诸多差异。

最后，让我们再次以热烈的掌声向道萃老师表示衷心的感谢！今天的讲座就到此圆满结束，感谢大家的参与！

02

以刑事辩护理论新发展推进法治现代化

主讲人：冀祥德 中国社会科学院大学法学院教授、博士生导师，国务院政府特殊津贴专家

主持人：闫召华 西南政法大学法学院教授、博士生导师

嘉　宾：艾　明 西南政法大学法学院教授、博士生导师

向　燕 西南政法大学法学院教授、博士生导师

张　波 重庆市高级人民法院刑一庭庭长，全国审判业务专家、法学博士

时　间： 2024 年 4 月 21 日 19：00

地　点： 西南政法大学图书馆学术报告厅

闫召华： 今天晚上西南政法大学刑事辩护高等研究院的第一讲很荣幸地邀请到了中国科学院大学法学院教授、博士生导师冀祥德老师。今天讲座的主题也是关于刑事辩护。刑事辩护制度是一国刑事诉讼文明的标志，往大了说可以测量一个国家的法治化程度。冀老师对刑事辩护提出过公检法律车轮说。如果缺少刑事辩护，刑事司法就不可能走上法治的车道，我相信冀老师在今晚的讲座肯定会对车轮说做进一步的发散。

今天晚上还邀请到三位重量级的与谈嘉宾。第一位是重庆市高级人民法院刑一庭庭长、全国审判业务专家、法学博士张波庭长；第二位是西南政法大学法学院教授、博士生导师向燕教授；第三位是西南政法大学法学院教授、博士生导师艾明教授。在今晚的讲座中，冀老师代表的是“律”这个车轮，张庭长代表“法”，向燕教授代表“检”，艾明教授代表“公”，同样也是四个车轮在台上运转。下面，大家用热烈的掌声请冀老师为我们作精彩

演讲。

冀祥德：今天以“刑事辩护理论新发展推进法治现代化实现”为题谈一些粗浅看法。

为什么要讲这样一个题目？在党的二十大会议上，总书记提出要以中国式现代化推进中华民族伟大复兴，而在木桶理论看来，国家与社会的治理有多种手段——行政的、经济的、社会文化的、法治的，在构成现代化国家治理体系与治理能力的木桶中，如果将每个治理手段比作一块构成木桶的木板，法治无疑是这个木桶中最短的那块木板。综观世界上实现了现代化的国家，特别是实现了法治现代化的国家，都走过了一条不平坦的道路，都经历了从人治到法治的转变。这样一种时空的变化或者说法治建设的路径，在我国也是同样的状况。在我国，党领导建设法治国家的历史上，有两届中央全会是学法的人应当记住的。

第一个值得铭记的是十一届三中全会，以邓小平同志为核心的党中央在这一届会议上提出了“发展社会主义民主，健全社会主义法制”的目标，提出了社会主义法治建设的基本要求，即“有法可依、有法必依、执法必严、违法必究”的十六字方针。这是在“文化大革命”结束之后，特别是从1958年底到1976年漫长的人治转向法治的一个飞跃。邓小平同志讲，还是法治靠得住。所以十一届三中全会在我国的法治建设中应当被铭记，也正是在这次会议上确定了十六字方针，我国迅速进入了以立法为中心的法治建设时代。但是这个时候的法治建设还停留在“刀制”的层面上。

第二个值得铭记的是十八届四中全会，以习近平同志为核心的党中央在十八届四中全会上作出了中共中央关于全面推进依法治国若干重大问题的决定，把原来建设社会主义“刀制”的法制国家改为建设社会主义“水治”的法治国家。不仅如此，在之后的十九届四中全会上提出要在2035年基本建成社会主义法治国家，在2050年建成富强、民主、文明、和谐、美丽的社会主义现代化强国。同时也提出了新时期建设社会主义法治国家的新十六字方针，即“科学立法、严格执法、公正司法、全民守法”。比较两个十六字方针，可以看出新时代以来我国已经从“以立法为中心”进入了“以司法为中心”。十一届三中全会强调要健全法制，主要是法律的制定，所以“有法可依”作为第一句话，后面也都是围绕着法律的制定和执行进行。但是在十八届四中全会后，虽然仍重视立法，但是这时立法已经不再是中心，立法前面加了“科学”二字，也就是有必要的时候才立法，重点应当放在后面的“严格执法、公正司法、全民守法”，尤其是区分执法和司法。

在以中国式现代化全面推进中华民族伟大复兴的征程中，中国式现代化的实现不可忽视法治的现代化。从“刀制”的法制向“水治”的法治转变，虽然仅有一字之差，但这是两个截然不同的概念。就“刀制”的法制而言，只要国家颁布了法律，无论国家是贫穷还是富裕、野蛮还是文明、先进还是落后，“刀制”的法制就已经产生，其更多是指静态层面上法律制度的构成。而“水治”的法治，只有当一个国家实现了富强、文明、民主的时候，才有可能产生，也就是说，在贫穷、落后、野蛮的国家里不可能产生“水治”的法治。因此，从“刀制”的法制向“水治”的法治转变，是一个国家法治建设根本性目标的转变。这些年以来我们还没有建成“水治”的法治，主要是因为法治现代化的建设不是一日之功。而在法治现代化实现的过程中，如果将法治比喻成一个木桶，刑事法治也显然是这个木桶中最短的那块木板。简要地说，如果把刑事法治也比成一个木桶，在公安法治、检察法治、审判法治等若干块构成法治的木板中，刑事辩护又是其中最短的那块木板。刑事辩护不仅在我国，在全世界都是一个难题。为什么呢？因为刑事辩护制度晚于监察制度、审判制度等司法制度。在司法权独立之后，其中的控诉权与审判权进一步分离，分离后人们发现，在刑事辩护的权力场域中，这些权力都是同治同向的权力，都是为了打击与惩罚犯罪，性质都是公权力。同治同向的权力不可能形成一个真正闭环的监督制约系统。因此，当权力诞生和发展之后，要求一种不同向、不同治、即异向异治的权力介入刑事诉讼的场域中，方能对从行政权这个母体里分离出来的若干公民权利形成闭环的监督，这个权利就是辩护权。所以辩护权是后生的，而且从它的生存与发展过程可以看出，其就像是在强大的政法公权力这个茂密的森林中夹缝生长的一棵幼苗。所以，刑事辩护无疑是法治木桶中最短的这块木板。

这些年，我国刑事辩护的进程应该说反反复复、曲曲折折，但总体上还是在进步的。在我的简单研究中，我认为新中国成立的 75 年中，刑事辩护有三次比较大的曲折，第一次是在法律虚无主义的运动中，首先受到冲击的就是律师制度；第二次挫折应该是在 1996 年《刑事诉讼法》第一次修改以后，由于在诉讼制度中引入了对抗制诉讼，突然扩张了辩护律师的权利，使得控辩双方产生了非理性对抗。在我看来，当时控辩双方非理性对抗产生的原因主要有两个方面：一方面，我们没有完全顾及当时律师的基本素质，也没有充分照顾到中国的国情，过多或者过早引入对抗制的一些内容，于是产生了这种“水土不服”的状况；另一方面，那就是在1996年《刑事诉讼法》修改的时候，在法律职业共同体的队伍中只有律师有执业资格考试要求，而那时的《法官法》《检察官法》都没有相应的强制准入制度要求。我们的司法考试从2000年才开始，所以那个时候律师的法律素养应该说是最高的。当对抗制引进以后，检察官在法庭上确实经常占不到便宜，这也是导致控辩双方非理性对抗的原因之一。在对抗制引入以后，法官、检察官迅速意识到法律素质要继续提高，所以国家法官学院、国家检察官学院陆续建立若干分院，依托各地政法院校加大对法官、检察官的继续教育。我博士毕业的时候在山东，当时山东省法院系统好像有一个还是两个法学博士，检察院系统没有法学博士，律师中有好几个法学博士，因此学历也是一个原因。但是经过这些年的发展，最高法、最高检关于法官、检察官队伍建设取得的效果十分明显，现在我们很难说法官、检察官的法律素质比律师低，至少从学历上来看不低，甚至很多地方拥有法学博士学位的法官、检察官都数不胜数，硕士更多了，而且都是通过司法考试或者法考的。

当然，正是由于各方面素质的提高，以及法治环境发生了变化，控辩双方的关系也产生了转化，所以法律界的学者对于刑事辩护问题的认识也在不断深化，尤其是当我们提出刑事辩护也要实现法治化时。我觉得西南政法大学这次成立刑事辩护高等研究院就是抓住了牛鼻子，刑事辩护高等研究院就是要以刑事辩护新理论来解决现在出现的刑事辩护第三次挫折中的这些问题。1996年第二次挫折用3年到5年时间度过，尤其随着2012年《刑事诉讼法》的修改，可以说《刑法》第306条基本就不再适用。

2018年认罪认罚从宽制度确立，用孙长永教授的话说，这个制度引领我们刑事诉讼进入了以检察为中心的时代。

前天山东省律协培训，请我去谈了一些看法，这些刑辩律师告诉我，认罪认罚从宽制度用以解决至少85%、有些地方甚至90%或更大比例的刑事案件，至少这些案件中能够看到以审判为中心。所谓以法律援助制度、以值班律师等方式实现了审判阶段的普遍辩护，但律师的有效辩护仍待落实。韩旭教授说刑事辩护的寒冬又来了，我们现在又有不少律师不再做刑事案件了，特别是一些案件适用认罪认罚从宽制度后，也有控方跟当事人家属说不用请律师，有需要找个值班律师签字就行了，花巨款请个律师没有作用，怎么判还是我们说了算。事实上很多案件确实是这样，所以认罪认罚案件结束以后很多当事人找律师退费。这是刑事辩护的第三次曲折。

近年来，有不少关于刑事辩护理论的文章，但可能还是停留在对策性研究的层面，尤其是认罪认罚从宽制度推行以后，很少有人从刑事辩护的功能角度去探讨刑事辩护理论。到底是法治国家的建设需要刑事辩护还是辩护律师只需给被追诉人服务？特别是辩护律师与司法公正之间的关系到底是怎样的？当然，在这种不利的局面之下，律师也在有意退却。立法常常忽视了刑事辩护制度建设的一些最基本的问题，我觉得刑事辩护制度目前之所以遇到这些新的难题，还是在于我们没有厘清刑事辩护制度在我国刑事制度中真正的作用，以及遵循何种路径才能让国家法治建设离不开刑事辩护。我以前提出过公、检、律、法车轮说的主张，提出来以后也有不少学者有争议，因为公、检是控方，律是辩方，法是指的裁判方，他们共同构成法治这部汽车的四个车轮。有人也问我说若公、检、律、法是四个车轮，你说它是具体哪个车轮？我的意思是法治建设过程中相关主体之间的关系，特别是在刑事诉讼权力构成中，我们不能仅看公、检、法三机关的关系，所以在《刑事诉讼法》修改中我提出要把公、检、法三机关的关系改为公、检、律、法四主体之间的关系。有一年最高法、最高检、公安部推出关于死刑案件质量控制的意见，在征求意见之前我也提出了几点建议，我说公、检、法三机关对于死刑案件的质量控制固然有十分重要的作用，但是辩护律师在死刑案件适用控制中的作用也不容小觑，后来相应的制度也进行了修改。

从三机关到四主体的变化，其实就是一场新的理论变革，当然不仅是修改《刑事诉讼法》，可能《宪法》要先改。《宪法》中也提出了三机关的职责界定，但也没有把律师和三机关放在一起进行人权保障的主体制度设计，这是一个宏观的理论问题，它需要我们打破一些传统的思维认知。这里我想给同学们讲的是，我们在前几十年写论文走的是比较研究之路，先说中国的问题，再说国外的制度怎么引进来解决中国的问题，这是写论文的三段论。后来经过一段时间，问题解决掉了，但是我们大多数人的研究还是停留在具体制度和个别问题的对策性研究上。我觉得现在的理论研究，特别是刑事诉讼的学术研究，已经到了需要拓宽学术视野的时候。

刑事辩护之所以遇到这样的问题，特别是这一次的困境，原因当然有很多方面，但是根本原因在于我们对于构成刑事诉讼大厦的基石性原则缺乏全面深刻的认识——这个原则就是控辩平等原则。控辩平等原则最早是在1972年西班牙世界刑法学大会上被提出的。控辩平等原则的提出以及该原则在其后若干年的发展都停留在平等武装的层面。1972年西班牙刑法学大会上确定的原则仅仅是指平等武装，即控辩双方是从司法经济主义的角度来考虑，但1972年提出这个原则的时候，世界刑事诉讼制度基本以对抗制为主。我们知道，控辩合作制度的源起是1970年美国布雷迪案件，作为控辩合作制度的第一案，1974年美国刑事联邦诉讼规则已初步确认其合法性，然后这项制度才开始为其他国家所借鉴。控辩合作制度在英美法系中被普遍采纳，而后冲出英美法系。在大陆法系国家的法律制度中，关于控辩合作制度的实践和立法规定是近几年的事情。所以将控辩平等仅仅理解为平等武装已经无法与时俱进了，所以我认为除平等武装之外，还有平等保护、平等对抗和平等合作。

控辩平等理论从原来的一个内涵增加到四个内涵，它就完全可以解释刑事诉讼制度三千多年的发展。我们用这样的新视角来检视刑事诉讼制度，就不难发现控辩平等在我国无论是从立法的层面，还是从司法的层面离我们都还很远。认罪认罚从宽制度只是名称，早在十八届四中全会前就有关于这个问题的讨论。在20多年前，我的博士论文写的是建立中国控辩协商制度研究，其实就是这个制度。后来最高检研究室主任陈国庆先生带队考察了一些地区，特别是我国台湾地区，他写了一篇文章，认为应当建立中国式认罪协商制度，我看了以后又写了一篇文章，副标题是与他商榷。我认为，认罪协商若先认罪后协商，就违反了控辩平等，结果后来在《刑事诉讼法》修改以后连协商也没有了。当时我们参与一些讨论，协商这两个字是不让提的，现在最高检的文件中却出现了协商。为什么叫认罪认罚从宽？可能下周《政法论坛》会发出我的一篇文章，我是站在新时代的视角和宏观理论的指导下写的，里面我也谈到认罪认罚从宽制度的名字站在控辩合作的角度上必然有两条逻辑主线，一条是认罪认罚从宽，但是站在平等武装的控辩平等原则、站在世界刑事诉讼现代化发展的视野之下，它应该还有一条逻辑主线，即控方说你认罪认罚就能从宽，同时被追诉人及其辩护人也可以说，给我从宽我就认罪认罚，但是我们从名称里面是解读不出来的。

闫召华：冀教授已经相对全面地介绍了控辩平等的主要理论和概念，使在座各位能够在较短的时间内对此有一个初步的、总体性的理解。这包括但不限于准入说、革命说、车轮说等理念。显然，在未来，随着冀教授加入西南政法大学，担任刑事辩护高等研究院学术委员会主任，我们期待在他的引导下进一步深化和拓展这些领域的研究。现在请重庆市高级人民法院刑事审判一庭庭长张波发言。

张波：冀教授提到从"三机关"到"四主体"的转变是一种创新思考。我们常讨论公检法三机关的分工、制约与合作，但是否需要加入律师的角色呢？我一直认为，刑事审判像是由审判、指控和辩护三块拼图组成的完整画面，任何一块的不完善都会影响整个体系的成熟。因此，高质量的审判发展必须包含控辩双方的高质量发展，刑事诉讼理论的繁荣应涵盖审判理论、检察理论以及辩护理论的全面发展。

从某种意义上说，辩护是至关重要的一环，它与权利相联系，是对权利的保障和维护。在我国法治现代化和人权保障的进程中，刑事被告人和嫌疑人的权利保护无疑是衡量我们整个刑事法治水平的基本标准。从我的工作经验来看，辩护律师是法官的重要伙伴，有助于法院在获取完整、平衡的信息后作出公正的裁决。有效的辩护能够最大程度地避免冤假错案。如果没有有效的辩护，审判就存在风险。因此，我们应当与律师建立良性互动的关系，同时与检察院保持适当的距离，避免职能重叠导致法检机关意见统一，从而压缩辩护的空间。在诉讼过程中，被告人往往资源有限，其能力不足以对抗强大的国家机器，因此给予被告人更多的关注，既是人文关怀也是对人权的保护，有助于法院作出科学合理的裁决。

刚才，冀教授深入讲了控辩平等的重要性，这使我受益匪浅。以往我对于控辩双方地位平等的理解相对表面，未深入探讨其理论内涵。冀教授阐述的"平等武装"，意指双方应享有同等的法律资源、配置和地位，确保平等受保护、平等对抗以及平等合作，这些观点令我耳目一新。冀教授的演讲不仅加深了我对辩护理论的理解，而且促进了我对这一领域的全面立体思考，对未来的研究提供了极大的帮助。此外，冀教授还提及了认罪认罚从宽制度自实施以来所面临的第三次挫折，及当前辩护遭遇的困境，这与其他学者所描述的“寒冬”相呼应，显示出刑事辩护领域的当前挑战。

在国家推进以中国式现代化实现中华民族伟大复兴的过程中，刑事法治和人权保障无疑是现代化的关键组成部分。相比于20年前或30年前，今天的人权保障有了根本性的改进和提升。未来，随着法治的发展，人权保障将更有力地得到落实，这也预示着刑事辩护的繁荣和发展将成为法治进步的基石。除惩罚犯罪外，刑事诉讼的目标还包括化解社会矛盾、促进社会和谐、恢复社会关系，并以最少的国家资源实现最大的刑法效益。从这一角度出发，刑事辩护的重要性愈发凸显，无论是从辩护的效果、内容还是需求的角度考量，辩护的作用将越来越显著。

此外，刑事法治现代化的推进不仅需要辩护的现代化，还需辩护理论的现代化。虽然冀教授已深入探讨此理论，但在社会中仍普遍存在对辩护律师的误解，认为与罪犯相关的律师本身值得怀疑。这种观点反映了辩护理论在社会层面上的普及和提升仍有待加强。实践中对辩护的重视程度不足，仅将指定辩护律师视作形式，这与法治精神尚有巨大差距。

总体而言，辩护理论和实践的现代化前景光明且开阔，但基础仍显脆弱。尽管2004年《宪法》明确了人权保护，但过去的权力观念和社会对被告人的偏见仍然根深蒂固。辩护本质上与权利紧密相连，其核心是权利的保障和公正的实现。在这方面，我们期待西政刑事辩护高等研究院在祥德教授的指导下，能够不断推出更新更前沿的理论成果，促进学术与实践的发展。

闫召华：在聆听张庭长的点评后，我们可以感受到，尽管冀教授提出的控辩平等与准入的理论可能显得理想化，给人一种实现起来遥远且漫长的感觉，但张庭长的观点令人看到了希望。如果每位法官都能将律师视作合作伙伴而非对手或可有可无之人，冀教授所倡导的控辩平等理论的实现似乎并非遥不可及。因此，建议冀教授在未来的培训中，不仅要向律师协会提供指导，还应包括检察官、法官及公安机关的同志等。通过广泛传播控辩平等及相关理论，可以更有效地将理论转化为实践，同时帮助解决实际工作中的困难，增加实现理论到实践的可能性。下面有请艾明教授来点评。

艾明：近年来，刑事辩护理论不断发展，实务中也涌现了许多新现象，这些现象与理论产生了激烈的互动。例如，实践中出现的“占坑式辩护”、委托辩护与指派辩护并存引发的优先顺序冲突等，都成为研究的热点。本年度，我指导的一名学生便以此为题，探讨了在委托与指派辩护并存的情况下，应优先考虑哪种形式。这些新的发展不仅需要我们对刑事辩护理论进行进一步的研究，也需要我们对刑事诉讼理论提出新的见解。例如，从法条的文义解释体系探讨如何选择优位顺序，这种选择是否能更好地保障被告人的辩护权？

我们可以看到，理论研究提出的见解同样能推动实践的发展。借鉴德国刑事诉讼法的发展，立法、司法与学术理论的互动显著推进了刑事诉讼的法治化进程。因此，我们不仅应关注新现象，还应从法学的角度提出具有解释力的新理论。正如冀教授所示，我们应将这些现象提炼为具有理论解释力的体系来指导实践，并通过实践的进一步发展丰富我们的理论基础，形成一个互动式的四轮驱动发展模式。

闫召华：在今日的讲座中，冀教授就辩护理论的多个方面展开了系统阐述，形成了一个完整的理论体系。他提到的内容包括“四次革命”理论、控辩平等论，以及刑事辩护的起源、结构和质量控制等，尽管由于时间限制未能详细展开。冀教授的理论不仅系统而且具有很强的说服力，但这并不意味着不容许存在不同的观点。下面有请向燕教授。

向燕：刑事辩护是刑事诉讼制度中特别重要的一个制度，刚才很多老师都提到，刑事辩护制度的发展完善程度是衡量一国法治水平的标准，是衡量人权保障水平的标准。我认为冀老师具有非常长远的眼光，并且长期深耕刑事辩护制度研究。刚才冀老师梳理新中国法治发展的历史，主张中国式的现代化应当首要强调法治现代化，如果要实现中国法治现代化，则一定要加强目前法治的短板，要以发展刑事辩护理论来推动刑事辩护制度的完善。我认为冀老师的讲座既有宏大的视野，也有纵深的历史性的洞察，既有丰富理论内涵，又关注实践问题。

结合冀老师的讲座，我也谈谈我的学习体会。如何推进刑事辩护制度的发展，实现法治现代化？我觉得主要有三个方面的内容：

第一，辩护理论的现代化。在这个方面，冀老师有非常多的心得著作和论文，刚才也讲授了相关学说，在此我不重复。

第二，辩护制度的现代化。如何推进辩护制度现代化，我认为有两个方面：首先是辩护权自身的发展完善。简单地说，就是是否赋予被告人及其辩护律师更多的权利，更完善的人权保障。在侦查阶段，我国对于被告人及辩护权的保障程度相对于一些法治发达国家而言仍旧较低。例如，在我国，犯罪嫌疑人、被告人不享有沉默权，而律师的诉讼权利中也没有规定现场询问权——这一权利非常重要，它能够打破封闭状态，能够更好地监控侦查机关的行为，防止刑讯逼供。赋予犯罪嫌疑人沉默权一定要配套辩护律师的在场权，否则无法实现。其次要进一步完善辩护权的合理环境。大家学习《刑事诉讼法》就知道，控辩审三方关系会构成相应的诉讼结构，刑事辩护始终在这样的诉讼结构中运行，如果诉讼结构不具有正当性，那么程序的正义显然不能得到保障。冀老师在讲座中提到他今年发表在《中国法学》第1期的《世界刑事诉讼的四次革命》，主要内容是世界范围内刑事诉讼经历的四次转变，这很大程度上也谈的是刑事诉讼的构造，特别是如何塑造合理公正的诉讼结构。如果控辩失衡，检察机关独大，肯定会压缩辩护的空间，比如认罪认罚从宽制度中，很多律师在辩护时也表达对认罪认罚从宽制度的不满。他们认为，认罪认罚从宽制度运行中，辩护律师没有协商筹码，检察官给辩护律师一个通知，辩护律师要么全盘接受，要么不接受，而后面对正式审判中控方所提出的更重的量刑建议，在这样的情况下被告人有什么争取的空间呢？因此，辩护制度要解决普遍辩护和有效辩护的问题，不是简单地推动辩护的全覆盖。另外，辩方和裁判者之间的关系也十分重要。司法权实际上是被告人权利的最后保障，就像认罪认罚从宽制度，犯罪嫌疑人、被告人的自愿性、合法性、真实性审查要交给法院来进行，最终通过司法审判来保障。如果法官不中立，或者法官司法权受到限制，就会对辩护权产生很大的影响，因为司法审查不能给被告人提供充分的救济——本来之前的审前程序中控辩已经失衡，而司法程序让辩护效果再打折扣。例如，我国认罪认罚从宽制度中的一般采纳量刑建议的条款，包括有学者在讨论是不是要对认罪认罚的案件上诉权进行限制等。

最后一点，除了理念和制度之外，还要重视技术，尤其是证据分析技术。事实认定的问题在刑事辩护中是非常重要的，很多时候争议的不是法律适用而是事实的认定。然而，传统上，我国对于事实认定这一部分，不论是制度还是研究都比较粗浅，通常讲以事实为根据，以法律为准绳，但是怎么认定这个事实呢？在实践中最为重要的证明方法就是印证证明，我觉得对于一些证据比较充分的案件这是非常有用的，能保证事实准确认定。但是对于证据不是很充分的案件，印证证明在运用的时候还是不知道该怎么认定，比如一对一的犯罪，怎么运用印证认定呢？实践中可能存在困难，但在这个方面，域外国家已经发展了很多技术，比如说最佳解释推理的方法，这些方面都是可以进行学习的。事实认定不存在国界的区分，是共通的学问，在事实认定方面要加强标准的研究，确实能够为司法实践提供一些解决方案。

闫召华：感谢三位老师的精彩点评。我发现冀老师虽然非常了解实践，亲近实践，但是冀老师是一个理想主义者。生物学界有所谓懒蚂蚁效应。就是一群蚂蚁中大多数蚂蚁都在忙碌勤劳地搬粮食，但是总有那么几只懒蚂蚁好像无所事事、东张西望。生物学家就对它们进行实验，当切断食品来源的时候，那些勤劳的蚂蚁一筹莫展，但是懒蚂蚁能够寻找新的食物方向。其实懒蚂蚁不懒，而是在探索下一步的方向，它们是蚂蚁里面的理论研究者。这就牵扯到刚才冀老师讲到的理论研究与实践的关系，理论研究到底能不能影响或者怎样影响实践？理论主义者有没有必要？其实理想是非常有必要的，正如我们的古语所说，求其上者得其中，求其中者得其下。当然要有理想，但是也要认清现实，通过刑事辩护的理论研究推动法治现代化，仍是一个非常漫长的过程，要有一个间接的作用机制。刚才向燕老师也提到了，通过刑事理论研究进一步影响法治理念的改变、制度的改变、体系的改变、机制的改变，只有这些都改变，才能真正实现用理论新发展推进法治进程。

最后，我也想谈一点和冀老师的不同理解和认识。冀老师提出公检法律四车轮说，但是我认为冀老师的四车轮说是以法治理想状态下已经建立起法律职业共同体的视角来看的，其实我国为了法律共同体努力了很多年，建立法律职业资格考试制度，就是树立法律共同体的理念，各主体不要相互排斥，都是为了实现法治现代化的目标。然而，在没有形成法律职业共同体理念的前提下，其实很难说四车轮说比较贴切。我觉得就当前的现状来说，是公检法三个车轮，律师可能是备胎背在后面，当然，更贴切的形容是，公检法三个车轮是动力机制，律师是刹车制动机制。目前，我国仍处于制动不太灵敏或者失灵的状态，理想的法治现代化必须是制动有效的状态。虽然我在比喻上不赞同冀老师的理论，但是我特别赞同冀老师的思路。大家如果从动力与刹车这个角度来理解现在所谓的合作式司法与对抗式司法，即使是协商性司法合作，律师也应该肩负着一种刹车式的使命，从而实现车子平衡运行的状态，而不是完全配合。只有实现这样良性的法治关系，法治现代化才能更好更快地实现。

下面留一点互动的时间，大家可以提问两个问题，向冀老师或者向与谈嘉宾提问题都可以。

提问人 1：我有一个问题想向冀老师请教。刚才冀老师在演讲中讲到，第三次刑事辩护的挫折有很大一部分原因是认罪认罚从宽制度的诞生。按照我的理解，认罪认罚从宽制度是我国司法运行情况导致的，这种情况下能不能从合作式司法或者是协商式司法模式发展的角度来谈刑事辩护？这种角度下是否有发展的空间？或者说刑事辩护不仅仅是和司法机关对抗，而是可以融入未来合作司法或者协商司法的模式里面。

冀祥德：感谢这位同学，他提的问题还是非常深刻的，说明对这个问题以及围绕这个问题涉及的一些知识点有较多的关注。其实控辩合作这一制度在世界范围内的产生并不像证据开示、非法证据排除这些制度，这些是立法机关主动推动的，通过控辩合作模式来解决刑事案件是自发产生的。在第二次工业革命之后出现了一种新的社会现象，就是多种纠纷开始以犯罪的形式表现出来，致使犯罪率飙升，而司法资源的增加确实比较缓慢。这形成了快速增长的犯罪率与有限增加的司法资源之间的紧张关系，而且这种紧张关系随着社会的发展，越来越紧张。于是，在美国法庭周边的咖啡馆、停车场才开始出现检察官和律师经常嘀嘀咕咕的现象，其实就是在一些案件的处理结果上讨价还价。由于美国检察官的政治性特征，一旦检察官指控失败，对他的个人发展将造成比较大的影响，比如辛普森案的检察官本来想一战成名，结果失败了，之后他的政治生涯也结束了。检察官为了尽量减少指控的失败，于是便产生了与辩护人的交易——能不能认其中的一个罪名以换取放弃对其他罪名的指控？律师也一样，若被告人所受指控成功，将面临更重的处罚。在国家司法权力没有主动干预的情况下，这个制度就开始慢慢成熟，这是它的背景。但是需要注意到，这样的一项制度不是孤立的，在美国，是先有了比较发达的证据排除制度、被追诉人完全的沉默权，以及美国发达的辩护制度，解决了被追诉人及其辩护人案件知情权的问题。沉默权解决了辩方即使不跟控方合作也不会加重处罚的问题；有效辩护使被告人可以在辩护律师的帮助之下做出一个他认为正确的选择。相比之下，我国建立认罪认罚从宽制度时的背景是不同的。认罪认罚从宽制度的构建只不过是一种表现形式，在意大利和法国均有不同的名称。但是我国有效辩护制度如何？有没有沉默权？辩护人和被告人的案件知情权如何？当这三个配套性、关联性制度尚未健全的情况下，认罪认罚从宽制度确立，刑事辩护必然受到冲击。因此，刑事诉讼制度要进一步完善，包括第四次修改应该要围绕这样一个方向建构，让四个制度成为孪生制度，尽快把制度建立起来，尤其是沉默权制度。

提问人 2：请问冀老师，认罪认罚从宽制度是不是以检察为中心的制度，公检法律理想模式是什么？有什么优点？

冀祥德：最后一个问题，请看孙长永教授的文章，至少在认罪认罚案件里面，现在是以检察机关为主导。关于理想模式，我觉得可以同召华教授商榷。他说公检法就是油门，律师就是刹车，这个说法也很新颖，可以探讨。我觉得任何一个法治国家的建成无一例外都有现代化的辩护制度，没有任何一个法治国家只有公检法三机关，而忽视辩护制度。当然，从油门和刹车之间的关系来构思也有一定道理。

闫召华：谢谢冀老师。大家再次用热烈掌声对冀老师的精彩演讲和三位点评嘉宾的精彩与谈表示感谢，讲座到此结束。

03

控辩审冲突：反思与展望

主讲人：刘卫东 西南政法大学刑事辩护高等研究院副院长，北京冠衡律师事务所主任、中华全国律师协会刑事专业委员会副主任

赵春雨 西南政法大学刑事辩护高等研究院副院长，北京市律师协会刑法专业委员会副主任、盈科全国刑事法律专业委员会主任

阚吉峰 西南政法大学刑事辩护高等研究院副院长，山东求新律师事务所主任、山东省律师协会副会长

主持人：潘金贵 西南政法大学法学院教授、博士生导师，西南政法大学证据法学研究中心主任

嘉　宾：张　波 全国审判业务专家、重庆市高级人民法院刑一庭庭长

王　岭 全国十佳公诉人、重庆市人民检察院第一分院检察一部主任

时　间： 2024 年 5 月 17 日 19：00

地　点： 西南政法大学图书馆学术报告厅（北大法宝学堂线上同步直播）

潘金贵： 今天晚上推出的是西政刑辩大讲堂的第三期。第三期和前面的两期有很大的不同，前面两期都是一个专家主讲，今天晚上的讲座有多位嘉宾主讲。我们要探讨的是在刑事诉讼领域很有研究价值的一个话题，也是这两天的热点话题，就是控辩审冲突问题。

大家知道，在刑事诉讼中，控辩审三方组合形成一个完整的诉讼架构，但是控辩审三方之间的关系非常复杂。其原因有结构上的，也有诉讼原理上的，有人的关系，还有体制的关系等。以上原因导致控辩审之间在处理案件的过程中，会出现各种各样的矛盾和冲突。

控辩审冲突不是个新问题，但是它是一个值得我们关注的问题，尤其作

为执业律师，同时与检察官、法官来一起探讨这个问题。大家既站在各自的立场表明自己的观点，也能寻求作为法律人的一些共识，怎么样让我们国家的《刑事诉讼法》更好地去运作，这是我们要解决的问题。

今天我们邀请到的嘉宾都是在刑事司法领域非常有造诣的专家，今天这个讲堂实际上还有一个特殊的纪念意义，它是西南政法大学刑事辩护高等研究院，专门为15位副院长开设的一个讲座平台，我给它取了一个名字叫“刑辩·副院长谈”。为什么要请副院长们来谈？不知道大家是否关注过西政刑辩高等研究院对专家们的介绍，我们所聘请的15位副院长都是在国内知名的刑辩大律师，他们都有非常丰富的刑事辩护乃至刑事司法的经验，他们的经验对于在校的学子来说，对于从事刑事辩护的律师等朋友来说，都是非常值得我们去学习和借鉴的。所以从这第三期开始，我们会陆续开展至少五期“副院长谈”，希望副院长们把自己的知识、经验、感想和观点，与西政的学生们以及司法实务界的朋友们进行分享。

现在我们就先隆重地介绍“副院长谈”的三位副院长嘉宾。第一位是北京冠衡律师事务所主任、中华全国律师协会刑事辩护委员会的副主任刘卫东律师。第二位是盈科律师事务所、全国刑事法律专业委员会主任、西南政法大学刑事辩护高等研究院副院长赵春雨律师。第三位是山东求新律师事务所的主任阚吉峰主任，阚主任是全国优秀律师，还是山东省律师协会的副会长。今天的主题是控辩审的冲突，肯定不能是辩方在这自说自话，所以我们非常有幸邀请到了控方和审方的代表。首先向大家隆重介绍重庆市高级人民法院刑一庭的庭长、全国审判业务专家张波庭长，检方的代表是去年全国十佳公诉人、重庆市人民检察院第一分院检察一部的主任王岭检察官。

控辩审冲突，从司法实践来说，可以分解为控辩冲突、辩审冲突、控审冲突，如果再宽泛一点，还包括了侦查机关和审判机关乃至检察机关的冲突，辩方的冲突还有一个内部冲突，我们把它称为辩辩冲突。其实这都反映了刑事司法复杂的运作之中所产生的博弈、关系的理顺等，都有很多法律上的、非法律上的值得研究的东西。既然我们的主题是控辩审冲突，所以我们主要分三个方面的内容来研讨。在研讨的过程中，线上的朋友以及线下的同学们、老师们，可以就我们研讨的某一部分的主题提问。

下面我们开始第一个环节，先研讨辩审冲突问题。先请辩方的代表发言。

阚吉峰：我向大家简单地报告一下辩审冲突的反思和应对的方案。近期在实务界也出现了一些辩审冲突的典型案例，而且今天让我来谈这个话题的时候，我觉得首先还是要从辩护实务的角度出发，思考如何看待和厘清辩审冲突的一些问题。辩审冲突包含哪些内容？实务界和理论界有很多学者和同仁对于辩审冲突有一些划分，比如说把它划分为申请非法证据排除的辩审冲突，还有辩论当中的一些冲突，或者说法庭调查当中的辩审冲突，但我认为这些还不够全面。辩审冲突总的来讲可分为三个类别。第一个类别是程序问题上的辩审冲突，主要包括申请回避、申请管辖等程序性的相关事项。第二个类别是证据问题上的辩审冲突，最主要的就是证据资格的审查、非法证据排除、申请证人出庭作证等，这一些类别都包含在证据问题的辩审冲突当中。第三类别是诉讼行为方式上的辩审冲突，包含了辩辩冲突，就是辩护人和辩护人之间的冲突，以及辩护人和法庭之间的冲突，还有法官和辩护人之间的冲突，我认为这种分类对当前辩审冲突进行了集中的概括。

接下来我带大家简要地回顾一下辩审冲突的一些现状。根据目前的案例，我们分析出来了一些客观原因，一类是部分法官的办案方式可能存在不当之处。这个问题又分为几个层面。一是由于法官个体间在知识结构、审判经验等方面存在差异，导致他们在办案时的司法理念有所不同。二是法官面临较大的办案压力。在认罪认罚从宽程序中，案件当事人已经认罪认罚，若律师进行定性、证据或程序方面的辩护，法官可能因具体案件特点及案多人少的客观因素产生反感情绪，进而引发辩审冲突。第三个层面是有一些法官可能也是因为知识结构更新比较慢，包括执法理念更新不足，业务素养也有待提高。综上，这三个层面导致实践中经常出现辩审冲突，我归纳的这些集中在法官这个层面。还有一类是要归结于辩方，但是这个问题因为刚才潘老师在划分研讨板块的时候，已进行了细分，所以在这个板块我就不作过多的展开，留给后面的专家对这个问题进行详细的解读。

近期，海西州发生了一起典型的辩审冲突案件，这一案件给辩护人、在座的各位同学，以及线上的法律界同仁都带来深刻思考。2024 年 5 月 11 日，海西州天峻县人民法院重审索某等人涉嫌寻衅滋事案时，发生法官律师冲突事件。2021 年 11 月，海西州天峻县人民法院一审判决索某等 12 人构成寻衅滋事罪，2023年2月海西州中级人民法院裁定发回重审。重审庭审中审判长突然休庭，辩护人发现上级法院法官微信“指导”审判长开庭，含“不用跟他商量”等不当内容，辩护人以合法庭审受非法干预为由报警，警察扣押封存电脑主机。5月13日，海西州中级人民法院通报称辩护人扰乱法院秩序、干扰诉讼，同时承认自身监管措施不规范。2024年7月22日，青海省高级人民法院指定海东市乐都区人民法院对该案一审重审。这起案件中，辩审冲突产生的根源在于司法行政化。2018年扫黑除恶斗争以来，有很多所谓的一些重大敏感案件，也出现了行政化管理的这种方式，比如说这些案件不仅是法院内部要对这种所谓的结果和审判的过程进行把控，而且还有相关的一些专案组，甚至是一些办案小组的负责人牵头，甚至还出现了一些像公检法的“三长”也会到现场进行旁听而且进行把控，这也就导致了不仅是在结果上是由办案小组或者说一些工作组的负责人来进行牵头，而这种牵头就是一种行政化，那么这种局面导致了一个什么样的后果？这种行政化的处理方式，尤其体现在庭审过程中，实际的把控并非在庭审现场直接体现，而是由幕后的力量在间接操控。前面办案的法官要听从于背后把控的法院行政领导，法院行政领导的指挥行为是不是和庭审现状吻合，或者说能不能让庭审流畅地进行，审判实际和个案审理的实际可能是有差别的。此外，行政化把控是导致这类案件问题的一大原因。虽说把法官比作“表演式的演员”不太恰当，庭审现场看似由法官主导，实则是后台行政领导在实际操控。这使得庭审法官难免要与辩护律师抗衡，进一步加剧了辩审冲突的产生。

在审判阶段的辩审冲突，我细分了一下，第一个层面就是审前程序可能存在一些不当行为而引发辩审冲突。这里面包含几点，一是权利保障不到位，包括对执业律师的执业权保障不到位，以及对被追诉人诉讼权利保障不到位，无论是哪一种，都有可能诱发辩审冲突。二是推定的问题，在司法实务中现在有扩大化适用的趋势，正是因为推定的扩大化适用，导致了控方举证责任不断降低。在司法实践中，经推定得出的事实有可能与客观事实不相符，致使部分案件中的被告人或被追诉人不愿认罪，对司法机关的办案产生极大的抵触情绪，这种情绪延伸到法院审判环节，就引发了辩审冲突。非法取证问题同样不可忽视。该行为虽发生在侦查阶段，但如果在侦查和审查起诉阶段都未得到妥善解决，进入法院审判阶段后，就很可能成为引发辩审冲突的诱因。此外，在认罪认罚程序中，存在个别检察官“胁迫式”协商的情况。这种不当行为虽发生在检察环节，可一旦案件进入法院审判阶段，便极有可能成为辩审冲突的导火索。

在实务中，诸多辩审冲突集中爆发在一些特定的庭审环节。目前，从大量典型案例来看，法庭调查阶段的发问环节尤为突出，这一环节已然成为辩审冲突的焦点所在。在这个环节里，辩护人基于案件事实与法律依据进行提问，试图充分展现案件全貌、维护当事人合法权益；而法官出于把控庭审节奏、维持法庭秩序等目的，可能对辩护人的发问进行限制或干涉，由于双方不同的立场和出发点，很容易引发激烈的矛盾冲突。而这个环节又分为几种情形，一是辩护人在发问的时候，有一些问题发问的方式存在不当，比如有一些辩护人发问的时候，习惯采用过多的铺垫，最后把问题导出。这时候可能让法官误认为发问和本案无关，那么就有可能遭到打断，由此而引发辩审冲突。二是辩护人的发问涉及唤醒证人记忆的时候，这种问题被法官误认为可能带有明显诱导性，也会被打断。三是封闭式的发问目前在我国刑事审判当中是被允许的，但是辩护人设计或者打磨的发问提纲过于精细，也就是问题封闭性和逻辑性非常强的时候，有可能也被误认为是诱导式发问而被打断。四是辩护人为了揭示案件当中的矛盾，还原客观事实，让法庭重视发问内容，而对问题作追问、总结或者澄清的时候，这时候也会被法官严厉制止。以上都是在辩护实务中经常遇到的一些情况。

第二种容易引发激烈冲突的场景出现在质证环节，核心问题在于权利保障存在不足。在那些案情复杂、疑难程度高，特别是证据繁杂琐碎的案件审理过程中，法庭往往采用复合化举证方式，即并非针对每一项证据逐一进行质证，而是将多项证据合并集中举证。这种方式使得辩护人难以精准、全面地对单个证据发表质证意见，导致辩护人充分质证、维护当事人权益的立场与法庭简化流程、把控庭审节奏的观念产生严重分歧，由此触发辩审冲突。此类冲突不仅严重扰乱庭审秩序，还极有可能干扰案件事实的查明，对司法公正的实现构成潜在威胁，亟待引起重视并加以解决。

第三种是在庭审质证环节，同样存在权利保障不均衡、不到位的状况。例如，当公诉人出示证据后，法庭会让辩护人进行质证，接着又允许公诉人针对辩护人的质证观点作出回应。按照权利设计，此时辩护人应当有权进行再答辩，以充分行使质证权。然而在实务中，法官却常常制止辩护人发言，要求其将相关内容留到法庭辩论环节一并阐述。这种情况极为常见，也极易引发辩审冲突，是导致辩审冲突的根源性问题之一。这些问题自然而然地引出了后续思考：在实践中，辩审冲突究竟为何频发？又该如何有效解决？基于此，我结合实务中遇到的问题对其进行类型化分析，经过简要梳理，在今天的讲座上向大家展示。

在辩护实务中，除了律师与法官之间的直接冲突，第四种情形是被告人在法庭审判阶段的辩护权被限制或排除，这必然会引发辩审冲突。近年来，涉众型案件日益增多，像非法吸收公众存款、集资诈骗、组织领导传销活动罪等。这类案件通常具有涉案事实繁杂、人数众多的显著特点。案件移送至检察机关后，由于调查难度大，检察机关常将大量时间用于配合公安机关收集证据，部分案件进入法院审理阶段时，证据仍不完备。例如，我曾亲办一起涉案数额达 100 多亿元的集资诈骗案，案件到法院近一年后，检察机关又补充了 200 本卷宗。新补充的这些卷宗虽作为证据移送，但引发了诸多问题。随着犯罪数额和事实增加，案件却未重新经历完整的侦查和审查起诉环节，尤其是审查起诉环节，被告人完全没有机会对新增证据进行抗辩，其抗辩权被剥夺。如此一来，被告人内心产生强烈抵触情绪，辩护人也会对此作出强烈反应。审判阶段法院接收未经完整前置程序的证据的行为剥夺或限制了被告人的辩护权，这成为辩审冲突的一个深层次诱因。

潘金贵：俗话讲，“一个巴掌拍不响”，所谓的辩审冲突，我们律师有没有值得反思的？

张波：谢谢吉峰主任坦率的演讲，让我受益良多，很有启发，也很有帮助。

控辩审冲突，其实这里没有冲突，我会告诉你看不到冲突。有个题外话，我想给潘老师一个建议，讲座的题目是《控辩审冲突：反思与展望》，建议下一次把题目换成《控辩审协作：障碍与破解》。控辩审是三块砖、三个平台，都是为了司法公正，都是为了让无罪的人不受追究，都是为了让犯罪的人受到恰如其分的追究。三方只有合作，人权保障才能达到最高水平，惩治犯罪才能达到最高的水平。理想的状态是控、辩、审三方的密切的协作，所谓的问题只是在协作过程中不完整的、不完善的状态。

首先，在控辩式诉讼结构下，控辩双方存在对抗，这在法律上、法理上是自然而然的、符合逻辑的。因为一方是指控，另一方是辩解，他们是一对矛盾。但控审关系怎么会冲突呢？例如足球运动员、篮球运动员都是双方对抗，你怎么会去跟裁判打架，裁判也不能跟运动员打架，运动员也不能跟裁判打架。如果出现辩护人同裁判发生矛盾了，裁判怎么支持你？如果裁判同运动员发生争吵，你怎么去裁判案子？可能会导致不公正。所以辩审冲突一定是两败俱伤，一定没有赢家，一定是破坏法制的。辩审冲突是一个伪命题，辩审双方不应该有冲突，有冲突就应该要检讨，这是一个基本的判断。

其次，关于辩审关系，第一，从历史的角度来看，1979 年刑诉法、1996 年刑诉法、2012 年刑诉法、2018 年刑诉法，辩护权一直在往前发展，到今天应该是历史上最好的时期。如今能够把冲突提出来，那就说明现在辩护人同国家机关的沟通与表达更自由。有表达、有冲突，有对抗、有紧张，那么它一定是进步的反映，一定是前进当中的问题。第二，辩审关系要从整体的角度来看，要从全国的情况、普遍的视角来看。辩审冲突是局部的、个别的还是整体的、全面的？我们要看到积极的一面，看到进步的一面，看到健康的一面，看到发展的一面，看到司法进步、人权保障的一面，看到裁判、辩护闪光的一面。第三，从现实的角度来看，辩审双方出现了紧张关系。几十年的发展就会产生一些问题，不可能在进步发展的过程中会没有紧张关系。发展中的问题用发展来解决。为什么会出现这样的问题？刚才吉峰主任也讲了，我觉得还是存在一些认知鸿沟，信息不对称，看到的都是冲突，看到的都是对抗。实际上大家要看到法庭是辩护人的饭碗，也是法官的饭碗，是辩方的舞台，也是法官的舞台。在这个舞台上，辩护人要展现才华，赢得尊重，法官也要展现能力，体现他的司法智慧。律师要靠法庭吃饭，法官也要靠法庭吃饭，这是我们共同的事业。在法庭上，控方要表达，法官也要表达，那就有紧张关系，怎么缓解这种紧张关系？那就要通过沟通来解决。在这当中如果我们看到的是积极的一面，看到的是协作的一面，看到的是共同的利益，看到的是法治的进步，我认为处理方式就会不一样。站在我的角度，我认为裁判者一定要兼听，如果辩护的声音听不到，我就“少了一只耳朵”，所以我就想听辩护人讲，讲得越多越清楚，对我来说就是越大的帮助，由此我就会尊重辩护人。同样，站在辩护人的角度，辩护人尽责地将能够呈现的在法官面前呈现出来，交由司法去裁判。我们国家发展到现在，司法文明进步，平反了很多冤假错案，其中不乏大案要案，但我也没有看到有辩审关系的冲突。例如天津大妈案件，影响很大，我也没看到要求有冲突才能解决问题，没有冲突也能解决问题；许霆案影响也很大，法学界有冲突，教授之间有冲突，但我没有看到辩审冲突。为什么一定要有冲突呢？司法是裁判的艺术，通过程序来解决问题。我们的视野要放开，视角要站高，朝着法治的理想和法治的目标去思考问题。个案不能代表全部，有争议是正常的，但要按照程序来表达，比如法官之间有不同意见，上下级法院之间有不同意见，控辩双方有不同意见。美国九个大法官之间也有不同意见，其中一个大法官去世了，有事需要表决，4∶4下不了结论。法律问题有争议是正常的，不管是程序问题、实体问题还是证据问题，我相信秉承理性、依法、执着的精神，都能够得到解决，至少能朝着合理的方向解决。一审不行二审，二审不行再审，再审不行申诉，很多东西需要靠程序来消化，这是法律人思考问题的方式。理性、程序，坚持、追求真理，追求真相，法律人要秉持这样的精神。我不是在讲大话或是说教，我不仅倡导这样做，我自己也一直在这样做。所以我平时都这样告诉我的同事和朋友们，尊重辩护是一种美德，辩护人是来帮助我们的，辩护人可以减少法官犯错误的机会。而拒绝辩护相当于把你自己置于风险当中，因为现在法官是终身司法责任制，谁愿意犯错误和承担风险呢？谁不愿意作出一个胜败皆服的判决？但是法官有时候武断了，不让律师过多说话，但我说这是律师的职业使然，律师需要借此安身立命，实现人生价值、社会价值。

最后，法律人有崇高的追求和理想道路，虽然不同职业的方向不同，但是终点都是一样的，所以我认为要通过理解来推动协作，弥合紧张关系，将司法向前推进。

潘金贵：张波庭长确实不愧为全国审判业务专家，站位很高，我们今天的主题确实换个角度就显得更加高大上了。张波庭长的发言，我个人感觉也有回避问题之嫌。辩审冲突客观存在，甚至有一些表现得很激烈。辩审冲突是存在的，这点毋庸讳言。那么我们如何尽量采取一种相互理解、更为和谐的方式来推动法治的进步，辩审双方确实都有共同的义务和责任。张波庭长强调得非常好，辩审冲突是个案，律师和法官并没有想象中那么水火不容。

所以说大家要明白我们总体的刑事司法运转还是良性的，但是我们也不需要回避里面的矛盾和问题，这是这场讲座的核心价值所在。下面先请我们的刘卫东院长来就这个问题作补充。

刘卫东：我简单地作几点补充。

第一，刚才张波庭长谈到，辩审冲突应不应该存在？我认为辩审双方不应该存在冲突。在控辩审三角关系中，控方和辩方可以适当地冲突，甚至有一定的对抗，这是正常的状态。但是法官和律师之间产生冲突，这确实是一个不正常的现象。现实中，确实发生了很多辩审冲突事件，而且都是以一种非常简单粗暴的形式展现。控方和审判方有没有冲突？我相信也会有，但控审双方的冲突总体来说还是在一种非常理性、平和的状态下发生的。例如检察院认为法院判轻了，检察院抗诉，这算一种冲突，但这种情况可以以正常的法律程序来解决。所以总体来说，我们没有看见过公诉人和法官产生过非常激烈和尖锐的冲突并且引发舆情的，起码在我执业的 31 年间没有听说过。但是律师和法官之间的冲突，确实这些年都在发生，这种冲突我认为是一种不正常的状态。

第二，作为律师，我承认有律师的问题，律师的辩护方式可能有不太得当的地方。但总体来说，在控辩审三方之中，律师处于相对弱势的一方，律师的很多行为和举动是无奈之举。法官、检察官和律师是法律职业共同体，我认为还是应该多给律师一些包容和理解。

第三，为什么会出现辩护人和审判者之间的冲突？这和法官驾驭庭审的能力有关，我们不可否认有极个别的法官在驾驭庭审的过程当中确实存在一定的问题，比如说打断律师的发言或者限制律师发言时间。在质证的时候，控方有两次发言的机会，是不是应该也给辩护人两轮的发言机会？但是在实践中，经常出现第一轮质证结束后就不让律师在第二轮回应了。在这种情况下，一些律师可能也就不说了，或者在庭后再补充，但一些较真的律师，就会要求法官让其再说一遍，这可能就会产生一定的冲突。再比如说质证和辩论阶段，能不能够同时进行？某些法官可能会说，现在是质证阶段，质证意见放到辩论阶段来发表。我们知道疑难复杂的案件要求一证一质，但是有相当多的案件，尤其是开庭审理的案件，在开庭的时候证据是一组一组地出示，法官就要求律师简单说两句，剩下的质证意见放到辩论阶段再说，这样会导致律师发表的质证意见针对性不强。在实践中，我看到很多法官会打断律师发言，但是最高检出台的《人民检察院公诉人出庭举证质证工作指引》明确说，质证应当一证一质一辩。所以我认为这个问题的发生，诚然有律师的原因，可能个别律师辩护方式不当引起了冲突，但是我们也要看到一些审判者在主持庭审的过程中存在需要改进的地方，这关系到律师的辩护权能不能得到充分的保障和行使。律师的权利得不到保障，一些律师可能就会以比较激烈的方式来行使，当然，律师的权利还是要以平和、理性的方式来行使。另外，还要看到法律职业共同体还是没有完全建立起来，相对来说，控方和审判者之间的关系更加和谐。

最后，辩审双方会出现一定的冲突，但总体来说我还是同意张庭长的看法，长远来看，我认为辩护人和法官之间的冲突应该会逐渐减弱。相信随着法律职业共同体的建立，辩审冲突会逐渐消除，并且双方能构建一个更加和谐的关系。

潘金贵：感谢卫东主任的补充。从司法实践上来说，辩审冲突问题不是单方的责任。下面有请赵春雨院长作补充。

赵春雨：针对今天分享的主题，也结合一些自己的工作经历，谈一谈自己粗浅的看法。

辩审冲突之所以存在，这是一个“人”的问题，刚才听到张波庭长分享的内容，我有一种本能的相信，就是相信在他主持的庭审当中是不存在辩审冲突的。但是因为法官在实践当中确实有很大的差异，而且高院的冲突可能要低于中院，中院的冲突要低于基层法院。就像此前在“刑辩十人论坛”中，有一次的主题是“认罪认罚从宽制度”，我们邀请了最高法的专家过来主讲，从高院的顶层制度设计来看，非常有利于案件的办理，甚至非常有利于辩护，但是在实践当中就走偏了，所以会存在法院层级上的差异。我认为基层案件审判中、尤其是我们日常办理的案件当中，辩审冲突它还是有几个层面的表现的。

这部分我具体细化一下，用三个关键词来概括。第一个关键词是“主导权”。在法院享有主导权的问题上，我认为其中有两个冲突比较明显。一个是卫东主任讲到的关于发言时间的问题。在庭审中，法官不断打断辩护人的发言。诚然，如果说辩护人重复阐述或者讲一些无关的问题，被打断是没有问题的。但是我遇到过一个极端情况，法官上来就说庭审辩护的时间只有10分钟，一个无罪辩护的重大案件为什么只给10分钟的发言时间？这显然就发生了冲突，所以我们就跟法官交涉，最后勉强争取到了20分钟的发言时间。另有一个中院开庭的案件，我还没开始发言，法官就问："赵律师，你需要多长时间？"然后我讲了不到两分钟，他又问了相同的话，我又讲了一会儿，法官又说："赵律师，我看你有辩护词，你能不能庭后提交辩护词？"我说："对不起审判长，这个可不行，因为这是二审公开开庭审理的案件，如此宝贵的机会，根据庭审实质化的要求，我们应当'将辩护意见阐述在法庭'。"然后法官又问："你一定要把辩护词读完吗？"我马上就回应说："对不起审判长，我不是在读，我是在阐述，如果您少一些打断，我的发言会更快结束。"然后他没有再打断我，当然我也是尽快地结束，这个案件最后二审改判了无罪。所以我想说，如果没有我们当时的这种坚持，会不会得到二审改判的结果？辩审冲突是不必要的，而且我认为这种冲突中辩护人是无责的。其次就是开庭时间，如果辩护人说没时间，能不能改期，法官说不行，这个时间不能改。但是我有一次千里迢迢去到新疆，奔波了10个小时，第二天，法官说不开庭了。还有一次我跟法官协调疫情期间能不能线上开庭，法官说不行，我就赶到了江苏，结果到那里以后法官说不开庭了，我被隔离了半年才回到北京。所以这种可以商量的事情，我们认为是可以避免的。

第二个关键词就是"裁量权"。刚才卫东主任已经讲到了几个方面，法官享有裁量权的时候，包括证人是否出庭、能否重新鉴定。不是说证人必须要出庭，不是说必须要鉴定，也不是说二审必须要开庭，但是不开庭的话请给律师一个正当的理由，而不是一个电话告诉决定不开庭了，这就会让人觉得是不正常的，而且基本的辩护权没有得到维护。所以这一部分的冲突还是比较明显的，但是现在《刑事诉讼法》正在酝酿修改中，我们希望在《刑事诉讼法》的修订中能适当地限缩自由裁量权。

第三个关键词是"释明权"。释明权概括而言就是判决书说理的问题。其实从一审判决来看，都已经庭审完了，理论上讲应该没有辩审冲突。但有一些判决影响了司法的公信力，主要原因是判决书说理不明，辩护人的观点只字不提，甚至辩护人的举证也没有披露，这种情况下，辩审冲突可能就进一步升级了。

对此，有三点解决建议。从律师的视角来看，要提升自身的工作水平，包括庭审中的精准表达、精炼表达，也包括遇到冲突时与法官的沟通能力。从法官的视角来看，我们认为还是要落实平等的理念，控辩审三方是平等的。从老师的视角来说，我认为高校应当确立法律共同体的培养目标。大家走出校园，可能会成为控、辩、审三方不同的角色，每个角色都有根深蒂固的思想，换位到另一个角色中，立场不同，结论便截然相反，所以说法治的种子还是要在法学教育中播下，也希望从娃娃抓起，提升判决说理的能力，提升法庭辩论能力，谢谢大家。

潘金贵：我们刚才听到了辩审双方的意见，实际上，辩审冲突很多都与控方脱不开干系，感觉控辩好像是在对抗，实际上不是。下面请全国十佳公诉人王岭主任来就这个问题谈谈自己的看法。

王岭：我先说我的两点感受。从这个讲座开始到现在，我觉得我的心情是很愉快的，到目前为止我看到了一种现象：辩护方指控，审判方在辩护，控诉方在审判。我其实很想把这个复杂的问题简单化，所以总结一下前面几位嘉宾的观点，我认为其实辩审冲突最主要的原因在于《刑事诉讼法》《刑法》以及《人民检察院刑事诉讼规则》和《公安机关办理刑事案件程序规定》，还有《最高人民法院关于适用〈中华人民共和国刑事诉讼法〉的解释》的落实不到位。刚才春雨主任说是“人”的问题，其实是落实相关法律法规时不到位的问题。就像张波庭长说的，只要很精细化地落实上述的那些规定，再加上控辩双方和辩审双方这几方的相互认可，就可以理性地去解决问题。

这样的话，不仅辩审冲突没有了，控辩冲突也没有了，控审冲突那就更没有了，这当然是一个非常理想的状态。但是现实生活中把所有的法律都百分百落实到位，这显然是不可能的。我很赞同今天潘教授说的一句话，今天是共同在这个地方来研讨怎么样去把《刑事诉讼法》落实更好，把规则更确定。所以我觉得要把复杂问题简单化之后，又要把简单问题给复杂化，去思考它背后的冲突到底在什么地方。

首先，若要对冲突进行分类定义，大致可分为三种。第一种是言语冲突、肢体冲突，甚至是舆论冲突。在实际案件中，这类冲突较为罕见。因为无论是法律从业者还是参与诉讼的各方，通常都能保持理性平和的态度，所以此类冲突只是极少数的个例。

而绝大多数的案件所呈现的冲突，其实是另一种定义下的冲突，即存在分歧和争议。在司法过程中，控辩双方立场天然不同，对法律的理解、对证据的认知、所适用的证据规则以及证据采信的标准都可能存在差异。比如，当出现被告人供述与证人证言相互矛盾的情况时，公诉方可能依据其判断并结合书证及其他证据，认为被告人在说谎，证人所言为真；而辩护方则可能基于自身的经验判断和不同的分析视角，得出被告人说的是真话、证人在说谎的结论。最终，双方得出截然不同的结果，这在司法实践中是极为常见的现象，在90%以上的案件中，这种争议和分歧都属于正常范畴。

我认为，第三种冲突才是我们今天讨论的实质性冲突，也就是在控辩审关系中，尤其是在辩审冲突这一主题下，那些并非因诉讼法规则所产生的冲突，比如众多舆情案件，明显脱离了刑事诉讼法所规定的正常逻辑。这类冲突虽然值得关注，但从某种程度上来说，它们并非法律框架内的正常现象，或许并不需要我们过度深入研讨。我们更应该将研讨的重点放在那些能够解决的争议上，即大多数案件中普遍存在的分歧，寻求有效的解决之道。

因此，我们需要思考如何将简单的问题深入剖析，使其逻辑更加清晰，再将复杂的问题简化处理，抓住关键要点。归根结底，要在法律共同体的理念框架下，从提升法律从业者的职业素养入手，完善相关的机制体制，加强能力培养。当我们做到这些，或许在司法实践中，就只剩下因不同角度产生的看法差异，而不再有激烈的冲突了。

潘金贵：王主任对于今天主题的理解和阐释，我认为是非常有道理的。到底冲突是指什么？可能是所有关注或者是研究控辩审冲突的人需要去思考的问题。刚才王主任谈到了一个情况，就是视角的不同，控辩审三方对同一个案子，看问题的角度不一样，我把它称为职业倾向性，尤其是控方和辩方，控方的习惯性思维是有罪思维，辩方的习惯性思维是无罪思维，所以说在这种情况下，双方自然就会形成一定意义上的对立。而在这种情况下，也就对法官的中立裁判提出了更高的要求。为什么法官不能有倾向性？为什么辩方很反感、学者们也经常批评法官和控方在一条战线上？控辩双方基于不同的立场、不同的角度去看同一个问题的时候，法官能够按照法律、按照证据、按照良知准确地去把握，这是关键。所以我个人觉得这个冲突的产生与职业倾向性有很大的关系。这是关于辩审冲突的一个基本研讨，应该说各位专家已经就这个问题充分阐释了自己的观点。那么我们现在就辩审冲突进行问答，刚刚有一位著名的律师提了一个问题，这个问题要请张波庭长来回答。这位律师是北京中同律师事务所的杨矿生主任。问题是：从律师的角度来看，辩审冲突的原因更多可能在于审判一方。请问张波庭长，怎么看待律师的这种分析？对辩审冲突需要反思的是哪方，是法院一方还是辩护律师一方？辩审冲突能否得到很好的解决？趋势会怎么样？

张波：对于主要矛盾究竟在哪一方这个问题，坦率地讲，站在我的角度回答是形而上的，不好说是哪一方。为什么？在如今诉讼与法治的发展进程里，关键问题在于职业伦理和规范较为薄弱。比如部分法官不与律师协商就压缩辩护时间，无理打断发言，剥夺律师法定诉讼权利，这体现出其职业素养不足。

刚才潘老师觉得我在回避矛盾，其实我是从协作角度阐释问题，因为这更利于解决问题。司法实践中，确实存在引发冲突的情况。比如，律师要求解除被告人法庭戒具，法官不同意，就产生了矛盾。我开庭时，只要被告人没有暴力倾向和人身危险，就会让法警解开戒具，但还是常因此起冲突，我认为法庭不该这样。同时，部分辩护人的行为也不合理。有的拿着话筒讲6个小时不停歇，法官提醒就被指责侵权，甚至想指挥法庭；还有人以法官和检察官是校友为由申请回避，毫无依据。有些律师太心急，提的要求必须马上按自己意愿解决，无视法庭规则，既当参与者又当裁判者，这肯定会引发冲突。在这些冲突里，划分律师和法官的责任没有依据。法律职业是个共同体，法治建设还不完善，需要一起找解决办法。所以，协作、理解、进步很关键。我们要善意推动工作，每次交流都争取进步。赵主任说得好，律师要提高出庭、运用法律和庭审的能力，也对法官有期望，大家都是为了法治理想努力。既然现状不够好，那就希望法律职业共同体各方弥补不足、提升自己，一起向新方向发展。

说句老实话，朝着向新的方向去发展，对被告人有利，对社会有利，对国家有利，对辩护人而言，有一个成熟的法庭庭审时，更能展现其风采。冲突当中展现出的东西总是不那么好看，不管是对法庭、对检察官，对辩护人，都是我们法治形象的遗憾。我在想，控辩审出于善意地去提升、去靠近、去交流、去沟通、去反省反思、去克服，一点一滴，持之以恒，水滴石穿，那我们未来几年退休，十年以后或二十年以后，法庭如我们期待般精彩绝伦，看一个庭审就像看一个电影，不像现在有的法庭喧闹如菜市场。我们任重道远。

潘金贵：谢谢张波庭长的精彩回应，客观来讲，就像我前面也提到的，也像刚才张波庭长反复强调的，辩审冲突或控辩冲突绝对不会只是哪一方的责任，只不过说从个案来说，引起这种冲突的可能是法官的不当裁判行为，同样，也有可能是律师的不当辩护行为。真正的解决之道，应该是像我们今天这样，坐下来谈一谈、聊一聊，怎么样让法律共同体在共同的法治理想下，让整个刑事庭审乃至中国的刑事法治以一种健康有序理性的程序去运作，这可能才是关键。刚才是对线上大律师的提问作了一个回应，下面我们请现场的同学就辩审冲突问题提问。

提问人：五位老师好，我是西南政法大学大四的学生。今天围绕辩审相关主题，我有几个问题想请教各位老师。张波庭长、王主任，在实习期间，我接触到刑事辩护中虚拟货币这类新兴领域的案子，这些案件很新颖，以往讨论较少。如果律师想就这类案子与检察官、法官交流想法，提交准备的材料，二位觉得哪种呈现形式更合适？是一份内容翔实、篇幅较长的报告，还是用图表来展现思路？这是我想请教二位的问题。另外，我想向三位律师老师提问。在向法院和检察院提交材料时，你们有没有一些实用技巧可以分享给我们？

王岭：在虚拟货币案件里，罪与非罪的界定常常是讨论焦点，比如盗窃虚拟货币是否构成盗窃罪，核心就在于探讨虚拟货币的财产属性及其价值。面对这类全新领域，若我们还不够了解，就非常期待与辩护人深入交流。要是辩方认为不构成犯罪或罪行较轻，就得明确阐述理由。到底是因为虚拟货币的财产属性存疑，还是由于不同国家关于虚拟货币的法律法规不同，而中国相关法规又不够健全、不够明确？希望辩方清晰地给出观点。比如财产属性，你们的看法是什么，依据又是什么？无论是通过图表、案例，还是厚厚的书面辩护词来呈现，都没问题。在法律法规方面，也希望辩方提供相应案例、法规内容，哪怕只是告知我们存在某些公诉方尚未留意的法规，提醒我们查阅，这都行。所以说，形式并非关键，重要的是证据服务的目的。不管是邮件、当面沟通还是打电话，只要能传达辩护目的就行。平常我们的座机、案管部门都畅通，只要我们在单位，随时都能听取辩护人意见，各种形式都欢迎，沟通的大门始终敞开。

刘卫东：每个律师办案风格各异，就我个人而言，更倾向于提供的材料越丰富、辩护意见越完善越好。不过，田文昌老师的观点是辩护意见越短越好，对此我持保留态度。在向法官或检察官提交材料时，我认为可以采用一些实用技巧。比如做索引，在材料前面附上摘要，先把关键案例呈现出来。就拿最近一个合办案件来说，为了保护隐私，具体地点就不说了。在这个案子里，我们成功争取到了缓刑的量刑建议，我觉得成果不错。当时，我们提供了厚厚的一沓案例材料，其中有涉案金额相近，且判缓刑甚至更轻刑罚的案例。在当下我国行贿受贿一并查处的大背景下，能取得这样的结果，这些案例发挥了一定作用。所以说，做摘要很有必要。另外，在具体材料的呈现上，也有一些小技巧。我习惯手写一份简短的内容，哪怕只有一页纸甚至半页纸，我觉得手写能体现出对法官和检察官的尊重。但需要特别注意的是，千万别把称呼写错，比如把给局长的写成给主任的，这是作为律师必须避免的低级错误。

潘金贵：那么下面我们开始第二个环节的研讨，关于控辩冲突的问题。客观来讲，控辩冲突实际上至少在有一段时间内比辩审冲突更加剧烈，结果现在搞得好像控辩双方相对和谐，辩护律师和法官之间有些时候却变得水火不容了。是不是这个矛盾和焦点转移了？不见得。实际上无论我们怎么去理解控辩对抗，有对抗就必然有冲突。如果我们奢望控辩双方永远和谐相处，这是不符合诉讼规律的。因为角度立场不同，所以在这种情况下探讨控辩冲突的一些基本问题，我认为是非常有意义的。既然是控辩冲突，那么我们先请控方代表发言，有请全国十佳公诉人王岭主任来谈一谈他是如何看待控辩冲突的。

王岭：在讲座前，潘教授告诉我说这个环节应该是辩方先发言，看来有些时候这种规则确实是不确定的，但一旦规则不确定，就可能造成很麻烦的后果。所以这也提醒我们，如果一切都按照规则来办的话，可能会更好。不过，我觉得先发言也有道理，因为在法庭上控方往往也是先发言的。其实我的观点还是和刚才一样，控辩的这种冲突其实就是由我们控辩双方不同的立场所决定的。

聚焦控辩冲突问题，在当前司法实践里，分歧众多，我举几个例子加以说明。

第一点，公诉人的出庭资格问题。前几年，这是一个较为突出的问题，特别是异地调用公诉人出庭的情况。回顾过往，不少舆情案件中，当地公诉人出于各种原因，不适宜处理某些案件，便从其他地区调配公诉人。但辩方常认为，这些从外地调来的公诉人在本地没有出庭资格。这一争议持续了很长时间。到 2023 年，最高检出台了关于异地调用检察人员出庭履职的相关规定，该规定明确认可了异地调用公诉人的行为，同时设置了严格的限制条件。比如，异地调用的检察人员需要经过当地人大的任免，并且必须具备检察员资格。在此之前，最高检的规定不够完善，以往虽允许直接异地调动，但很多细节没有明确规范。

如今，相关规定完善后，情况更为清晰。就拿重庆来说，一分院的检察官能够前往基层院出庭，而基层院的检察官若要到一分院出庭，必须由重庆市人大进行检察员的任免。通过这些明确的限制，曾经的争议得以有效消除。从曾经有争议的问题，到如今不再有争议，这个转变过程其实就是法治进步的体现。即便法律条文本身没有修改，在法律适用过程中，大家观念的转变以及适用方式的调整，让争议消失，这无疑是法律适用层面的显著进步。

第二点，分案起诉、分案处理的问题。我注意到，有观点说由于控方不合理的分案起诉造成了案件的迟延或者同案不同判等问题，但今天我要代表控方来解释一下这些问题。实际上在案件的办理中，出现了很多复杂的情况，导致我们进行了这样的分案处理。比如，第一嫌疑人到案之后，他的同案人没有到案，大概七八个月之后，我们马上要将他审查起诉了，都要诉到法院了，这时候他的同案人到案了。如果大家是本案的被害人，我们换位思考一下，想不想看到这个案件能得到及时的处理？是希望先把第一个嫌疑人起诉到法院，就他的犯罪事实进行一个公正的裁判，还是说等待着本案的第二嫌疑人到案，第三嫌疑人到案，再到第四嫌疑人到案，之后再对本案进行处理？从被害人的角度是需要诉讼效率的；从公诉方的角度看，案件有审限。所以从以上不同的视角来看，有可能我们会进行分案起诉的处理。当然，其实我们也尊重另外一种视角，比如说从第二嫌疑人的视角来看，如果他认为自己和第一嫌疑人共同被起诉，在同案犯中就有一个比他地位作用更大的人存在，那么他的判决可能就会更轻。如果把这两个人分别起诉，可能第一个被告会按照罪责刑相适应原则得到判决，而第二个被告人被起诉之后，也是由法庭单独对他作出罪责刑相适应的判决。但是从他的心理上，或者从辩方的角度来说，如果有一个比他罪行更重的第一被告人在前面，就可以凸显其本人罪行较轻。所以从不同的视角出发，这种分案处理是有值得商榷的地方的。但确实不同的案件就是会出现各种比较复杂的情况，这只是其中一个。

第三点，善于回避。刚才张波庭长提到了一些令人啼笑皆非的回避理由，像审判长与公诉人同为西政校友，甚至还有被告人称和审判长曾是情敌，在大学时闹过矛盾。当出现这类情况时，就涉及《刑事诉讼法》第 29 条的规定。该法条前 4 款明确列举了法定回避事由，而第 5 款则涵盖了“存在其他影响案件公正处理的情况”。此时，控辩双方很可能就“案件中出现的这种具体关系，是否会因与案件有利害关系，进而导致案件无法得到公正处理”产生争议。毕竟，不同人看待问题的视角不同，得出的结论自然也可能大相径庭。就拿情敌关系来说，在法律职业共同体中的我们，本质上也是普通人。对于感情生活较为淡薄的人而言，或许会觉得情敌关系不至于影响案件处理；但在某些特殊情况下，倘若一段感情刻骨铭心，曾经因情敌的手段而受到巨大伤害，当事人很可能十几年来都难以释怀，就不能完全排除其作出不公正裁判的可能性。所以，面对这类问题，必须具体问题具体分析。在具体分析之后，法院或检察机关会作出裁定，明确是否允许回避。不过，该决定能否得到各方遵守与认可，将直接决定这一冲突能否得到理性解决。关于如何申请回避、裁定驳回的流程，以及不同意回避的法定理由，法律都有详尽规定。只要各方严格依照规定行事，信任检察机关或法院的裁定依据，那么此类冲突必然会日益减少。

第四点，在司法实践中，瑕疵证据与非法证据排除极易引发控辩冲突。以检察机关指控的案件庭审情况为例，常出现一些看似有瑕疵、实则可合理解释的证据。在毒品犯罪案件里，毒品提取时的同步录音录像，有时会缺少见证人的签名。这种情况下，辩方可能会质疑：明明能轻易请到见证人，为何偏要采用公安机关同步录音录像的方式？虽然法律认可这两种见证手段，但部分辩护人认为，同步录音录像既无法做到24小时不间断录制，也难以覆盖所有角度，见证缺乏客观性，因此认定该证据存在瑕疵。然而，检察机关则持有不同观点，认为法律明确规定可在见证人与同步录音录像两种见证方式中任选其一。经过对同步录音录像的实质性审查，他们认为该案件的证据并不存在瑕疵。由此可见，控辩双方在这类证据是否存在瑕疵的问题上看法不一。倘若将这种分歧视为冲突，那么此类冲突在司法实践中确实屡见不鲜。

我认为，解决此类问题的关键在于持续深入推进相应诉讼规则和证据规则的适用。条件允许的话，要将这些证据规则进一步细化、具体化，让司法从业者和相关人员都能充分理解并准确运用。许多条文过于简略，对其进行详细阐释，能让规则更具可操作性，从而减少冲突的发生。以非法证据排除规则为例，从最初的适用到现在，这一规则日益清晰明确。就我参与的庭审以及接触的案件和证据来看，提出非法证据排除的案件数量呈下降趋势，这切实反映出我们在侦查取证工作上取得的进步。随着规则的不断完善和细化，执法人员对证据合法性的把控更加严格，取证行为愈发规范，非法证据的产生概率也就随之降低，这无疑对司法公正和诉讼效率的提升有着积极意义。以上这些可能都是程序方面的控辩冲突，我想再说几个实体方面我所遇到的冲突，包括罪与非罪，此罪与彼罪。确实太多了，每个案件只要控辩有不同的想法的时候，应该说都有类似的冲突。

第五点，再讲讲实体方面有关证据证明力的问题。给大家分享一个例子。前几天，最高检发布了第二批危险驾驶罪的典型案例，其中有个案例很值得关注。在酒驾案件中，对当事人血液中酒精含量的鉴定是关键环节，这就涉及抽血操作。按照相关规定，抽血时不能使用含有乙醇的消毒剂对皮肤进行消毒，因为这可能使消毒剂渗入血液，影响最终的血检结果。在最高检公布的这个典型案例里，恰好出现了这样的取证瑕疵。当时当事人血液中的酒精含量检测结果是200mg/100ml，面对这一情况，检察机关并未因存在取证瑕疵就直接弃用血检结果。为了还原事实真相，检察机关要求公安机关进行侦查实验。实验找来众多人员，模拟不同情况进行抽血。一组是擦了乙醇消毒液后抽血，检测其酒精含量；另一组不使用乙醇类消毒剂，同样检测酒精含量。在科学严谨的实验设计下，最终得出结论：即便使用乙醇类消毒剂，对血液中酒精含量的影响在 2.2mg/100ml 到 5mg/100ml 之间。也就是说，即便按照影响最大值扣除，该案当事人的酒精含量依然远超起诉标准。通过这样的侦查实验，其能在最大程度上还原客观事实和法律事实。不过，辩护人对此可能持有不同看法。他们会认为，即便进行了侦查实验，但由于每个人身体存在特殊性，酒精擦剂对不同人的影响不能一概而论，实验结果不能适用于每一个人。这是辩方的合理质疑，在后续司法实践中，这类问题确实值得深入探讨。而最高检通过典型案例，也明确传达了其认可的一种观点，为司法实践提供了参考依据。

在司法实践中，量刑情节的认定涉及诸多方面，像立功、自首、平时表现以及犯罪的既遂与未遂等，内容繁杂，确实难以在潘教授给定的短暂时间内详尽阐述。不过，我想先回应一下潘教授刚才提及的观点。潘教授认为控方存在一种天然的有罪推定思维惯性，但我并不认同。从法律规定层面来讲，如今所有公诉人都理应秉持客观公正的立场。虽然在实际操作中，是否每一位公诉人都能不折不扣地践行这一原则，还难以断言，但就我个人的所见所闻，身边的公诉人都在努力坚守这一立场。一旦发现可能证明无罪或者罪轻的证据，我们会积极引导公安机关展开侦查，或者自行进行补充侦查，全力避免“带病起诉”的情况发生，绝不可能仅凭有罪推定的惯性思维去处置犯罪嫌疑人或被告人。即便是案件已经进入审判阶段，如果此时发现了无罪或罪轻的证据，我们也会果断撤回起诉。从最高检公布的众多案例中也能看到，甚至存在最高检通过抗诉要求作出无罪判决的情形。所以，我坚信控方多数实际上也在秉持客观公正、无罪推定的立场。在履行职责的过程中，我们既要切实保护被害人的合法权益，也要积极追诉有罪之人，这是我们控方始终应当坚守的态度。

潘金贵：控辩冲突的问题客观讲，就是双方在一些具体问题上是有争议的。当然，王岭主任谈到的一些争议未必是冲突，比如说对同一问题的不同看法，但是有些问题是确实存在的。另外，比如说刚才王岭主任谈到，到底控方是否存在有罪推定思维的问题，其实我所强调的倒不是说存在有罪推定的观念，而是我们的一种思维习惯，控方会从指控的角度去考虑案件，辩护律师会从辩护无罪的角度去考虑案件，我把它称为职业倾向性，是因为有些倾向都是无意识的，我的职业决定我本能的反应会是这样。当然，有一点是我们一定要强调的，就是王岭主任谈到的一个问题，检察官的客观公正立场。控方、辩方都应该尊重证据事实和法律，在这个基础上去展开指控或者辩护，这才是一个法律人应该要掌握的最基准的底线，而不是不顾客观事实，一步步颠倒黑白地去辩护。因为这样不仅起不到效果，而且会折损自己的形象，这是一个关键。下面就控辩的冲突问题，请赵春雨院长发表看法。

赵春雨：关于控辩冲突这个问题，我首先想表达的两个观点。之前王岭主任讲到，可能是大家对于证据采信标准的视角不同，对于证据规则的理解不同。但我认为同一部刑事诉讼法之下证明标准是固定的，证据规则也是固定的，只是大家如何运用标准，以及如何运用证据规则以达到内心确信，属于目标不同而已。

王岭主任说的关于实体上罪与非罪、此罪与彼罪、罪轻与罪重这些分歧，我认为并不能定位于控辩冲突，这是一个正常的现象，不可能每一个案件控辩审三方对于实体问题的认识是完全一致的，那样的话诉讼结构就不必要了。至于这种侦查实验，可能有一些律师也会提出异议，但是我个人是认同的。我认为，没有理由的不公正才会产生冲突。

具体来说，想谈以下四个小点。

第一点，关于王检所讲的分案处理问题。在案件过分延迟时，分案处理确有必要，但不正常的分案会剥夺被告人的辩护权、阅卷权，更会剥夺其当庭对质的权利。另外，存在一种极端情况，即同案不同诉。如在合同诈骗案中，三家单位同样参与造假，一家进入刑事程序，另一家未进入。检察机关出庭公诉时称依法履行职责，若辩护人当庭要求其履行法律监督职责，做到同案同诉、同案同审，此时检察机关若避而不谈，只起诉已进入程序的一方，对其他方不管不顾，这种态度定会引发控辩冲突。

第二点，证人出庭问题。虽说证人是否出庭的裁量权在法院，但法院往往会征求检察院意见。鉴于实践中证人出庭率低的现状，检察机关大概率不太希望证人出庭。先不说在自由裁量权行使及理由说明方面是否存在瑕疵。有一种极端情况是，辩护人依法取证并制作证言，还以此为线索申请证人出庭，可结果却是法院不同意证人出庭，检察院重新找证人做了一份证言并提交法庭，法庭还采信了检察机关这份证言。这无疑会引发控辩冲突。律师依法享有调查取证权，可为何检察机关调取的证言有效力，律师调取的就无效？为何后调取的就比先调取的更真实？难道证人面对律师就一定会说假话，面对公诉人就一定说真话？我曾遇到一个特别极端的案子，我取了16份证言并申请证人出庭，未获允许。检察官又取了16份证言，二次开庭时，每份证言里证人都说见到律师时因紧张没敢说实话。好在我取证时全程两人在场，还录制了光盘提交法院，程序完备。但这种行为仍让我气愤，我当庭表达了质疑。证人出庭是为保障辩护权，遵循直接言词原则，让正义以看得见的方式实现。而实践中这种不合理操作极易引发控辩冲突，并且这种冲突本可避免。难道不让证人出庭是怕其不可控？

第三点，认罪认罚案件。在实践当中我们也确实感受到一些认罪认罚案件量刑上得到了从宽，比如说前段时间的一个两罪并罚案件，前期检察官给出的量刑建议是17年，经过3轮交流以后量刑建议降到了13年，被告人对这一结果非常满意。可以总结出冲突体现在两个方面。一方面是若被告人不认罪认罚，检方可能给出较高的量刑建议，超出案件的基准刑，以此来给被告人施加压力。另一方面是比较典型的冲突。如已经认罪认罚的当事人，在回答律师或法官发问的过程中，当庭提出一些定罪事实，检方便会立刻严厉地表示，若被告人再提出相关事实，就撤销对其的量刑建议。这种情况下就会出现一种控辩冲突。我认为这都是值得去思考的，并且在实践中真实存在。

第四点，关于听取意见的问题。今天我切实感受到重庆的司法环境良好，刚才王岭检察官说，检察官随时都能与律师交流意见。但就我个人经历而言，去异地办案时见到检察官的概率，反倒比在北京见到检察官的概率要高。在北京，律师大多时候接触到的是检察官助理，甚至连律师助理去检察院领取光盘这种跑腿的事都不被允许。而且，接听律师电话、与律师交流的往往都是检察官助理。但与检察官助理进行深入交流非常困难，询问检察官何时在办公室，也很难得到确切答复，想和检察官见面常常难以实现。此外，关于听取意见，法律规定书面形式也属于听取意见的一种方式。但我认为，在《刑事诉讼法》修订时，有必要对“听取意见”进行更为严格的限缩解释，至少要为律师保留与检察官面对面交流的机会。倘若仅仅以检察官的时间安排为主，却不赋予律师面对面交流的权利，那么极有可能引发控辩冲突。同时，我希望对于“听取意见”，不能仅仅局限于单纯的倾听，而应摒弃书面形式，让检察官和律师能够就法律问题、证据问题展开深入探讨，双方你来我往，充分表达不同意见。以之前吉林的一个案件为例，该案经历了两次退查、三次交流，最终去掉了两个罪名以及一个事实中的部分金额。这表明，当检察官与律师积极互动时，就会有一个相互说服的过程，进而产生实际效果。但如果检察官只是听而不发表意见，律师根本无从知晓检察官对哪些观点认同、哪些不认同，这样的交流就缺乏实质意义。由此可见，面对面交流是解决控辩冲突的一个有效途径。至于如何化解上述问题，和前面提到的建议大致相同，那就是律师要不断提升自身专业素养和能力，让检察官更愿意与自己见面交流，更愿意倾听自己的意见，也更乐于采纳合理的建议。

潘金贵：听到赵春雨主任对重庆的刑事司法环境的表扬，我有一点感慨。就自己办案的感受而言，重庆公检法的素质是比较高的，可能也有西南政法大学在这儿的缘故。无论是在西政接受教育，还是平时讲课灌输理念，总的来说，重庆公检法机关整体的素质是比较高的。培养一个优秀的法律人群体，才是办案的过程中真正解决案件中的实体争议、程序争议的根本所在。理念相同，信仰相同，就容易达成共识。关于控辩的冲突问题，我们再听听两位律师的想法。首先请阚吉峰主任发言。

阚吉峰：关于控审冲突，我十分认同前两位发言人的看法。实践中，控审冲突多源于不同的办案策略。公诉人在法庭上，为获取被告人的有罪供述，在认罪认罚案件中，可能当庭让被告人认罪，否则撤回具结书；一般案件中，还可能以加重量刑威胁。比如自首情节清楚的案件，控方起诉书中常不认定相关情节，留到庭审视情况而定。辩护策略也会引发冲突。因辩护视角、目的不同，加上案件的证据、程序和法律适用问题，控辩双方容易产生观点碰撞。作为辩护律师，化解冲突要秉持“对抗不对立，对事不对人，以理服人”的理念，尽量在法庭解决。不然，每次冲突都可能催生限制律师权利的因素，长远看，不利于刑事辩护制度发展。

潘金贵：刚才阚吉峰主任谈到了控辩冲突产生的原因之一，其实是控辩诉讼策略的选择，例如此前谈到的检察官在庭审中变相地强迫被告人认罪。实际上在审前程序中也有类似行为。例如以撤回认罪认罚具结书来迫使被告人不敢改变口供等。这些行为实际上在一定程度上会引发辩护人的反弹，而这些行为的合法性，是可以研究的。下面有请刘卫东律师就这个问题也谈谈自己的高见。

刘卫东：潘金贵教授刚才也谈到，感觉现在控辩冲突越来越少了。为什么少？我认为是因为85%的案件都已经认罪认罚。所以我首先要表达的一个观点是，在85%的认罪认罚案件的前提之下，我们不要忘记控辩应该是一个对抗的关系。如果像王岭检察官所说，把它视为是一种冲突的话，这种“冲突”是应该珍惜的。作为律师，如果能够碰见一个非常经典的、激烈的对抗性案件，那可能是比较珍贵的案件。我现在接受委托的案件90%可能都是这类对抗性的案件。相对来说，认罪认罚极其成功的案件是极少的，这是一种协作的结果，但在控辩审的关系中，对抗反而应该是一种常态。所以从某种意义上讲，对抗是在查明案件事实，尤其是从辩护人的角度出发，这在保护被害人的合法权益方面具有积极的作用。这是第一个观点，要平等地武装控辩双方。

关于控辩冲突，我的第二个观点是，观念层面的问题极易引发冲突。在实际司法工作中，个别侦查人员存在这样的错误观念，他们觉得案子侦破不易，将律师视为捣乱者，从内心抵触律师的介入，这种观念在现实中确实存在。而且，国内司法实践里还存在一些观念。比如，曾有公开报道，个别司法人员在自己孩子询问当天案件结果时，会说“国家不允许我输”。我们相信，公诉人在工作中是优秀的法律职业者，在家庭里也是称职的家长，但从专业法律人的角度来看，“国家不允许我输”这种观念是有问题的。正确的法律理念应从在校学习阶段就开始培养和树立。另外，我也遇到过王岭检察官提到的此罪彼罪界定不清的案件。以故意伤害和故意杀人罪为例，公诉人有时存在重打击轻保障的习惯思维，在斟酌这两个罪名时，容易倾向于认定为故意杀人罪，哪怕是故意杀人未遂。他们可能认为，若定故意伤害罪，就像是给被告人定了轻罪，会被怀疑办了关系案、人情案，所以觉得定较重的罪名更保险。

还有罪与非罪的判定问题。像黄光裕案按非法经营罪处理，刘汉案中相关部分则作出罪处理。但部分司法人员存在惯性思维，仅凭“该地区都这么办”就作为办案依据。就如同电影《第二十条》里的经典片段，雷佳音拿出一堆判决说“你看不都这么办的吗？这有什么问题？”却没有考虑到之前的案件也可能是错案。由此可见，观念上的偏差很容易导致控辩双方产生冲突。

其次，存在一些法律规定没有落实到位的问题从而导致控辩冲突。

最后，部分法律规定以及对律师权益保障的相关规定不足，这也是导致控辩冲突产生的一个因素。以侦查阶段为例，正如赵春雨主任提到的听取律师意见的问题。从法律层面看，既然明确规定是“听取”律师意见而非“看取”，那么只要律师坚决要求，检察官应派助理或亲自与律师见面沟通，然而，实际情况却不容乐观。在侦查阶段，律师带着书面意见去找办案人员，常常遭遇闭门羹。办案人员待在办公室，既不接电话，也拒绝与律师会面。这对律师来说，无疑是极大的挫败。当律师向督察或相关部门反映时，得到的答复却是“这是规定，律师就像当事人，办案人员不见当事人是怕有嫌疑，材料只能寄送不能会见”。倘若法律能明确规定，在侦查阶段律师提交辩护意见时，办案人员必须会见并听取意见，那么办案人员就不得不履行这一职责，也就不会出现这种尴尬局面。由此可见，此类制度性规定亟待完善。再说说同步录音录像（同录）的问题。此前，最高法和最高检对此存在不同观点，最高检曾认为同步录音录像不算证据材料。如今，法院允许律师同步观看同录内容，但在一些热点事件发生后，又规定律师可以观看却不能录制。要知道，同录有的长达几十个小时，律师天天去法院观看，耗时耗力。可现行规定就是如此，这也反映出这些规定需要逐步改进。只有当法律规定对律师权益的保障真正落实到位，才能在很大程度上减少控辩冲突的发生。

另外，还有刚才潘金贵教授说到的法律职业共同体的建设，首先要“彼此尊重、互相支持、相互监督、良性互动、正当交往”，但是同时我认为“相互理解”也很重要，互相换位思考。但总体而言，建立一个完好的良性互动的法律共同体，主动权在司法机关。

潘金贵：关于控辩对抗问题，客观地讲，就如刘卫东律师提到的，不对抗是不是一定就是好事？控辩双方立场不同、角度不同、追求的利益不同，一个是国家利益，另一个是被告人自身的利益保护，在这种情况下对抗是必然的。现在很多案件的不对抗看似和谐，实质上不一定符合诉讼的规律，也未必一定实现了司法公正。正如刘卫东老师提到的，在律师参与的情况下，犯罪嫌疑人在起诉阶段已经认罪认罚，在这种情况下的辩护就显得苍白无力，审判阶段就无法进行对抗。故而有些制度设计在追求某一方面价值的时候，可能折损了另一方面的价值，这是值得大家思考的。关于控辩对抗问题，有请张波庭长谈一谈他的观点。

张波：刚开始引进对抗式诉讼的时候，我看到美国教授说过的一句话，“在对抗制下，法官开庭时候喝一口水，休庭时再把水吐出，宣布休庭”。也就是说法官基本上是高度超然的，此为“听”审，法官可以从头到尾不发一言。

为了追求真理的对抗是必要的，对抗越厉害，越有利于查清事实，通过多轮辩论把事实辩清楚，也便于法官进行判决。不辩论不对抗，反而不利于法庭作出判断。故而，对抗是控辩双方法庭活动的精髓、核心要义，没有对抗就没有审判。一方指控一方辩解，若只有指控没有辩解，那就等于没有辩护；只有辩解，没有指控，没有否定辩解，那就等于不追究。要追究得恰如其分就必须有对抗，追究越精准对抗越激烈。但现在法官还不能保持沉默，反而经常“劝架”。比如辩护人常问被告人：“这一刀捅下去，你知不知道会死人？”检察官立马对这种提问方式表示反对。同样，检察官问被告人：“你在公安机关是否已经交代？是否如实交代？”这是以前的传统方式，但不符合保障人权，所以我向全市检察院提出不能这样提问，这是检察官水准很差的表现。检察官经常对被告人进行封闭式询问，即只能回答是或不是，对这样的行为我会进行制止。以上这些观念经常都有冲突，如果法官不去平衡，就可能导致一方强一方弱，一方误导一方控制。所以我作为法官常常跟检察官说，建议删掉这样的问法，这是不大讲理的问法，违反辩论原则。此前被告人提过的当庭也可以再提，可以根据情况进行新的补充。

当然，法官更想看到的是有水准的抗辩。比如辩方要求观看录音录像，控方若不同意就要说明理由。如果辩方提出线索反映存在刑讯逼供，那么就由法院来进行这个工作。再比如说分案和并案。检察官同意并案但辩护人坚持要求分案，对于为什么不能并案需要说明理由。例如辩护人提出并案会损害当事人的利益，要进行具体说明。此时法庭若能够并案就进行并案，无法并案的，法庭也会进行通盘考虑，最终作出裁判。有利于查清事实的、有利于讲明道理的辩论是法院作出判决的基础，故而法官其实希望法律上的对抗更充分更激烈更有效。同时控辩双方在对抗中增加一些自觉性，进行自我约束，表现得更加专业，不要产生一些主观情感问题。法庭对自己的行为也应该严格地用法庭规则进行约束，使每一个行为经得起检验。有些很细小的事情的关键都在于自律与自我约束。

潘金贵：关于控辩冲突的讨论就到此结束，鉴于时间关系就不进行提问。最后进行第三个环节，但不是这一次主题研讨中最重要的环节，原因是在司法实践中，这个环节要讨论的问题本来就少，就是关于控审冲突问题。1996 年《刑事诉讼法》刚刚修改后发生一件有趣的事情，有人问检察官在宣布开庭时是否要站起来。检察官静坐不动的理由很简单，作为法律监督者，法官是被监督者，检察官地位高于法官，无须向其致敬。为此，最高检专门出台文件表示检察官也需要起立。实际上在司法实践中，控方和审判方的矛盾和冲突是隐性的，不要只看到《刑事诉讼法》规定相互配合，好像没有制约。例如，前不久重庆市第一中级人民法院的一名法官咨询我，某基层法院已经启动了案件的审判监督程序，结果检察分院得到消息后又按审判监督程序提出抗诉，此时中院到底是受理还是不受理？控审之间一定程度上是存在矛盾的，所以该问题虽然小，但也值得研究。下面先请控方的王岭主任发言。

王岭：首先我想说三点。第一点是关于检察机关的定位问题。虽然检察机关在法庭中确实既是法律的参与者，也是监督者，但是根据相关的规定，检察机关要遵从审判长对于庭审的把控。最理想的状态肯定是控辩双方完全遵照审判长的庭审指挥，这样才能保证诉讼活动正常进行，才有利于查明真相，去指控犯罪或者还被告人一个清白。所以在这种定位之下就可能产生刚才潘教授所说的，一旦定位不明，就会造成检察院在其中的尴尬地位。但是现在定位是明晰的，所以这种因为制度设计所产生的分歧或者冲突，目前是没有的。

现有的这些控审争议，确实如同刚才潘教授所说，是在一些抗诉问题上的争议。比如说在定性上、案件具体处理上的争议。比如，我们一个案件的抗诉的一个点就在于是否认定自首的问题。一个人实施诈骗之后到公安机关交代了自己的诈骗事实，公安机关掌握的是 18 万元，他供述了，于是将他起诉到法院。法院进行审判，认定了他自首。而在判决之后的几天，掌握到的其他案件证据证实了他还诈骗了其他人30万元。这种情况属不属于发现新证据，并证明被告人之前在进行供述的时候，没有如实供述自己的主要犯罪事实？检察院最终认为他没有如实供述自己的主要犯罪事实，因为他前面供述的是18万元，后来查实了还有30万元。同时，对于这种数额认定，检察院认为至少一半以上才叫作主要犯罪事实。因此检察院提出了抗诉。但是很遗憾，检察院和法院有不同的观点。法院认为在第一笔犯罪事实之中，他如实供述了当时公安机关掌握的所有犯罪事实，并且保持到了一审裁判的时候，应当认定他自首。这就是看待问题的角度不同导致冲突产生。

再比如，如何认定毒品犯罪中的既、未遂，如何认定违法所得，如何计算组织卖淫罪中的罚金等问题。组织卖淫罪规定罚金是两倍以上的犯罪所得，那么如果认定为从犯，能不能把两倍的规定有所减少。这些都是近几年控辩之中之间产生的分歧。

最近有一个有意思的分歧，看张波庭长能不能给出专业的回答，是关于刑期折抵的问题。比如在公安机关传唤犯罪嫌疑人来进行讯问的时候，大概是晚上8点开始，讯问了5个小时，到了凌晨1点，这5个小时仅仅是传唤，然后就放他回去，直接采取取保候审的强制措施。到了法院审判阶段，最后裁判认为他犯盗窃罪。但进行折抵刑期的时候，因为讯问超过了5个小时并且还过夜了，某种意义上限制了他的人身自由，因此折抵了两天的刑期。因为没有相应的法律依据，类似这样的判决审查正在进行。也就是说，当传唤讯问在正常合理的讯问时间之内时，如果跨越了自然日，应不应当折抵刑期？

刚才大家也说过，目前看来，控审双方对于认罪认罚从宽制度的某些细节有不同的观点。比如改变检察机关的量刑建议，应当如何履行对检察机关的告知程序、征求意见程序。其实这是有相关法律规定的，但在适用时控审双方产生了不一样的意见。但是总体而言，控审双方的互动是非常良性的，这也是双方在一种合理的、理性的、相互尊重、相互配合、相互制约的刑事诉讼架构之下运行所得来的结果，我也相信这种良好的控审关系，必然会带动良好的控辩关系、良好的辩审关系，从而达成更好的控辩审三方关系。

潘金贵：如果控审关系太好，辩方是最焦灼的。因为实际上按照《刑事诉讼法》乃至《宪法》的规定，以及司法实践运作情况来看，很多时候，至少在我们国家，控审是站在一条战线上的，所以在这种情况下，辩方面临的压力往往不仅仅是控方，很多时候在案件的最后处理时，审判方都会不自觉地倾向于选择控方的意见，所以说控审总体和谐，也有矛盾。怎么来看待控审冲突问题，还是听听法官的意见，下面我们以热烈的掌声邀请张波庭长简要地谈一谈。

张波：很多人不知道法院和检察院之间看起来在分工负责、相互配合、相互制约，但在处理案件中也会出现很多不同意见，在没有律师参加、在其他人都看不到的地方，法检两家产生的争议争论也很大。实际上法检双方时常会有不同意见，法检的争议比与律师的争议、与辩护人的争议更大。比如政策的把握。因为法院和检察院相比较，法院更多的是代表国家，可以敞开来争论，没有受委托人的利益，是对法律负责。从这个角度来讲，常常有不同认识是正常的。“法检两家不重合”，有一定的紧张关系是符合规律的，如果法检完全重合了，就没有不同意见了，被告人的权利可能就没有保障。

所以在法院与检察院有不同意见的时候，双方就各自表达对法律的忠诚。各自表达很正常，一审和二审不一样，中院的案子跟高院不一样，高院和最高法还不一样。所以说看待法检关系应当更理性一点。比如说最高法，案子不经批准报上去，不同意是通常情况，高院改判中院的案件也很常见，中院改判基层法院的也是。法院与检察机关之间的不同意见也是常态，不是说“他们两家穿一条裤子都是商量好的”，一个国家的某个制度要发展，有些看不到又不能讲的东西，比如法院内部对这个问题有争议，谁作出决定谁负责。法院作出决定法院负责，检察院作出决定就是检察院负责。在有重大分歧的时候，我们就按照程序各自表达对法律的最高忠诚。这就是法检关系。

当然，其中有一些法律以外的、不在我们讨论范围内的冲突。比如说一些工作上的冲突，不是应然的状况，还是期待法检两家要更符合规律、更专业。法院和检察院也有一些工作要朝着更加专业化的角度推进。比如有些抗诉考核，跟我们讨论的问题不在一个层面，那是专业和不专业、科学和不科学的问题。

潘金贵：张波庭长的发言集中在控审之间有一定的矛盾和冲突，可能更为科学，也更符合司法实践的规律，也符合刑事诉讼的价值设定。“如果是法官都成了检察官，只有上帝可以当辩护人了。”如果控审和谐到融为一体，那还要辩护人干什么？控方说了算，法官直接判多简单。这就是为什么在一些一审二审乃至再审的指控中，裁判会出现不同的结果，有些时候是法官勇敢地坚持了正义的底线。所以关注这个问题是很有必要的。下面有请卫东老师发言。

刘卫东： 这次讲座真是一个非常烧脑的活动，没想到潘老师组合出这么多东西，我真是没想到他能想出来最后这个控审冲突的组合，因为我们见到的控审冲突非常少。说句不好听的话，作为律师，人家有冲突也不会跟你说，我们也没有做太多这方面的实证研究，但是我们能够看到它引发的“舆情”实际上还是有的。

检察院认为判决过重而提出抗诉，期望能对被告人从轻判处，然而法院却表示检察院的抗诉对其判决并无影响，甚至还加重了处罚，这一事件引发了学界的激烈讨论，成为了一个极具代表性的控审冲突案例。这个案例所引发的讨论，实际上对我国在抗诉制度方面的法治建设起到了推动作用。这样一次公开的讨论，绝非像有些人认为的那样，是律师们喜欢看热闹、觉得案子有趣。事实上，许多法学生也从这个案例中学到了不少知识。众多顶尖的法学家纷纷对此发表看法，一致认为这是一个非常典型且具有研究价值的控审冲突案例。在我看来，控审之间本不应存在冲突，就如同辩审也不应该有冲突一样。理想的司法结构应该是一个等腰三角形。正如潘教授所说，作为辩方，当我们走进法庭时，向法官致敬，这不仅仅是因为法官审判者的身份，更因为法官代表着法律的尊严，我们捍卫的是法律的权威。所以，无论是控方还是辩方，从尊重法律权威的角度来讲，都应当尊重法官。从这个层面来说，控审之间不应该产生冲突。我国现行法律对控、辩、审三方的职责分工有着明确规定，即分工负责、相互配合、相互制约。但以我个人的理解，目前控方与审判者之间的关系，在配合方面做得相对较好，然而在相互制约这一方面还有所欠缺，相关的工作仍需进一步加强和完善，以确保司法体系的平衡与公正。

在审判过程中，程序倒流是一个值得关注的问题。比如，当案件即将宣判时，公诉方突然提出还有新证据、新情况需要补充。几乎没有法官会直接不认可新证据，即便认为应判无罪也不会轻易作出无罪判决。这种现象反映出，当前司法体制改革进程中仍存在一些有待改进之处。现在强调以审判为中心，要求所有庭审活动都以庭审作为实质要件来展开。在这种情况下，作为控方，应当服从法院的指挥，尊重法院的权威。当然，如果在庭审结束后，确实发现法院存在违法之处，检察院依然可以行使法律监督的职能。总的来说，控审之间维持和谐的状态是比较理想的。但对于律师而言，有时反而希望能看到一些冲突，以便更好地维护当事人的合法权益和推动司法公正。

潘金贵：咱们今天的讲座就到此结束，感谢各位嘉宾以及各位同学的热情参与。谢谢大家。

04

涉外刑事案件中境外证据的审查运用

——以电信网络诈骗案件为主要视角

主讲人：冯俊伟 山东大学法学院副院长、教授，博士生导师

主持人：潘金贵 西南政法大学法学院教授、博士生导师，西南政法大学刑事辩护高等研究院执行院长，西南政法大学证据法学研究中心主任

嘉　宾：梁　坤 西南政法大学刑事侦查学院院长、教授，博士生导师

任　平 四川省高级人民法院刑事审判三庭庭长

吴国章 福建壶兰律师事务所主任，西南政法大学刑事辩护高等研究院副院长

时　间： 2024 年 6 月 3 日 19：00

地　点： 北大法宝学堂直播间（线上）

潘金贵： 由西南政法大学主办的“全国青年证据法学者在线系列讲座”的第一讲今天正式开讲。西南政法大学向来高度重视证据法学的教学与科研工作。在开办本系列讲座之前，法学院已成功开设了“全国青年刑诉学者在线系列讲座”以及“全国青年刑法学者实务论坛”。而此次“全国青年证据法学者在线系列讲座”的举办，恰好填补了法学院在这方面的一处小空白，有力地推动了学院一直倡导的刑事法一体化教学科研模式的实践与提升。刑事证据法及证据法学相关问题，无论是在理论研究领域，还是实际办案过程中，都占据着举足轻重的地位。它不仅仅是理论层面的探讨，更是司法实践中不可或缺的关键要素。正因如此，学院期望通过搭建这样一个平台，为青年学者们提供交流与共同进步的契机。平台的搭建，主要是基于近年来涌现出的一批优秀的 80 后、90 后青年学者。借助线上平台构建的交流机制，能够助力这些年轻学者快速成长。毕竟，对于任何学科建设而言，人才队伍都

是根基所在。不少学科之所以出现人才断层甚至走向衰落，根本原因就在于人才培养未能跟上发展步伐。客观来讲，长期以来证据法学科在我国未得到足够重视，甚至在实践中，公安司法人员对证据问题也有所忽视，这显然是不正确的。毕竟，案件的处理最终依赖于证据，只有明晰证据问题，才能准确认定事实，进而作出公正裁判。令人欣慰的是，随着我国证据法治在过去十多年间的不断完善，以及法学教育的持续推进，学术界涌现出众多优秀青年学者。因此，我个人十分希望搭建这样一个平台，如同搭建一把梯子，让年轻学者以及其他学者有更多相互学习、交流的机会，这也正是创办该系列讲座的初衷。

今天晚上所举行的讲座特意邀请了山东大学法学院的副院长、博士生导师冯俊伟教授进行的专题讲座，内容是“涉外刑事案件中境外证据的审查运用——以电信网络诈骗案件为主要视角”。这是一个命题作文，是我在邀请冯俊伟教授时提出来的，原因很简单，因为一方面冯俊伟教授是80后青年学者中的佼佼者，尤其在证据法学的研究上，是年轻一代的领头人之一；另一方面是冯俊伟教授对于境外证据的运用问题有非常深入的研究，在法学类核心期刊上发表了八篇左右的文章，可以说是这一方面研究得最为深入的学者之一。在我和冯俊伟教授沟通以后，我们又觉得有必要加上这个副标题。因为目前在缅北从事诈骗活动的犯罪分子通过一定的方式被引渡押解回我国后，在侦查起诉审判的过程中，很多证据问题到底如何解决，尤其是一些一线的公安司法人员是不太清楚的，急需理论上的必要指导。所以我动员了一些熟悉的公检法的领导，请他们动员干警来认真听一听本次讲座，了解办案中涉及的这些问题到底怎么解决。因为一线干警们平时没有时间去研究境外的法律与中国的法律怎么衔接、证据问题怎么来处理。所以这个讲座更多的是基于实践的考量，为了实践的需要专门安排的。今天的讲座我们还特地邀请到了几位与谈嘉宾。第一位是西南政法大学刑事侦查学院的院长、博士生导师梁坤教授。第二位嘉宾是四川省高级人民法院刑三庭的任平庭长。第三位嘉宾是西南政法大学刑事诉讼法学的在读博士生、福建壶兰律师事务所主任，吴国章律师。吴国章律师是律师界优秀的证据法学专家，对证据法学的研究有非常深厚的兴趣，出版过两本专著，发表了若干篇的文章。近期他对于境外证据跨境取证这方面进行了深入研究，正在撰写的几篇论文也都与此有关，所以特地邀请他作为专家之一一起进行探讨。当然，因为吴国章律师也办理了相关案件，也有相应的一些体会与感受。下面由冯俊伟教授为大家主讲今天的讲座。

冯俊伟：首先非常感谢潘金贵教授，感谢西南政法大学证据法学研究中心搭建这样一个平台，让我能有机会在全国青年证据法学者在线系列讲座中跟大家一起交流“涉外刑事案件中境外证据的审查运用”这个主题。我主要从四个方面进行讲解：第一，域外刑事取证的多元方式；第二，域外刑事取证中的权利保障；第三，域外取得的刑事证据的可采性；第四，域外刑事取证的前沿课题。二十世纪九十年代以来，跨境犯罪在世界范围内蔓延。关于本次讲座的副标题“电信网络诈骗”，在最高法的相关统计里面，涉网络犯罪例如网上赌博、电信网络诈骗等，在整个涉网络犯罪中占比是非常大的。一个国家的刑法、刑事诉讼法，都是以主权为界的，故而跨境犯罪或跨国犯罪给刑事司法带来了一些挑战。在这个背景下我总结了三个难题：第一个难题是人的问题，从学术研究的角度主要涉及引渡、缺席审判等制度。第二个难题是财产的问题，涉及没收的司法合作，没收财产的分享等。第三个难题也是本次讲座最需要关注的证据方面的问题，主要包括三个方面，一是境外证据的取得，当我们谈到境外证据的审查运用的时候，其实有一个隐含的前提，即境外证据已经取得或者已经收集。二是从境外取得或者境外取得后移交过来的证据是否具有可采性，这也是证据法传统关注的重点和难点问题。三是非常重要的问题，就是如何通过在案证据、全案证据，也包括境外证据，对案件事实进行有效认定的问题。再回到今天的副标题，大家就可以看到，电信网络诈骗案件整个的犯罪链条、环节是比较长的，在整个过程中可能涉及的人员、资金的流向，包括整个犯罪行为的跨度等都比较多元。在这个过程中，综合全案证据的事实认定也是一个特别重要的方面。

第一个方面，域外刑事取证的多元方式。很多人都认为证据法的研究更多的是关注证据的审查运用或证据的可采性，但其实取证问题和证据的可采性问题也十分重要。有学者讲它是一个硬币的两个面，因为证据能不能使用，怎么审查运用，其实必然要跟取证问题结合在一起。根据相关的学术研究成果以及丰富的司法实践经验来看，域外刑事取证的方式大致上可以归纳为三种方式。一是正式方式，一般是指国际刑事司法协助、区际司法协助、国家之间的警务合作，以及外交途径都属于正式方式。根据相关条约，协定、协议等还可以进行细分。请求对方或请求对方国家代为取证，这是实践中包括以前在处理境外取证的过程中，最常见也是使用最多的一种境外取证的方式，在很多文献里称为“委托取证”。二是派员到对方国家或对方地区参与取证，一般是指根据司法协助条约或协议，以及在互惠的原则之下，一国可以在获得对方国家同意之后，让本国的执法人员参与取证。这一方式在很多条约里规定得非常详细，如果到另外一个国家去，应当遵守当地的法律。另外，取证活动其实是由被请求国或被请求方的执法人员来进行的，在此过程中，本国派出的参与人员可以通过一定的方式参与到取证的过程中。例如对于一些重要的案件事实，可以与被请求方的执法人员进行沟通，然后由其对证人进行询问。在司法实践中，若相关的证人自愿同意，本国派出的参与人员也可能跟证人进行接触。三是联合取证。在众多国际条约以及欧盟的部分立法里，都对联合侦查组作出了明确规定。联合侦查组的设立具备显著优势。以传统委托取证为例，被请求方往往对请求方的法律规定缺乏足够了解，这就极易导致在取证完成并将证据移交给请求方后，因所获证据不符合请求方法律在证据形式、实质要件以及相关规则方面的要求，最终使得证据无法被采用。与之不同的是，联合侦查组由来自不同国家和地区的人员共同组建，组内每一位成员都对自己国家和地区的法律规定相当熟悉，这便能够切实有效地保障所取证据的可采性，确保后续司法程序中的证据能够顺利使用，为案件的妥善处理提供坚实支撑。

讲到这儿，可能很多实务专家或者同学会追问一句：为什么到现在讲的都是传统的域外刑事取证的一些方式？对此我想说的是，在涉及网络犯罪或电信网络诈骗的案件中，电子数据固然非常重要，但除了电子数据以外，传统的证据形式或者说证据种类，例如物证、书证、视听资料、证人证言等也非常重要。很多电子数据的载体就是物证，比如电脑或者手机等，所以应当对传统的域外刑事取证方式在电子数据取证方面的发展进行了解。前一两年在欧洲有一个案件涉及加密的网络服务提供者或提供商，而加密给整个案件的侦查带来非常大的难题，所以法国、荷兰、德国等国组成了一个欧洲协调组织，在这个司法协调组织的协调之下组成了联合侦查组，对加密的网络服务提供者或提供商进行联合侦查。从这个案件中不难看出，不仅是传统的物证书证可能会需要联合侦查。关于电子数据或主要指向电子数据的案件，也可能会组成联合侦查组。联合侦查组最终会获得很多电子数据，而这些电子数据涉及多个国家的很多人，在掌握这些电子数据之后，联合侦查组就通过欧盟调查令，再把相关的电子数据给其他国家。这些证据如何在本国使用的问题。关于这个问题，在后面谈到如何对境外证据审查运用时还会再讲。以上是对传统域外刑事取证的正式方式的讲解。

随着电子数据在刑事司法中的作用越来越大，在实践中针对电子数据或者针对传统的证据类型，开始出现一些非正式取证方式。它不被正式方式所容纳，但是对于非正式方式中哪些是符合法律规定的，是被认可的，哪些是属于灰色地带的，哪些是绝对不允许的，在理论和实践中都需要关注的。

下面我阐述几个案例。在一个欧洲国家发生过一个案子。欧洲国家跟B国有刑事司法协助的双边条约，按照刑事司法协助双边条约的要求，如果要取得证人证言，应当通过正式方式，即司法协助的方式来取得证人证言。但是在这个案子里面，欧洲国家并没有通过这个方式，而是采用了一种简便的方式。大家都知道现在电子通讯非常方便，所以说该欧洲国家在办案的过程中就用了Skype（一种通讯和聊天的工具）。它通过Skype联系了位于另外一个国家的证人，并且获得了他的相关证言。因此这个案子受到了比较多的关注。此案中辩护人提出，因为两国之间存在正式的双边司法协助条约，但该欧洲国家却通过Skype这种方式来取得证言，这一证人证言应当予以排除。当然在本案的审理过程中，法院作出了回应。法院表明，双边司法协助条约并不是一个排他的事项，通过这种非正式方式来获得证人证言的过程，只要能够保障证言的真实性、陈述人本身的自愿性，并且没有违反法律的禁止性规定，通过其他方式获得的证人证言是可以使用的。这个案子里就涉及对非正式取证方式的运用。当然在实践中非正式取证方式是存在争议的，比如远程电子搜查，很多国际文献都对此作了非常细致的讨论。对于远程电子搜查的讨论首先要区分类型。比如说很多文献中谈到，如果是通过技术性手段获得的相应的境外电子数据，一般来说是要被禁止的。从比较法视角来看，像比利时、葡萄牙、英国等国家的刑事诉讼法中，存在关于电子搜查的法律条文。其中有一项规定指出，在开展传统的国内搜查活动时，若能借助非正式取证方式，延伸获取其他电子空间的数据，这种情况是被许可的。然而，非正式取证方式饱受争议。举例来说，当执法人员扣押一台电脑后，通过该电脑连接云空间展开取证工作，这种做法便受到了广泛质疑。批评者认为，这种取证方式可能存在侵犯公民隐私、违反法定程序等问题，其合法性与正当性都有待进一步探讨，在证据的可采性上也面临诸多挑战。还有一个发生在德国的案例，它涉及很多税务方面的犯罪，但是有很多数据、证据在另外一个国家。而德国的执法人员就通过德国法上不允许的一种方式，从另外一个国家拿到了相关的证据。这个案子在欧洲被大量讨论，争议焦点是从境外取得的电子数据，如果取证的手段和方法并不是本国刑事诉讼法所允许的，这些证据还是否可以使用。通过上述梳理，可以总结一下：正式方式是非常重要的，也是实践中运用最多的。而非正式方式至少要分成两种，一种是可能正在形成各国共同认可的规则，另一种是可能涉及执法权限，严重侵害刑事诉讼中相关人员的实体权利、程序权利的方式，这些是要被严格禁止的。以上讲的是域外刑事取证的方式。

另外，我还为大家找了一个刑事审判参考中的案例，该案使用的正式方式是司法协助。在这个案件中，上海市公安局请求韩国警方和美国警方提供司法协助，并按照相关规定中的程序提供调查提纲、译文，经公安部审批后递交给韩国和美国警方。韩国和美国警方根据我国警方的要求进行调查取证，提供了相关函件和相关证据。通过正式方式或正式途径获得的证据，在各国的司法实践中，在可采性上都具有优先性，都最容易被认可。故而一审法院认为，上述证据符合客观性、关联性、合法性的要求，予以认定。

关于域外刑事取证的难题，梁坤教授、吴国章主任以及很多老师都做了很多研究，但域外刑事取证在整个证据法的研究过程中，此前受到的关注并不多。在这个过程中，尤其是受到信息化、网络化发展的影响，在域外刑事取证的传统问题还没有完全解决的背景下，我们又遇到了跨境电子证据取证难的问题。所以我在一些文章里面反复提到，现在所遇到的域外刑事取证的难题是叠加的。关于传统的境外物证书证等取证，有很多制度还在完善的过程中，而在这个过程中我们又遇到了一个非常重要、非常急迫的难题，也就是境外电子数据取得的问题。

总体来看，域外刑事取证的难题，包括五个方面。第一是传统司法协助途径的缓慢、低效。经过很多研究，包括一些国家的司法协助主管机关的一些统计数据表示，传统司法协助途径，即从办案机关层报到司法协助的主管机关，司法协助的主管机关要与对方国家或地区的司法协助的主管机关联系，然后将调查取证的请求书交给对方国家的主管机关。而对方国家的主管机关可能并不办理这个案件，可能需要再逐层地递交给具体的办案机关。具体办案机关取到证据之后，再按原途径层层送回。所以我在一篇文章中提出，这是一种“倒U形”的程序构造。传统司法协助途径的缓慢、低效，难以回应我国司法实践中对境外证据或境外取证的需求。另外，很多国家在办理涉外案件的过程中还有一个难题，也就是审限的问题。司法协助途径少则数个月多则一两年，对于及时有效地取得境外证据的需求，回应力是有限的。第二是传统司法协助中的权利保障不足。这一问题也特别值得关注。如果从辩护的角度讲，辩护律师有时在办理案件的过程中会遇到一个难题，一个案件有利的或者涉及从轻减轻的相关证据在境外，那么辩方获得相关证据的权利在涉外案件中怎么样能更好地得到保障？除此之外，很多证据规则都跟权利保障密切相关，例如在涉外案件中，翻译权的保障、获得律师帮助权的保障、告知权的保障等，在整个过程中怎样更好地协调也是需要关注的。第三是跨境电子取证问题的新挑战。2010年以来，我国网络化、信息化的发展使得电子数据成为司法实践中办理的各类案件（不仅仅是涉外案件，也包括纯粹的国内案件）中非常重要的证据类型，所起到的作用也越来越大。在这个过程中，电子数据由于其特性，容易被更改、变化，具有脆弱性。故而我们谈到，在这个背景下，在域外刑事取证一般问题的缓慢进展过程中，又遇到了电子数据境外取证的问题。这一方面梁坤教授有专著，也有很多代表性的文章，大家有兴趣可以进行阅读。第四是跨境取证缺乏整体的制度设计。回顾司法协助制度，其中一个比较重要的时间点，应该是二十世纪五六十年代，这是现代的刑事司法协助制度发展的重要时期。但从二十世纪五六十年代到今天，在跨境取证中遇到的一些难题是当时可能没有预见的，包括电子数据的跨境取证问题。在学术研究中，现在也对此特别关注。传统的司法协助途径，现在还依靠层层上报调查委托书这样的书面转达、传达方式。所以在欧盟的立法过程中有一个非常重要的动向，即有没有可能各个国家或不同的国家和地区形成电子文书的传送方式。这一问题在《布达佩斯网络犯罪公约》《联合国打击网络犯罪公约》中有新的进展。第五是非正式取证方式规制的难题。我认为这一难题也是值得关注的，如果对此不做很细致的研究，可能会影响到证据的审查运用。哪些是法律所认可的，哪些是禁止的，哪些是还需要进一步讨论的。我刚举了 Skype 案这类例子，通过本国法合法授权在延伸电子空间获取证据，这体现了域外刑事取证的难题。跨国电子取证中，各国法律、管辖权、数据规则和隐私保护不同，证据合法性、有效性及认可度存在不确定性，阻碍重重。

讲完难题之后，再谈一谈域外取证近 20 年的进展，即域外取证或者说境外取证，在近 20 年相关的国际立法或发展动向是什么。如果进行文献梳理，可以发现欧洲地区或欧盟特别关注跨境取证。其中一个很重要的原因与欧盟边境区域的申根区域的放开有关。在经济一体化发展的过程中，有学者敏锐地关注到在欧洲国家有很多跨境犯罪，并且跨境犯罪在犯罪整体数量中的占比不断上升。2000 年前后，欧洲的刑事司法协助条约里出现很多前沿性的探索，包括视频会议、电话会议取证等。2003 年前后，欧盟推出了欧洲逮捕令，也被翻译为欧盟逮捕令，这其实是对传统的引渡制度的变革。另外，该制度涉及人，也就是犯罪嫌疑人的供述与辩解，其实也是跟证据相关的。从 2004 年前后欧洲的证据保存令，到 2008 年欧盟证据令，再到 2014 年欧盟调查令，针对这一系列法规的整体发展走向，我进行了梳理总结。第一个是取证主体的变化。传统的司法协助是请求国与被请求国，而在欧盟立法中转变成签发国与执行国。第二个是取证准据法的转变。传统的司法协助，或者说是采用传统正式方式进行取证时，面临着一个突出问题。当依据执行国法律获取相关证据后，一旦这些证据被移交至签发国或法院地国，由于各国立法存在差异，极有可能导致诸多证据无法被有效使用。所以在取证准据法上，欧盟的很多法律规定都实现了从执行国法到签发国法的转变，而这种转变就是为了解决证据的审查运用问题。第三个是取证形式要求的转变。因为“倒 U 形”的程序构造，在层层报送调查取证令或者文书的时候，一旦填写得不合理或有遗漏事项就会被打回。所以欧盟立法在取证形式上实现了从委托书到单一证据令的转变。第四个是在刑事取证期限上，从不加时间限定到规定截止期限。第五个是在承认和执行上，拒绝承认和执行的理由、主体被严格限制。从欧盟的立法来看，欧盟范围内域外取证的立法逐步完善，更有效地回应司法实践的需求。但在这个过程中，我认为其整个的立法步伐被电子数据所冲击。因为此前，包括 2014 年欧盟调查令的目标是关注所有证据类型。但在微软出现之后，围绕着境外电子数据的取得问题，产生了非常大的变化。直到 2018 年 3 月，美国《境外数据合法使用法》出台后，对整个电子数据取证的国际规则产生了非常大的影响。它在传统的司法协助方式之外，构筑了另外一种路径，通过一定前提下两个国家签订行政协议的方式，使得在传统的司法协助路径之外又有了一个新的发展。

在美国《境外数据合法使用法》正式出台的一个月之后，欧盟在 2018 年 4 月出台了跨境电子数据取证的两个草案。包括正在拟议中的《联合国打击网络犯罪公约》，梁坤教授在专著和论文中都作了非常细致的分析。另外，澳大利亚、英国等国家也都及时地拟制了关于跨境取证方面的法律。2018 年的美国《境外数据合法使用法》，包括 2021 年《网络犯罪公约第二议定书》、2023 年 5 月欧盟以一个立法案的方式通过的关于电子数据的欧洲制止令和欧洲保全令，其实都是在回应从前没有预见到一些新形势、新问题。在这些法律文件中，共同的新动向就是规定了执法机关直接向网络服务者取证。这是一种新的取得境外电子数据的方式，但在这种方式之下，其实有很多问题是值得讨论的。

现在一些法律文件里也有关注。第一个就是网络服务者法律冲突的问题。比如在 A 国营业或提供服务，A 国如果让网络服务者按照法律规定，必须提出一些数据，而这些数据可能是存储在其他国家的，比如说存储在 B 国，而 B 国的法律又有禁止条款，不允许这个数据出境，这时怎么办？这是一个法律冲突的问题。当然这里面可能还涉及电子数据方面的长臂管辖，以及对长臂管辖的回应型条款。另外，在这个过程中，个别国家在立法中采取了一个宽泛的对于网络服务者的连接点的设置，不仅包括有营业地的、有分支机构的，只要是本国或本地区有人在使用网络服务，也认为属于本国或者本地区的网络服务者。所以说大家可以看到，虽然电子数据的取得在很多情形下像是一个诉讼中的事项，但其实后面还连接着非常多的包括电子数据出入境的一些重要法律法规。在网络服务者的控制之下，有大量的电子数据，也可能包括大量的与犯罪嫌疑人、被告人相关的电子数据，执法机关直接向网络服务者取证，其中就需要重视权利保障的问题。在美国的《境外数据合法使用法》以及《网络犯罪公约第二议定书》中，如何解决因各国立法差异导致证据使用受阻这一问题，始终是重要议题。然而，其中相关规定对于公民重要权利保障的回应，成效较为有限。在司法实践以及众多学术文献中，还揭示出另一个关键问题：执法机关直接向网络服务者调取证据时，网络服务者是否自愿配合或同意提供。这一问题牵连甚广，许多学者针对数据正当程序、比例原则、电子数据的更正权以及是否需要通知数据主体等方面展开深入研究。至于为何着重强调权利保障，这是因为权利保障直接关系到证据的审查与运用。倘若在证据获取过程中未能充分保障相关权利，那么所获取的证据在审查阶段就可能面临合法性、有效性等方面的质疑，进而影响其在司法程序中的运用，最终对整个司法公正产生深远影响。

2018 年《刑事诉讼法》修改的时候，其实很多研究者和实务的同志们都关注到还有一部重要的法律，即《国际刑事司法协助法》，该法对外国向我国提出调查取证请求的事项和程序都作了规定。为什么我们要讲《国际刑事司法协助法》？在实践中可能会出现诸如吴国章主任文章里面梳理的很多案例。比如有人就会提出，如果司法协助程序或程序的某一个方面不符合法律规定的要求，会不会产生证据排除的后果？这是很重要的一点。第二个是最高检、公安部关于司法协助和警务协助的一些规定，在刑事司法中开展司法协助，开展警务的合作和警务协助，要依照相关的规定来进行。第三个就是各种双边、多边的刑事司法协助条约。如果再放大一点，还可能包括一些刑事司法协助的平台。第四个是近期出台的《关于实施〈中华人民共和国国际刑事司法协助法〉若干问题的规定（试行）》，对调查取证，包括对刑事证据移交的审查等都作了非常细致的规定，其中也有个别条文涉及境外证据的取得和审查运用。我给大家列举几个法条，例如我国前一阶段颁发的《关于实施〈中华人民共和国国际刑事司法协助法〉若干问题的规定（试行）》第 19 条规定，“外国已向中华人民共和国提供刑事司法协助的，主管机关和办案机关应当严格遵守对外作出的量刑、追诉、权利保障、保密、证据用途、适用案件和人员范围等方面的承诺”。其中“证据用途”涉及域外证据或境外证据运用的特定性原则，即在很多刑事司法活动的过程中，境外证据的使用只能存在于双方限定的意图，或者说双方明确的能用于的方面。第 19 条的规定就体现了境外证据运用中的特定性原则。

第二个方面，域外刑事取证中的权利保障。在看到这个题目的时候有人会问，今天整个的主题不是证据的审查运用吗？我想说的是，不仅是境外刑事取证的方式会影响到证据的审查运用，还要关注境外刑事取证中的权利保障问题。在域外或境外刑事取证的过程中，一个重要的问题是如何保障被追诉人和其他诉讼参与人，也包括网络服务提供者的一些诉讼权利、实体权利。进而言之，其实我们需要关注一个问题，就是在整个的刑事司法协助的过程中，被追诉人的法律地位是什么？在一篇文章里面，我也梳理了相关的研究，比如这涉及我们如何看待刑事司法协助程序，在刑事司法协助程序的过程中，被追诉人具不具有诉讼的主体地位，如果他具有诉讼的主体地位，他享有哪些诉讼权利，反过来讲，诉讼权利、程序权利如果被违反了，获得的证据就不能使用了。此处涉及一个非常有影响力的案例，Stojkovic（简称S）案是欧洲人权法院最早表明对于在涉外刑事案件中如何保障犯罪嫌疑人、被告人权利的立场的案子。该案的基本案情是，S于法国涉嫌抢劫行为，他后来逃到了比利时，在案件进入刑事诉讼程序之后，法国通过司法协助的方式，委托比利时对他进行讯问，且法国的执法人员在委托刑事司法协助的过程中特别提醒比利时的执法人员，在讯问的时候应当为他指定律师，让其获得律师帮助。但是在其中两次讯问的过程中，比利时的执法人员没有为他委派律师，事实上在讯问的过程中也没有律师在场，结果在这两次的讯问过程中，被追诉人（S）作了有罪供述，后来在法国就认定S的相关犯罪行为成立。被告人在穷尽法国的权利救济之后，将案件申诉到欧洲人权法院，他的诉求之一就是整个审判是不符合《欧洲人权公约》第6条相关规定的，不符合公平保障权，不符合公正审判的要求。按照法国法律的规定，在讯问的时候其有权获得律师帮助，但在这个案件中事实上他没有获得律师帮助，而恰恰是在没有获得律师帮助的过程中，他作了两次有罪供述。在这个案子里面，法国进行了回应，用了一个词“不可归责”。法国的执法机构表示，被告人在讯问中没有获得律师帮助，其具有不可归责性。在司法协助过程中，法国执法机构已经与执行国的执法机关进行了反复的沟通，要求其在讯问的过程中保障S的律师帮助权，这样的权利保障是执行国没有做到，因此不可归责于己方。德国也有一个案子涉及这个问题，被追诉人在比利时接受讯问时已形成讯问笔录，德国执法部门的抗辩或解答也是表示“不可归责于己方”。因为当时在司法协助过程中，已经告知他国来保障律师在场，但比利时没有保障，故而不可归责。关于这个案子，欧洲人权法院的立场是非常鲜明的，其表示无论是涉外刑事案件，还是纯粹的普通的国内刑事案件，犯罪嫌疑人、被告人在刑事诉讼法上所享有的重要诉讼权利必须得到保障，因此在这个案件中最后认定法国败诉。在一些涉外的刑事案件中可能还会遇到权利保障的问题。在域外取证的过程中，在传统的国际法上，权利保障遇到一定的挑战。因为在传统的国际法视角下，司法协助条约被限定在请求国与被请求国之间，被追诉人不具有主体地位。在一些国际刑事司法协助条约中还有这样的规定，“本协定仅适用于双方之间的相互司法协助。本协定的规定，不给予任何私人当事方以取得、隐瞒或排除任何证据或妨碍执行请求的权利”。其实这个规定与非法证据排除规则是有一定连接的。如果按照传统的理解，即能不能以违反司法协助条约中的相关规定来申请排除相关的证据？二十世纪九十年代欧洲和美国的一些案例中，法院当时回应的基本上就是这一条文。按照此条文，是没有权利依据相关的规定或者依据司法协助条约的规定来申请证据排除的。进入 2000 年以后，对这个条文的解释发生了非常大的变化，如果违反司法协助、条约中的相关规定，所获得的证据也可能被排除。

我们需要关注的一个问题就是域外取证中的权利保障如何进行。我在一篇文章中也进行了梳理，对此可以从两个层面来看。一个层面是国际法实践，比如说《欧洲人权公约》第 6 条和《公民权利和政治权利国际公约》第 14 条。在很多国家和地区的司法协助或者域外取证的过程中，会关注一些基本的权利保障，参照欧洲的很多国家，因为欧洲很多国家都是签署了《欧洲人权公约》，所以对很多问题的讨论最后都回到了《欧洲人权公约》第 3 条、第 6 条、第 8 条等，回到了欧洲人权法院判例法中的基本立场。还有一些学者主张在域外取证的过程中，权利保障问题可以关注《公民权利和政治权利国际公约》第 14 条，尤其是第 3 款的相关规定，比如权利告知的问题、获得律师帮助的问题、获得法律援助的问题、获得翻译的权利、不被强迫自证其罪的权利。另一个层面是国内法实践。在二十世纪九十年代前后或者在九十年代之前，有很多荷兰、比利时、英国、法国，包括美国的一些案例，都显示这样的一个问题：在传统的立场之下，有很多国家在早期的案例里面并不是特别重视域外取证中的权利保障，即使有一些权利被违反了，但是在实践中这些国家坚持不审查原则。不审查原则跟上面这一条款是相似的，比如说美国的非法证据排除规则，它只针对本国警察的违法行为，如果是其他国家的执法人员有违法的行为，美国的非法证据排除规则不具有域外效力。但是这些都在发生变化，所以我作了一个总结：国内法的实践基本上从以前一些国家的绝对不审查原则，现在发展到相对不审查原则，即开始审查刑事诉讼法以及一些本国法上重要的数据权利、隐私权利的保障。如果违反了相关的规定，证据可能会被排除。

关于跨境取证中被追诉人权利保障的改革，尤其是2012年《刑事诉讼法》修改之后，在2012年《最高人民法院关于适用〈中华人民共和国刑事诉讼法〉的解释》第405条第1款中对域外取得的刑事证据问题做了一个明确的规定："对于来自境外的证据材料……经审查，能够证明案件事实且符合刑事诉讼法规定的，可以作为证据使用。"这一规定明确要求对于境外证据的审查要以本国法为准据法，且能够证明案件事实，这是对证据相关性的要求。另外，在准据法审查上，基本立场是符合《刑事诉讼法》的规定。一会儿吴国章主任也会对这个问题做一个讨论。如果在跨境追诉或跨境取证中，从被追诉人权利保障的视角来看，这一规定是非常重要的，也非常具有意义的。因为这意味着在境外证据的审查运用过程中，不只是关注《刑事诉讼法》上关于证据的相关规定，也会关注到《刑事诉讼法》的基本原则、基本制度，以及一些重要的权利保障。从理论上看，在境外证据的审查运用中，首先要关注《刑事诉讼法》的规定，同时也要关注已经加入、已经生效的多边、双边的司法协助条约。如果回到个案，在关于《国际刑事司法协助法》的相关解释意见里面，还要关注到在个案中对于证据用途、权利保障等的特殊性规定。

第三个方面，域外取得的刑事证据之可采性（审查运用）。如果已经解决了"取证难"问题，就会来到证据的运用问题，我也找到了很多已经生效的裁判文书中关于跨境电信诈骗案件的办理情况。在多起案件中，基本都有这样的案件细节。例如，在一起跨境电信网络诈骗案件中，境外执法机关将多名被告人及在其诈骗窝点缴获的笔记本电脑、平板电脑、路由器等作案工具移交我国公安机关。后续，办案机关从笔记本电脑中提取到了收款银行账户、名单列表、电话号码、通话记录及聊天记录等电子数据。而这些移交过来的物证、书证以及电子数据，都成为后续案件办理和审理的重要证据材料。从学术研究的角度出发，需要关注和分析的是两种不同的情形，一种情形是在一些案件中，我国执法机关委托对方的执法机关去取得证据；另一种情形与我们谈到的案例相似，委托境外执法机关将它们已经收集到的证据移交给我国，这两种不同情形要不要区分？如果需要区分，那么这种区分在证据的审查运用上的意义是什么？这是一些细小的问题，但在证据审查运用的过程中，可能必须被关注到，而且要区别对待。境外或域外取得的刑事证据的可采性，用简单的一句话讲，也就是能不能在我国的审判中作为证据使用。这是涉外刑事案件中非常重要的一个问题。如果两个国家的刑事司法制度、诉讼模式等有比较大的不同，在 A 国取得的证据拿到 B 国去有时就很难采用。英国是英美法系国家，有一个证据规则叫传闻证据排除规则，原则上笔录类的证言在英国的刑事诉讼中是很难使用的，当然传闻证据排除规则现在也有放松趋势，而德国、法国、比利时、荷兰等传统大陆法系国家在实践中多使用笔录类证言。欧洲大陆的很多国家在跟英国进行司法合作的过程中，移交过去的证言、笔录在英国能不能使用，这引起非常大的争议。因为在原有的传闻证据排除规则的体系下，并没有规定这种例外。这个问题怎么解决？我在一篇文章中也进行了梳理。第一种解决方式是通过程序来解决实体问题。在很多双边、多边司法协助条约中，包括个案在互惠原则基础上的合作中，很多时候都要求取证地的执法机关尽可能地参考、运用或者按照法院地的法律规定来进行。第二种解决方式是实体优于程序，这在欧盟做了很多立法尝试。例如 1995 年前后欧盟有很多学者牵头起草了一个刑事法大草案，其中第 34 条专门规定了欧洲询问笔录、欧洲讯问笔录，希望在欧洲的很多国家都能用同一个标准笔录，但这其实是很难实现的，最后立法基本上也失败了。第三种解决方式是程序和实体分离。在研究证据法的过程中，包括司法实务过程中，各位可能都有一个感觉，有时程序上的差异不影响证据使用。用另一句话来说，就是程序违法不代表一定要排除证据。所以在这个框架下，有一些国家和地区开始探索一种专门针对境外或域外证据的可采性标准。而且这种标准整体而言更能容忍不同国家在取证主体、取证程序、取证方式上的差异。回到刚才加密网络服务提供者的案例，这个案子在德国的审判中引起了非常大的争议。有人提出，首先，在德国法上很难找到跟在法国所采用的取证措施相当的措施；其次，案件涉及不特定多数人的数据集，在德国的刑事诉讼法中很难找到相对应的措施和启动条件。对此，德国的法院在判决书里也作出了回应。德国法院从司法协助的主体、目的、公共秩序等几个方面进行了论证，其认为这是可以容忍的。所以说“程序与实体分离”就是针对域外证据采取与国内证据不同的可采性标准。第四种解决方式是替代性解决措施，例如联合侦查制度、派员到场取证、远程视频作证、电话会议作证等。2003 年英国的《犯罪（国际合作）法》（CICA）注释说明第 42 段规定，域外机构获得的证据与国内获得的证据的可采性判断条件相同，而俄罗斯《刑事诉讼法典》第 455 条以及加拿大《刑事司法协助法》第二部分也有类似规定。由此来看，在强调域外证据与国内证据可采性判断相同的同时，具体个案里仍然呈现出一种稍微放宽的可采性标准。

另外，关于域外刑事证据可采性判断的发展趋势。其一，从二十世纪八九十年代的一些案件中，不对境外或域外刑事证据进行审查，到开始对境外或域外刑事证据审查。其二，从审查方式的角度，从以前的整体审查到个案审查。其三，从审查依据的角度，从关注取证地国法到关注证据使用国法。其四，从审查重点的角度，从二十世纪九十年代之前关注域外取证的真实性、可靠性的问题到关注域外取证的合法性。我给大家做了一个简单的梳理，大家如果感兴趣，或是想继续研究这个问题，可以看刑事审判参考案例的相关立场，分别是第 578 号沈容焕合同诈骗案——涉外刑事案件中境外证据的审查与认定，第 640 号邵春天制造毒品案——跨国犯罪案件如何确定管辖权和进行证据审查，以及第 748 号自诉人桥本郁子诉被告人桥本浩重婚案——涉外重婚犯罪的管辖权及域外证据在刑事审判中的审核采信。这三个案例都展现了刑事审判参考中对于境外证据的整体审查判断。因为这几个案例它的公布时间相对较早，是 2012 年刑事诉讼法修改之前，所以立场基本上要回到对证据三性的审查，也就是真实性、关联性、合法性，而且还着重去强调境外取证方式、境外取证程序的合法性。比如案件中会提到是严格按照司法协助、警务合作的相关程序规定来取证的。我也梳理了一些关于我国司法解释以及相关法律文件中，对于境外证据如何进行审查运用。2012 年之前的相关规定，主要是关于走私犯罪、信用证诈骗犯罪等方面。当然也有一些省份的地方性法律文件中对证据的审查运用作了规定。比较重要的是2012年《最高人民法院关于适用〈中华人民共和国刑事诉讼法〉的解释》第405条。2021年《最高人民法院关于适用〈中华人民共和国刑事诉讼法〉的解释》第77条又做了修改，不只是对内容进行了修改，法条的位置也发生了变化。以前该条款是规定在“涉外刑事案件的审理和司法协助”一章中，是专门针对证据的。但是在2021年的司法解释里面，该条款规定在第77条，是关于证据的一般规定。我也认真地学习了参与制定司法解释的相关专家的解读。也就是说，现在不能认为只有在涉外案件中才会遇到境外证据的问题，在普通的纯粹的国内案件中也可能涉及境外的传统证据物证、书证、电子数据的问题。整体来说，第77条已经成为审查运用境外证据材料的核心条款。在第77条第1款中规定，“人民检察院应当随案移送有关材料来源、提供人、提取人、提取时间等情况的说明”。如果将其转化成学术的语言，就是对于境外的证据材料有“鉴真”的基本要求，要求证据的来源、证据的保管、证据的移交等整个过程都要有相应的记录或者证明。另外，2021年司法解释第77条第2款与2012年司法解释第405条第2款相比有放松趋势。因为原405条对于当事人及其辩护人诉讼代理人提供的来自境外的证据材料要求“一公证加双认证”，对于当事人及其辩护人诉讼代理人提供的境外证据材料，提出了额外的法律要求。如果从控辩平等的角度出发，其实2021年司法解释的要求适当放松了，2021年司法解释第77条第2款中规定“或者履行我国与该国该所在国订立的有关条约中规定的证明手续，但我国与该国之间有互免认证协定的除外”。也就是说如果有与该国有互免认证协定的，就不用履行该额外要求。此外，还有一些重要的规定，比如说“两高一部”《关于办理电信网络诈骗等刑事案件适用法律若干问题的意见》，基本立场没有变化；2020年最高检发布的《人民检察院办理网络犯罪案件规定》第58条明确，“人民检察院参加现场移交境外证据的检察人员不少于二人，外方有特殊要求的除外。移交、开箱、封存、登记的情况应当制作笔录，由最高人民检察院或者承办案件的人民检察院代表、外方移交人员签名或者盖章，一般应当全程录音录像。有其他见证人的，在笔录中注明”。第59条规定，“人民检察院对境外收集的证据，应当审查证据来源是否合法、手续是否齐备以及证据的移交、保管、转换等程序是否连续、规范”。这两条是对境外证据的移交程序所做的规定。其中，第59条特别关注了关于境外证据或境外证据材料的“鉴真”要求。如果联系司法实务，大家可能会问一个问题，假如在个案中，如果证据的收集、移交、保管、转换等不连续，或者不能形成证据保管链，那会产生什么样的后果？我想在电信网络诈骗案件中，在个别的情形下也会遇到这个问题。这就涉及2021年《关于办理电信网络诈骗等刑事案件适用法律若干问题的意见（二）》第14项规定：“通过国（区）际警务合作收集或者境外警方移交的境外证据材料，确因客观条件限制，境外警方未提供相关证据的发现、收集、保管、移交情况等材料的，公安机关应当对上述证据材料的来源、移交过程以及种类、数量、特征等作出书面说明，由两名以上侦查人员签名并加盖公安机关印章。经审核能够证明案件事实的，可以作为证据使用。”“两高一部”《关于办理电信网络诈骗等刑事案件适用法律若干问题的意见（二）》其实对境外证据的移交、保管链条、鉴证要求等作了规定，但是这个规定从法律解释的角度出发，也应当被严格解释。

当谈到境外证据和涉外证据的时候，它其实是集合性概念，不是指一个证据。涉外证据可以有很多分类，比如境外电子数据、境外物证、境外书证，如果把今天晚上讲到的取证方式、权利保障，还有可采性判断作为一个整体来看，我认为我们要有一种关于境外证据可采性的类型化判断方式。大概念是境外证据，那么可以把它分成两种，一种是正式司法协助方式取得的境外证据，另一种是非正式司法协助方式取得的境外证据。其中，以非正式司法协助方式获得的涉外证据中，有很多是值得讨论的。比如在一些境外电子数据案件中，如果执法人员通过犯罪嫌疑人、被告人自愿提供的账号密码，登录其电子邮箱，下载了存储在云空间或者存储地是其他国家和地区的电子文件，这些证据能不能使用？很多国家的判决中都采取了肯定的立场。但若在普通案件中使用一些技术方法取得境外证据，在评价上就有不同的声音。有观点认为，如果是通过搜查令等本国合法的方式对电脑的搜查，进而通过电脑延伸获得的电子数据，即使存储在云空间或者存储地在其他国家和地区，都是可以被容忍的。但是这与使用特定的恶意软件获得的境外证据要做严格区分。所以，通过正式司法协助方式取得的境外证据，原则上它的可采性相比于通过非正式司法协助方式取得的证据认可度更高，而非正式方式要作更进一步的细分。委托外国的执法人员去取得证据和派员直接取证，虽然都是正式的司法协助方式，但也要进行区分。有人说为什么委托外国执法人员取证和派本国的执法人员到外国参与取证要做区分？因为准据法是不同的，一般委托取证更多的时候是要按照取证地国法或取证地法来进行，而派员取证或者派员参与取证，对本国或本地区的刑事诉讼法的程序要求更加严格，因为派员取证能够对取证程序施加更多的影响。而在委托取证中，委托取得证据和委托移交已取得的证据也要作区分。委托取得证据是指 A 国委托 B 国去采取一定的调查措施来取得证据，委托移交已取得的证据与委托取得证据相比，它们的区别在于请求国对取证程序的参与程度不同。

对于委托移交已取得的证据的可采性判断，比委托取得证据的可采性判断，在个案的情形下是要适当宽松的。当然，如果再往下分，同样是委托取得的证据，言词证据和实物证据是不一样的。实物证据具有稳定性，也在一定条件下具有可靠性。而言词证据会受到取证主体、取证环境、取证方式、取证方法等的影响。我在研究的过程中，也发现各国其实对域外言词证据的运用是更加慎重的。所以，在一些国际司法协助条约和双边司法协助条约中，有时会出现跨国的视频作证，当然这种跨国的或远程的视频作证，它有一系列的规则。如果再往下分类，同样是实物证据，还可以分为域外书证、域外物证、域外视听资料、域外电子数据等；同样是言词证据，还包括域外的共犯陈述、域外的证人证言、域外的鉴定意见或者检验意见、域外的专家意见等。以上都代表着境外证据不同的类型。另外，关于“三层次分析法”。首先要看证据特定性原则，然后再按照条约中确定的或者正式司法协助双方已经确定的准据法进行审查，最后按照我国刑事诉讼法的基本价值原则制度进行最后审查。

在这里举几个小案例，比如关于境外书证的一个判决书，它是按照 2012 年《最高人民法院关于适用〈中华人民共和国刑事诉讼法〉的解释》第 405 条进行的审查。另外，在最高检的指导性案例里面，要认真学习和关注的是关于境外电子数据的审查运用的检例第 67 号。检例第 67 号的指导意义，第一是明确对境外实施犯罪的证据应当着重审查合法性；对于取证是基于有关条约、司法协助协定、还是其他的方式，进行了区分和要求；明确要关注委托取得的证据是否完整、交接单等是否一一对应；对当事人及其辩护人、诉讼代理人提供的境外证据材料要审查什么，是否办理了公证认证等进行了说明。第二是电子数据应当重点审查客观性，对于审查的顺序上有一定的指导意义。

我今天讲了取证，讲了审查运用，但是没有讲到我认为比较难的一个问题。这个问题不只是涉及证据法，还涉及实体法的规定与个案的情形。那就是如何通过在案证据，包括境外证据，对全案的事实进行有效的认定？检例第 67 号还有一个指导意义，就是对于跨境犯罪，尤其是电信网络诈骗案件，对案件事实的综合认定要结合信息流和资金流。在检例第 67 号案件中，辩方指出指控的犯罪数额金额不足，没有形成完整证据锁链，不能证明被害人是被告人所骗。检察机关当时的回应是通过信息流加资金流的形式，对在案的证据进行了有效的运用。通过电话卡建立被害人与诈骗犯罪组织间的关联；通过银行卡建立被害人与诈骗犯罪组织间的关联；然后将电话卡和银行卡结合起来认定被害人及诈骗数额。我认为此案例在证据的综合运用上也体现出一定的指导意义。

第四个方面，域外刑事取证的前沿课题。第一，域外刑事取证程序的完善。既包括怎样继续推进针对传统的物证、书证的域外刑事取证程序的完善，同时也需要共同关注关于跨境电子数据取证的国际规则、国内规则的完善。第二，需要建立一种类型化、体系化的，针对境外证据和涉外证据的可采性制度。第三，在信息化和网络化时代，跨境电子取证制度应特别受到关注，包括正在推进中的《联合国打击网络犯罪公约》，其中对于电子数据跨境取证的国际规则的重要探索值得更多的关注和研究。

潘金贵：非常感谢冯俊伟教授就这个问题的分享。关于涉外案件中境外证据如何使用这个问题，从我国的刑事司法实践来看，以前也存在这方面的案件，但近几年更为突出，尤其是在电信网络诈骗愈演愈烈的情况下，这个问题的研究是更具有现实意义的。那么下面就请梁坤教授就这个问题发表高见。

梁坤：今天冯俊伟教授讲的题目恰好是我比较关注的一个话题。我集中谈两点学习体会。第一点，呼吁大家高度关注冯俊伟教授所提到的境外证据的收集和运用的问题。特别让我耳目一新的是，他提到了跨境证据的运用以及刑事司法协助在近些年发展深受欧洲地界的影响。前些年我与冯俊伟教授都在德国的马克斯·普朗克研究所研修过一段时间，虽然没有一同生活、工作，但是我想他应该跟我有一个共同的感受。我们当年所待的地方是德国西南部的弗莱堡，这个地方地处德国西南部，紧靠瑞士和法国，由于我们办理的都是申根签，实际上没有严格的国界区分，有时坐火车就能到达边界，这让我感觉到特别诧异。在一个小镇上，德国到法国之间只有一座桥，没有任何的守卫，无人进行查验。这让我感触很深，也触发我从 2017 年到 2018 年，特别是 2018 年访学时，集中关注的跨境问题。欧洲的国家很小，如果是按照常规的、非常讲究刑事司法协助的制度去运作，去取证，去开展协作的话，欧洲国家一定会崩溃。所以今天这一话题我特别认同，前几年我也在《中国人民公安大学学报》上发过一篇文章，叫做《欧盟跨境快捷电子取证制度的发展动向及其启示》。今天冯俊伟教授进一步启发了我，他以一个更大的视野来关注证据的跨境收集和运用。立足目前中国的刑事诉讼程序，我们可能更加需要关注这个话题，我们现在面临的情况和形势又跟欧洲国家有所不同。欧洲国家由于人员往来、经济往来特别的频繁，所以事实上很多地方已经没有严格意义上的国境，但中国与周边国家之间有严格意义上的国境。所以在探讨跨境证据的收集运用的时候，我国与欧洲国家所面临的形势还是不太相同。但尽管如此，特别是随着网络犯罪的发展，我国需要特别关注跨境证据的收集和运用。

今天讲座有一个副标题，叫作“以电信网络诈骗案件为主要视角”。但是客观来说，今天冯俊伟教授好像没有特别地谈到电信诈骗。其实不管是电信诈骗还是其他类型的网络犯罪，包括跨境赌博，跨境非法集资等，不难发现，很多的案件类型已经呈现出跨境的趋势和特征，所以这是需要我们特别关注的话题。而且除了网络犯罪之外，传统的案件在跨国、跨境方面也发展得很快，特别是疫情后与国外的交流越来越多，相关的跨国、跨境犯罪也会相应地有所增长。

同时还有一点特别需要大家注意，就是现在正在经历《刑事诉讼法》的修订。刚才冯俊伟教授提到了我国涉外刑事诉讼程序的问题，这是我认为需要特别关注的。本次《刑事诉讼法》的修订，我认为一个非常重要的方面就是在刑事诉讼程序中更多地融入涉外因素。其中还涉及正在磋商中的《联合国打击网络犯罪公约》，这种公约体系化地规定了相关的跨境电子取证的条款。这些都是在本次《刑事诉讼法》修订时，可以考虑前瞻性地去融入的一些方面。

第二点，我认为需要以一种类型化的思路来解读冯俊伟教授今天的讲座。在最后的一个小标题中提到了一种类型化的可采性审查方法。首先要区分不同类型的证据，然后根据“三层次分析法”审查。在整个讲座当中，类型化的分析思维是贯穿整个过程的。刚才案例中提到冷冻猪肉的话题，我突发奇想，其实卖猪肉的商户就是类型化开展工作的一个典型例子。因为买猪肉的时候就会发现，在这个摊铺上各种猪肉被分成不同的部位，不同部位所卖的价格是截然不同的。根据生活当中的例子引申到学术研究中，类型化的思路如出一辙。比如，刚才冯俊伟教授提到了三种类型的境外证据的收集和审查的相关问题。第一种是在双多边刑事司法协助的框架之下所进行的跨境取证。我认为跨境取证有三种方式，但是近些年来，我国所经历的规则方面的完善与发展，更多地体现在双多边刑事司法协助框架之下，境外证据的收集和运用规则的完善。包括 2021 年《最高人民法院关于适用〈中华人民共和国刑事诉讼法〉的解释》第 77 条，对于来自境外的证据的审查是没有区分证据类型的，实际上这都是立足于双多边的刑事司法协助。另外，刚才所提到的《人民检察院办理网络犯罪案件规定》第 58 条、第 59 条以及 2021 年《关于办理电信网络诈骗等刑事案件适用法律若干问题的意见（二）》第 14 条，集中规定了当电子数据来自境外时怎样去收集与审查。通过细读，不难发现其中大量的条款是针对移交、保管和移送流程当中的“鉴真”问题。而这样一个过程，绝大多数都来自双多边的刑事司法协助。第二种是异国的侦查机关直接以远程的方式开展电子取证。刚才提到的第一种类型的双多边刑事司法协助，是不限于电子取证的，从起初适用于传统意义上的物证、书证等发展到电子取证。但第二种类型直接取证和第三种类型依托网络服务提供者开展取证，其直接指向于电子数据。所以这三种类型的取证方式直接反映出近些年来刑事司法协助的跨境化，证据来源的境外化。很大程度上反映出电子数据在深刻地影响着，甚至是改造着既有的涉外刑事诉讼程序，特别是依托网络服务提供者开展的取证。冯俊伟教授所提到的《布达佩斯公约第二附加议定书》，其中最大的一个特色或亮点就是强化网络服务提供者对于境外所存储的数据的收集。美国《境外数据合法使用法》也基本相同，但更多地体现出一种长臂管辖的特色。除了用类型化的思路来解读冯俊伟教授所提到的三种取证方式，以及他所导引出的不同类型的证据可采性的讲解外，讲座中提到的权利保障问题，我认为也可以用类型化的思路加以解读。刚才提到权利保障的问题，也提到了一些案例，比如欧洲人权法院2011年的一个案件，其中提到了律师在场权、排除证据的申请权等权利。我个人认为冯俊伟老师的解读更多的是立足于双多边刑事司法协助情况之下去谈权利保障，而没有特别多地延伸到网络犯罪环境、电子取证环境之下的权利保障。

第一种是双多边刑事司法协助框架之下的权利保障。除了律师在场权、排除证据的申请权以外，也涉及传统意义上的物证、书证等背后所指向的财产权等问题。总的来说，这些权利保障更多的是传统案件在双多边的刑事司法协助的背景下所指向的传统意义上的一些权利。但是如果用类型化的思路来观察直接远程跨境取证和依托网络服务提供者开展跨境取证，就会发现传统意义上的权利在这两种类型的电子取证时代背景之下，其背后所指向的一些基本权利的保护可能会发生很大的变化。例如直接远程跨境取证。从国家的层面来说，这直接涉及国家主权能否得到尊重。所以“两高一部”在2016年发布了《关于办理刑事案件收集提取和审查判断电子数据若干问题的规定》。在远程取证有所规范的情况之下，2019年公安部又发布了《公安机关办理刑事案件电子数据取证规则》，对于存储在境外的电子数据的取证进行了相应的方式、方法的限缩。它只规定了对于公开发布的电子数据，以及境内计算机信息系统上的数据，是可以通过网络在线提取的。换言之，如果不是公开的电子数据，但是又存储在境外的计算机信息系统上，那么它就不能由中国的侦查机关直接采取网络在线提取的方式获取。通过这种方式获取的证据不再具有合法性。在这个条款的背后，我们可以直接观察出规则的制定者对国家主权、特别是其他国家的国家主权的关照。除此之外，跨境直接远程取证也涉及个人信息权、数据相关的隐私权的保障问题。从第三种依托网络服务提供者所开展的跨境电子取证来看，不管是《布达佩斯公约第二附加议定书》，还是美国《境外数据合法使用法》，在取证的环节都呈现出一个比较复杂的结构。因为这不仅仅代表国家公权力的侦查机关在向个人进行取证，还加入了另外一个主体，即作为第三方的网络服务提供者。在权利保障方面，除了用户的权利以外，还有网络服务提供者的权利。在分析权利的时候，既要分析国家侦查机关和网络服务提供者之间的关系，也要分析网络服务提供者与服务用户之间的民事法律关系，以及国家侦查机关和终端用户之间的关系。权利分析呈现出一个复杂的三角结构。综上所述，我认为用类型化的思路来解读冯俊伟教授的讲座，相对而言会更为清晰。

最后，特别是对于跨境的电子取证，当然也包括双多边的刑事司法协助程序之下所进行的跨境电子取证，有一个基本的思路，也就是对接权利保障，从而有效地分类，有效地进行类型化的权利保障。在这背后有一个关键词语“数据的分类和分级”。特别是2021年《数据安全法》出台后，数据的分类、分级已经成为数据安全立法的根基。只要把数据分类和分级，再将其有机地融入现有的刑事诉讼程序中，就会发现双多边的刑事司法协助程序，直接的跨境远程取证，以及依托网络服务提供者所开展的跨境取证，在数据分类和分级方面有非常多的反应。而且在未来完善社会刑事司法程序之中，数据的分类、分级也是一个极其需要得到关注的关键词。

潘金贵：梁坤教授的与谈进一步充实了今天所探讨的主题。冯俊伟教授讲座中有两个核心观点获认可：一是要高度关注跨境证据审查运用相关问题，随着犯罪国际化、区域化，深入研究迫在眉睫；二是要用类型化方式解决问题，尤其是复杂的电子数据跨境提取及相关法律、权利保障问题。冯俊伟教授强调权利保障关乎证据合法性，梁坤教授也深入阐释该问题，可见跨境电子证据还有很多问题待深入研究。听完两位教授的见解，下面有请实务部门的任平庭长分享看法。

任平：很高兴能够应邀参与本次讲座。刚才的讲座从跨境取证中对他国主权的尊重，取证中对程序参与人的权利保障以及境外取得证据的可采性几个方面，就境外证据的审查运用做了分享，非常精彩。梁坤教授也谈了两点体会，对我们处理案件很有启发。借此机会，我从审判实践的角度谈谈自己的看法以及实务当中的做法。

程序的规范，权利的保障和刑事案件的侦办、审判之间存在着天然的矛盾。程序越规范，权利保障越充分，打击犯罪就越难。因此需要寻找一个相对合理的点位来平衡权利保障和对犯罪的打击，这是我的一个基本看法。接下来我要谈的是以下几个方面的问题。

第一个方面是证据裁判标准的问题，也就是电信网络诈骗案件的证明标准问题。境外电信网络诈骗案件比普通刑事案件在证据收集方面更难，因此如何有效化解证明的难题，一直是反电诈工作的重要任务。构建一个简易证明的机制，一直是顶层设计的方向。从“两高一部”《关于办理电信网络诈骗等刑事案件适用法律若干问题的意见（一）》《关于办理电信网络诈骗等刑事案件适用法律若干问题的意见（二）》到即将出台的《关于办理跨境电信网络诈骗等刑事案件适用法律若干问题的意见》，一直在如何消减控方的证明负担和扩大非证据证明的两个思路上钻研。在出台《关于办理跨境电信网络诈骗等刑事案件适用法律若干问题的意见》征求意见的过程中，实务中有人提出，这一批案子要办理就需要降低证明标准，要坚持证明标准就是故意为难实务界的办案人员，我认为这种观点是值得商榷的。最高法张军院长一直提到，办理案件要从政治上看，从法治上办。因此不能把政治站位和证据裁判对立起来。讲政治必须要讲证据，讲证据就是最大的讲政治，坚持法律底线是司法人员最大的讲政治。境外的电诈案件可以像毒品案件、职务犯罪案件一样，有不同于普通案件的审查判断标准，但是底线不能突破，证据裁判的基本标准要坚持，不能无限降低，这是第一个观点。

第二个是关于境外证据的收集问题。在办理案件的过程中，中基层法院遇到了很多境外证据的收集问题，我逐一地为各位学者介绍。第一类证据是侦查人员去境外冲击窝点收集的证据。侦查人员在和其他国家签订了司法协作协议或者达成合作的意向后，在当地政府与警方的配合与支持下，我国侦查人员跨境抓捕犯罪人员并收集相关的证据。这一类证据的收集符合我国《国际刑事司法协助法》的相关规定。如果所收集的证据程序合法，便能够作为认定犯罪的证据。需要注意的是，审查起诉机关向法院起诉时，若引用所收集的这类证据，需要同时附有司法协作协议，合作文件以及移交证据等来证实此类证据的程序合法。并按照刚才提到的 2021 年《最高人民法院关于适用〈中华人民共和国刑事诉讼法〉的解释》第 77 条对证据来源、提取人与提取时间、提供人与提供时间予以说明，证明内容的真实性。第二类证据是回流人员带回的证据。在办理相关案件的时候，在我国政策宣传的巨大压力下，有一部分犯罪人员选择了自动回流，自动回流的同时带回了电脑、手机等物证。侦查人员在犯罪人员归案的时候从其电脑和手机中提取了相关的电子证据，或者在其随身物品中查获了与案件有关的信息。这种情况我认为可以适用境内证据收集的相关规定，只要符合我国《刑事诉讼法》和《公安机关办理刑事案件程序规定》，可以作为定案证据使用。第三类证据是相关人员在境外主动回传电子证据或者其他书证，刚才冯俊伟教授也提到了这种情况。这种情况在实践中又有两种情形。第一种是特勤人员在境外犯罪团伙掌握犯罪证据后回传国内。我们认为这种情形需要特勤人员的批准手续附卷，同时证据的真实性还需要有其他证据进行印证，比如被告人的供述。如果只有回传证据，不得认定他人犯罪。第二种情形是犯罪人员基于自首、立功的心理，在境外主动回传电子证据或者其他书证，这种情况较为复杂。这种情形下，首先在需要犯罪人员主动归案后，确认这些证据是由其自己提供的，也就是需要核实这些证据的来源。其次，除了犯罪人员的供述，还要核实这些证据的真实性，也就是说这些证据到底能否采信，还需要其他的证据印证，且印证证据不能是电子证据和书证的提供者的供述，也就是说不能以回传证据的犯罪人的供述来印证，还需要其他同窝点或者同园区的人员的供述来印证。或者根据回传的证据进一步开展侦查工作，收集到其他能够印证这些证据真实性的证据。满足了以上条件，这一类证据是可以采信的。第四类证据是根据行为人提供的用户名和密码，远程提取、勘验、收集的电子证据。这一类证据和接下来要说的采取技侦措施收集的电子证据，即以非正式方式收集的证据，大家对此类证据的看法存在很大的分歧。《公安机关办理刑事案件电子数据取证规则》中对网络在线提取和网络远程勘验作出了规定，但并没有规定计算机信息系统是在境内还是境外。我们认为，如果电子数据控制人以及合法使用人提供的用户名和密码远程登录、勘验，并不违背相关的法律规定，不存在非法取证的问题。但是相关的提取勘验的过程应当符合规定，需要有见证人，并且见证人应当全程在场，应当在提取笔录和勘验笔录上签名。第五类证据就是采取技侦措施收集的电子证据。这一类证据为众多学者所诟病，认为这种证据的合法性非常值得怀疑。但是要看到目前电信诈骗案件的客观情况，此类案件以前只在境内实施，后来在国家的打击之下纷纷转到了境外。要有效地打击犯罪，技侦措施是必不可少的侦查手段。刚才我也提到，打击犯罪与保护权利、保障程序规范之间需要找一个平衡点。按照我国《刑事诉讼法》第150条的规定，对于危害国家安全犯罪、恐怖活动犯罪、黑社会性质组织犯罪以及重大毒品犯罪和其他严重危害社会的犯罪案件，是可以在经过严格的批准手续后采取技侦措施的。电信诈骗犯罪显然是属于严重危害社会的犯罪，采取技侦措施也符合最后使用的原则。如果不采取技侦措施能够收集到证据，侦查机关一般情况下也不会动用技侦措施。但其中需要考虑的是，使用技侦措施时对他国数据主权的侵犯问题，这也是大家非常关注的一个点。实际上数据主权的概念目前在全世界范围内尚未达成明确的共识，而且《刑事诉讼法》也规定了属人管辖的原则。如果经过了严格批准采取了技侦措施，而该计算机信息系统存储的信息不涉及所在国的国家利益和安全。在此种情况下通过技侦措施收集的证据的可采性也是可以考虑的，实践当中也有一些做法。当然，这类证据的合法性在案件办理过程中很容易被辩护律师质疑。所以针对跨境电子诈骗犯罪的取证，如果能够推动制定一部国际公约，探索建立一种在相互尊重主权，同时重视程序参与者的权利保障的基础上，高效便捷地收取证据的机制，实务部门肯定是乐于看见的。但在目前的国际局势下，这样的机制实现可能性非常小。第六类证据是远程收集的证人证言。实务中有很多案件，比如杀羊盘，这种在境外对境外的被害人进行诈骗的案件。在能够查明被害人身份，但是却因为被害人在国外等客观因素限制，无法当面询问的情况下，《关于办理电信网络诈骗等刑事案件适用法律若干问题的意见（一）》《关于办理电信网络诈骗等刑事案件适用法律若干问题的意见（二）》《关于办理跨境电信网络诈骗等刑事案件适用法律若干问题的意见》也作了规定，可以由两名以上的侦查人员通过视频的方式远程进行询问。当然，这种方式的限制较多，比如要当场制作笔录；经被害人核对无误，办案人员需逐页签名确认并注明与询问内容一致；询问、核对笔录和签名的过程要全程同步录音录像；如果有翻译人员参加的，翻译人员也要逐页签名确认。这些证据收集方式在学界的争议可能比较大，但是值得探讨。

第三是关于境外证据的审查、判断和认定的问题。我重点谈一谈电信诈骗案件当中遇到的特别多的一种情况，即无同案人员到案的行为人的犯罪认定问题。在侦办境外电信诈骗案件的过程中，有很大一部分案件是单人单窝点，即只有归案的被告人在该窝点犯罪。若此时被告人作出了有罪供述，还需要哪些证据进行印证？按照《刑事诉讼法》和《刑事诉讼法》解释的有关规定，只有被告人供述，没有其他证据，不能认定被告人有罪并处以刑罚。这是一个基本规定。但如果根据被告人的供述、指认，提取到了隐蔽性很强的物证、书证，并且被告人的供述和其他证明犯罪事实发生的证据能够相互印证，且排除串供、逼供、诱供等可能性的，可以认定被告人有罪。其中必须坚持的底线是被告人供述必须与其他证据相印证，才能定罪。另外，如果行为人能够对自己的犯罪行为作出详细供述，并且根据供述能够查实被害人，还能进一步收集到被害人的陈述与被告人的供述相印证，或者根据供述收集到物证、书证与之印证，也可证明行为人实施了电信网络诈骗犯罪。

还有即使行为人供述非常详细，但是无法查出被害人的一类案件。对于此类案件，要认定被告人犯罪必须特别慎重。第一，要求对行为人的讯问必须全程录音录像，确保有罪供述系客观自愿，能够排除逼供、诱供等可能性。第二，要求行为人的有罪供述必须全面、详尽。要达到如果不是亲身经历、无法供述出相关细节的程度。第三，对行为人的有罪供述，必须有来源不同的证据相佐证。在实务中，还会出现被告人供述后又通过卫星地图对诈骗窝点进行指认，或行为人的亲属、朋友证实，行为人曾提到其本人在境外实施电信诈骗犯罪的情况。这些虽然在一定程度上有印证作用，但是仍然属于同源证据，尚未达到确实、充分的程度，不宜只据此定罪。但若行为人能够稳定供述犯罪窝点，并且对窝点的地理位置、外部环境进行清晰描述，通过卫星云图能够辨认出诈骗窝点，对犯罪地进行指认，其供述和辨认若能与同园区或地区的其他犯罪人员的证言相印证，也可定罪。对于此类单人单窝点的案件，在某些情形上已经最大限度地降低了证明标准。

最后提出一个较为麻烦的问题与各位教授一同探讨，即对于境外非官方政府司法文书的审查认定问题。在审判中曾遇到过如佤邦等没有获得官方认证的政府出具的司法文书，被告人到案过后拿出一份判决书，表示佤邦已经对其犯罪做出了判决，或者拿出一份刑拘逮捕的相关司法文书，表示其已经被佤邦采取了强制措施。此类情形涉及裁判效力的认定，刑期的抵扣，前科的认定。此类文书极不规范，其不是由官方政府或司法机构所出具，部分文书甚至缺失相关机构的公章，是否认定此类文书是一个困难的问题。一味采信，可能存在文书不规范、甚至不真实的情况；但如果不予以采信，又可能对被告人的权利造成侵害。根据《刑法》第 10 条，“凡在中华人民共和国领域外犯罪，依照本法应当负刑事责任的，虽然经过外国审判，仍然可以依照本法追究，但是在外国已经受过刑罚处罚的，可以免除或者减轻处罚”，结合《刑事诉讼法》所规定的“对被告人有利的证据适用盖然性证明标准”，我对此问题的初步想法是，对来源不明，真实性难以核实，但同时又不能排除其真实可能性的非官方政府司法文书，不予以采信，但在量刑上酌情考虑。对于这一想法是否恰当，也请各位专家批评指正。我的发言到此结束，谢谢！

潘金贵：非常感谢任平庭长就审判实践中的一些焦点问题为我们进行了介绍，这恰好也凸显了今天讲座的实践意义。对于这些问题，我相信冯俊伟教授、梁坤教授和我都有一个深刻的感想，那就是搞理论研究的学者与司法实务者关注的问题还是存在差异。有些内容如果不是任平庭长提出，我们可能都不会意识到。西南政法大学证据法学研究中心和西南政法大学刑事辩护高等研究院在大概半个月以前发布了一个征集课题投标的活动，课题之一就是针对缅北诈骗案件的证据问题。这一课题的设立受到了任平庭长的启发。由于该问题研究的实际意义非常突出，我们也邀请各位专家一起参与研究，以期对任平庭长所提出的实践中比较突出的一些问题找到解决方式。我认为，实践中对此类案件的收集、审查、判断，一线的司法实务工作者尤其是法官们，正在寻求一种解决方案，其中很多解决方式很有道理，既符合基本的证据规则，又考虑到了案情的特殊性。我也想借此机会，与各位专家学者对这类案件的证明标准问题进行探讨。对于此类境外案件，公安司法机关在处理时，尤其是法官在裁判时，是否要适当降低证明标准？对于证明标准，从法律意义上来说，标准都是统一的。但针对不同的案件，其特殊性会导致证明标准难以严格统一把握。例如电信网络诈骗案件越来越难办，原因之一就是案件证据数量大，跨地域、跨区县。在这种情况下，很多证据的收集是否能够达到确实充分的排除合理怀疑的标准，这是值得商讨的。我相信这一问题应该也是实务部门的朋友们，特别是律师朋友们很关心的。首先，先听听冯俊伟教授作为主讲嘉宾对这个问题的看法。

冯俊伟：关于证明标准这一问题我之前写过一篇文章，我认为要坚持统一的法定的证明标准。但在不同的案件中，例如故意杀人罪、内幕交易罪等，它的证据分布、证据特点，都具有一定的特殊性。所以法定的证明标准是统一的，但在证明过程中，法定证明标准的实现方式应当关注这类案件证据的特殊性。这是我的基本观点。

潘金贵：俊伟教授曾经就证据分布的问题发表过一篇文章。其中核心观点就是，证明标准是统一的，但是对于标准的理解和把握，在不同的案件中会有所区别。刚才冯俊伟教授提到内幕交易罪，重庆曾有一个案件，仅通过间接证据定案了。案件涉及一家三口，其中儿子是证券从业者，其利用父母的身份信息开了多个账户进行交易。归案后，三人拒不交代相关情况，该案在几乎零口供的情况下定案。

故而，一些案件若都按照所谓的事实清楚，证据确实、充分的证明标准去理解，可能就无法做到整齐划一。例如，在司法实践中，认罪案件与不认罪案件所把握的标准是否相同，死刑案件与非死刑案件，判死刑与判无期、有期的标准有何区别等都是值得思考的问题。

理念上的标准是一元化的，而在实际把握中，在不同类型的案件中如何理解其已经达到一元化标准？例如刚才提到的内幕交易案，没有口供的案件与有口供的案件是存在区别的。根据我国的证据规则，即使没有口供也依然可以认定有罪，认定已经达到证明标准。

梁坤：我的观点与冯俊伟教授的观点没有本质性区别。理论界或实务界对证明标准有一种误区，那就是认为证明标准即所谓的案件事实清楚，证据确实、充分，指的是全案中所有案件事实的构成部分都应该要查得清清楚楚，其实并不如此。正如冯俊伟教授刚才所提到的，有些案件事实的构成部分要考虑证明难度。例如刑事推定的运用，正因为打击犯罪的需要，以及某些事实的组成部分难以用有效的证据进行证明，才出现“推定”这样一种方法。此处我提供一个例证，在境外窝点的取证过程中，由于客观的原因，他国可能不允许我国的警员进入搜查。在这样的情况下，我国警方实际上没有进行参与到取证的实际过程当中。《关于办理电信网络诈骗等刑事案件适用法律若干问题的意见（二）》第 8 条在总结司法实践经验基础上，增加了两种可以依法认定为主观明知的具体情形。2019 年最高法、最高检《关于办理非法利用信息网络、帮助信息网络犯罪活动等刑事案件适用法律若干问题的解释》第 11 条规定了 6 种具体认定主观明知的情形。但随着实践的发展，根据“断卡”行动情况，结合案例综合分析，对于两种相对明确可以认定

“明知”的情形予以规定，即收购、出售、出租单位银行结算账户、非银行支付机构单位支付账户的，以及电信、银行、网络支付等行业从业人员利用履行职责或提供服务便利，非法开办并出售、出租他人手机卡、信用卡、银行账户、非银行支付账户等的，可以认定为《关于办理非法利用信息网络、帮助信息网络犯罪活动等刑事案件适用法律若干问题的解释》第 11 条第 7 项规定的“其他足以认定行为人明知的情形”。《关于办理电信网络诈骗等刑事案件适用法律若干问题的意见（二）》第 8 条第 2 款所规定的两种可以适用“推定”的情形，实际上是降低了证明的要求。

潘金贵：因为客观原因限制，对此类情形，相关司法解释给了法官、检察官裁量的权力。其中有个问题，也是刚才反复强调的标准问题。标准是统一的，但在不同的案件中，如何来评估这一标准，是值得考虑的。例如电信诈骗案件的证据证明标准，若按照国内的普通刑事犯罪的标准去严格要求可能是不现实的。每一个案件或每一类案件都有不同之处，在不同之处的基础上形成的对案件的定罪其实是一种内心判断。在这种情况下，若法律允许进行综合判断，那么尽管证据某一链条不存在，或某一个问题无法得到印证，但满足内心确信，实际上就达到了排除合理怀疑的标准。排除合理怀疑的标准其实是在尊重法官裁量权的基础上对法官心证的标准，这是无法机械比较的。所以我认为证明标准从立法和理论上并不主张降低，若主张降低标准，基层司法机关可能就会乱套。另外，从尊重法官裁量权的角度来讲，标准的把握并不妨害标准本身，即在综合全案的情况下，即使证据缺少某一环，只要达到法官的内心确信，依然可以认为已经达到了法定的证明标准。

吴国章：从立法的规范来看，并不存在证明标准降低的问题。我的观点与前两位教授的观点是一样的，这仅仅是证明方法的转变。因为传统的证明方法就是印证，而境外案件的证明方法因为取证手段问题以及客观不能问题，不能按照传统的印证法来进行证明。境外案件可能要采取其他的证明方法，例如推定、综合认定、最佳解释推理、自由心证、抽样证明等，而证明方法的改变不等同于证明标准的改变。当然，实务中一些法官可能会降低证明标准，但在立法上不存在这一问题，只不过是证明方法的多元化发展。

潘金贵：我非常赞同，刚才吴国章主任的观点。实际上标准没有降低，只是方法多元化。对于如何达到这一标准，可以运用更多的规则。例如刚才所提到的抽样取证的问题，采用抽样取证的方式就意味着很多事情没有查清，但由于案件的特殊性，只能采取这种相对合理的办法来达到所认为的能够证明的事实。在此基础上，如果我们认为抽样取证的程序是基本规范的，结论是科学的，那么就可以将其查明的事实视为全案事实，并在此基础上进行裁判，由此便可以视为已经达到法定的证明标准。同时，对于“综合认定”是不是一个证明方法，这也是可以探讨的。总的来说，我们可以吸收新的司法解释所带来的证明方式的革新。通过刚才任平庭长的发言可以看到，在司法实践中还是比较强调印证这一方法，但实际上这类案件的印证会有很大的难度。虽然印证这一方法是受到支持的，但现在主流观点比较反对机械的印证。

吴国章：日本、德国等国家，对待境外证据的可采性，即境外证据的证据能力其实是放宽的，但是对其证明力是严格把关的。这就可以回应刚才任平庭长提到的对于非官方出具的司法文书如何认定的问题。我认为若按照“真实性要严格把关”的这一原则来评价此类证据材料的话，其证明能力可以适当放宽，但其证明力要严格把关。故而，对于可能不真实的证据不予采信这一做法，符合目前世界对境外证据普遍奉行的“证据能力适当放宽，证明力严格把关”原则。

接下来我再谈一谈对于今天讲座的几点体会。首先，目前我国立法对刑事境外证据的规范存在一些问题，例如刚才所提到的 2021 年《最高人民法院关于适用〈中华人民共和国刑事诉讼法〉的解释》第 77 条，这一条款中提到，第一，此条款对境外证据可采信的审查适用绝对本国法审查规则。条款提出，即使是来源于境外的证据，也要运用我国对证据的三性标准来进行审查，这其中就存在一些问题。境外证据是委托被请求国进行调查取证的，若委托美国警方，按照美国法来调查取证，对证人证言不制作笔录，美国警方只对整个过程作出一份报告移交我国警方。此时如果用我国法律来评价此类证据的可采性就会出现问题。再例如日本福冈灭门案，日本委托我国警方作调查笔录，要求告知犯罪嫌疑人具有沉默权，但我国警方没有告知其具有这一权利，故而这一调查笔录的可采性就存在问题。但事后，上述案件涉及的证据的可采性都受到请求国家的认可，因为请求国认为此类证据不能严格按照国内标准进行评价。但目前我国中适用绝对本国法审查规则是存在问题的。第二，第77条中规定了境外证据的特定性原则，因为对从境外取得的证据材料的用途可能是有特别约定的，有的证据禁止在法庭上公开，对于此类证据如何运用，实务中采取转化适用的方法。例如警方在读完证据后，根据自己的理解作出一份报告。我国目前对于绝对的特定性原则的例外适用、转化适用，没有相关法律规定。第三，第77条提到私人主体提供的证据比公权力主体提供的证据的标准更加严格。控方向法庭提供的证据可以不经过公证与双认证，但辩方向法庭提供的证据要经过公证与双认证，这是非常困难的，违背了平等原则，也违背了我国已加入并已经生效的《取消外国公文书认证要求的公约》。所以对于本次《刑事诉讼法》的修改，我建议对这三个问题进行考虑。

另外，谈谈我国立法上境外取证手段的一些变化。在2016年“两高一部”《关于办理刑事案件收集提取和审查判断电子数据若干问题的规定》中，我认为其规定了无限的单边取证。只要证据储存于境外，国内的司法机关、侦查机关就可以直接远程取证，在国内进行单边取证，不受任何的约束，也没有对境外电子证据做类型化处理，我将其称为无限的单边取证。这其实是有问题的。因为这样的做法违背了我国一直主张的数据主权。在2018年《国际刑事司法协助法》出台以后，进入第二个阶段，我将其称为有限的单边取证。《国际刑事司法协助法》中规定，我国境内的任何机关、单位或个人没有经过主管部门批准，不得向境外司法机关提供证据。根据对等原则，也不能在没有收到批准的情况下提取他国证据。2019年公安部出台了《公安机关办理刑事案件电子数据取证规则》，对单边取证的范围进行了限缩。此前是对所有的数据类型皆可提取，限缩后为可以对公开的数据和经过授权的数据进行在线提取。第三个阶段是最高检2021年发布的《人民检察院办理网络犯罪案件规定》，以及第67号指导性案例，其中最高检主张双边、多边合作取证，对单边取证进一步作了限制。

关于电子证据，包括境外电子证据的审查问题，此前一般都是以真实性审查为主。近几年，尤其在最高检第67号指导性案例公布后，更多地向全过程合法性审查的方向转变，以此保证境外证据的真实性。只有境外证据的真实性来源能够查清，才可以作为定案的依据。我将其归纳为“体系化的合法性审查”。一是取证程序的合法性，其中包含五个维度：第一，来源的合法性。证据取证程序有5条途径，比如说双边条约，国际合约，警务合作等，此外没有其他途径。但在实际办理很多案件的过程中，存在境外电子证据没有任何的移交凭证，司法实务部门“以鉴代真”的情况。第二，请求程序的合法性。《国际刑事司法协助法》出台以后，办案机关需要逐层向上级请求。但实际上，例如东北边境的一些城市，它直接请求俄罗斯边境的一些城市，即双方城市之间直接请求。在《国际刑事司法协助法》出台以后，这样的请求是违法的。第三，基于人权保障的取证程序的合法性。例如技侦手段与远程跨境取证相混淆。技侦手段属于强制性的侦查措施，远程勘验属于任意性的侦查措施。技侦手段要符合比例原则，有严格的法律规定。但在实务中常将两者相混淆，损害当事人的合法权益。第四，基于技术规范的程序合法性。电子取证是一个科学规范的取证过程，若违背了这个流程，可能导致电子证据失真。但是实务中很多跨境取证并没有遵守相关技术流程规范，例如没有见证人见证，没有出具持有人签字等，此时证据的真实性无法保证。第五，移交程序合法性。无论是人员回流移交、境外警务人员移交，还是我国警务人员去境外调查取证，其中都涉及移交程序的问题。在一个案件中，境外警务人员移交的证据清单里没有U盘，但在向法庭展示的证据中有一个U盘，U盘内容都是来源境外的金额交易的证据，辩方对移交程序的合法性提出了异议，这就影响了关键证据的真实性。二是取证手段的合法性，其中包含国内法与国际法两个维度。境外证据不仅仅涉及我国刑事诉讼法，还涉及国际法。从国内法的视角来看，取证手段的合法性中最大的问题就是将技术侦查纳入了远程勘验。即有的行为实际是技术侦查，用远程勘验进行文字表达。从国家主权视角来看，取证手段的合法性中涉及在线提取和远程勘验问题。对于在线提取，目前我国公安部发布的《公安机关办理刑事案件电子数据取证规则》与《布达佩斯网络犯罪公约》的规定基本一致。如果是公开的数据，不管从权益视角还是从国家安全来考虑，基本上不涉及个人隐私和国家数据的主权问题，对于此类数据可以单边取证。对于远程勘验，公安部规定要经过授权数据主体，包括网络服务提供商的授权，而对于如何取得授权就存在问题。按照《布达佩斯网络犯罪公约》的规定，授权有两个标准，即同意与自愿，不能通过刑讯逼供等方式获得。对于同意的自愿性、合法性问题，有的侦查机关通过技术手段调取账号、密码后再登录，远程进行勘验，这就有违授权的合法性和自愿性。三是技术侦查的合法性。采用技术侦查手段特别是黑客技术，在一定的范围内，比如数据不明时是可以使用的，但是一旦数据被查明，黑客技术就不能使用。但在实务中很多黑客技术可能会涉及侵犯他国主权的问题。对于经侵犯他国主权获取的境外证据，作为辩护律师能否以侵犯他国主权为由提出证据排除？我认为是可以的。虽然没有侵犯当事人的合法权益，但我国主张尊重他国主权，特别是数据主权，如果这方面实务中没有落实，是与我国主张相违背的。

潘金贵：吴国章主任对跨境证据如何进行审查，尤其是合法性审查，阐述了非常有建设性的一些看法，也可以看出吴国章主任对这个问题有相当深入的研究。今天的讲座就到此结束，感谢冯俊伟教授、梁坤教授，任平庭长，以及吴国章主任的参与，也感谢所有旁听的朋友们。

05

庭审实质化与证据调查

主讲人：万　毅　四川大学法学院教授、博士生导师，成都理工大学司法研究院院长

主持人：潘金贵　西南政法大学法学院教授、博士生导师，西南政法大学刑事辩护高等研究院执行院长，西南政法大学证据法学研究中心主任

嘉　宾：艾　明　西南政法大学法学院教授、博士生导师

蒋　林　重庆市第一中级人民法院刑二庭庭长

陈　宁　河南韬涵律师事务所主任、河南省律师协会经济犯罪法律专业委员会主任

时　间：2024年6月17日

地　点：北大法宝直播间

潘金贵：各位老师、同学、线上的朋友，我们全国青年证据法学者在线系列讲座第一季第二讲现在正式开讲。本次讲座很荣幸邀请到了四川大学法学院的万毅教授，就庭审实质化与证据调查这个专题跟大家进行交流。

现在由于认罪认罚从宽制度的推行，90%的案件到最后以认罪认罚的相关程序来解决，大家对庭审实质化的改革到底是否还有意义存在比较大的争议，尤其是辩护律师的意见比较大，这也是非常值得探讨的一个问题。

今天我们还邀请到了三位与谈的嘉宾，第一位是西南政法大学法学院艾明教授。第二位是重庆市第一中级人民法院刑二庭庭长蒋林。第三位是河南韬涵律师事务所主任陈宁律师。下面有请万毅教授就今天的主题与大家分享。

万毅：今天学术报告的题目是庭审实质化与证据调查。首先我想阐释一下为什么选这个专题。庭审实质化改革最缺乏也最重要的一个内容，就是证

据调查程序的实质化问题。所谓实质化，在改革中主要就是指证据调查程序的实质化。所以说从改革和实务的角度来讲，推动、推进证据调查程序的实质化，也就是助力庭审实质化改革。选择这样一个题目，主要还是在响应和支持以审判为中心的诉讼制度改革，这是诉讼法发展变革的大方向和大趋势。

今天主要结合这个主题谈三个方面的内容。第一个部分是庭前程序改革中的问题。因为大家都知道庭审实质化是一个成本比较高的改革，需要控辩审三方都投入比较多的时间精力，所以说并不是所有的案件都能或者都需要做这种改革。为了保证把最充分的资源用到最需要的地方，庭前程序的分流功能很重要。也就是说，实质化的庭审程序主要要用来解决那些争议较大的焦点性问题，那么怎么去确保庭审的争点和焦点，就要依赖庭前程序的过滤功能。我们《刑事诉讼法》里规定的庭前会议，它的实质是庭前准备程序。那么它能不能够发挥刚才我们讲到的过滤功能，就关系到庭审实质化改革能不能真正有效地推动和实现。在当前司法实务和改革的过程中，我们也碰到了一些理论和实务方面的难题，我主要讲两个问题，一是庭前程序能不能"排非"的问题，二是庭前程序中证据整理的合法性问题。第二个部分我想讨论一下庭审证据的调查问题，也聚焦于几个点：一是物证和书证等实物证据的调查方法问题，以及在当前改革中碰到的一些难题；二是人证的出庭作证问题。第三个部分想谈一谈延伸的两个问题：一是检察官角色的转变和庭审实战技能的强化问题；二是辩护律师在应对庭审实质化改革的过程中，需要在角色认知、庭审的实战技能方面作一些调整。

第一个部分，先谈一谈庭前会议的问题。庭前会议的实质是庭前准备程序。按照《刑事诉讼法》的规定，庭前会议的功能被定为三个方面：第一个是解决程序性事项，第二个是整理争点，第三个是组织证据开示。

庭前会议能不能够进行"排非"，这是我们在前期改革中遇到的，也是一直没能很好地解决的问题。因为"排非"一直是焦点问题，但是究竟怎么"排非"？"排非"程序究竟该如何设置？究竟应当在庭审的哪一个环节进行"排非"？实践中尝试了不同的做法，但效果似乎都不是很理想。原因在于采用前面的多种"排非"程序，都容易出现庭审"跑题"的问题。比如，改革一开始也尝试过先行调查原则，在法庭调查程序一开始就先针对"排非"问题来展开调查。但是在改革中，我们遇到了一些困难，主要是实务部门的同志反映，这种先行调查模式非常影响庭审效果。原来是审判被告人的庭审程序，结果现在演变成了审判警察、审判检察官。庭审原本是在审判被告，通过审判被告的罪责来教化民众，现在变成去审查调查、侦查人员的责任，似乎影响到了庭审教育效果的发挥。

在改革中也尝试了其他的模式，比如说把“排非”放到整个法庭调查的最后来进行等，但是似乎效果都并不好。最高法“三项规程”的出台，明确了对于“排非”问题奉行所谓的“两步走模式”，就是在庭前会议中，控辩双方可以进行合意“排非”，对于双方能够对合法性问题达成合意的证据，可以从举证目录里面拿掉，这叫合意“排非”。如果达不成合意，按照“三项规程”的规定，仍然需要留在庭审中去解决。所以说从整体的效果上讲，最高法的“三项规程”并没能从根本上解决所谓的“排非”程序设置问题。其实在改革的过程中，从最高法到地方实行改革的法院，也都曾经考虑过在庭前会议中来进行实质“排非”。既然在庭审中进行“排非”似乎影响庭审效果，那么能不能够把“排非”问题放到庭前会议中去解决？但在我们国家的实务中，卡在了传统的质证观念上。在很多人看来，庭前会议不能够弱化庭审，更不能够取代庭审，而且“排非”又被认为属于传统的质证范畴。如果在庭前会议中去实施排非，按照传统的质证理念，就会认为这属于在庭前会议中进行证据调查，是弱化庭审、取代庭审。所以当时也囿于这个观念，没有办法在实务中去坚持和推行这一“排非”模式。

对于这个问题，我的观点是比较明确的。我建议在庭前会议中去排除非法证据。第一，庭前会议中“排非”必须解决一个前提性问题——证据的合法性调查到底属不属于质证的范畴？按照传统的证据学理论，证据的真实性、关联性、合法性都被看作是质证的范畴。而且对于证据的三性，强调要放到正式的庭审程序中来进行调查。我对于这个观点持商榷的态度，因为我主张把证据的三性分成证据的形式和内容两个层面来理解，而证据的三性并不是一个具有内在统一性的理论。具体而言，证据的合法性是属于证据的形式层面的问题，而证据的真实性和关联性都属于证据的内容层面的问题。也就是说从证据本身的要素出发，证据的合法性问题、真实性和关联性问题不属于同一个逻辑层面。因而，所谓的证据合法性本来就不应该与证据的真实性和关联性一同进行所谓的平行式调查。在我看来，所谓的质证或者证据调查，它的本意应当是指对证据的内容，也就是对证据的真实性和关联性进行调查，并不包括对证据的形式，也就是证据的合法性的审查。以这样一个观念和理论作为前提，我主张可以在庭前会议中“排非”，做一种递进式证据调查程序的设计，在庭前会议中解决证据的资格，也就是证据的合法性问题。只有合法的证据方能进入庭审程序之中，而到了正式的庭审中，就只解决证据的内容问题，也就是证据的真实性和关联性问题。也就是说建立从证据准入到证据评价的递进式调查程序，在庭前会议中去解决证据的准入资格问题。经过了庭前会议中的合法性调查以后，进入庭审质证环节，通过质证程序来解决证据的评价问题。质证其实是在解决证据能够在多大程度上证明案件事实的评价问题。如果按照这个模式来解决“排非”的程序设计问题，它最大的好处就是可以避免所谓“排非”程序影响庭审效果。同时，构建这种递进式的调查模式，能够比较好地厘清证据调查的基本思路和基本程序，使得证据调查的重点更为集中和突出。

第二，庭前会议中证据整理的合法性问题。实质化的庭审一定是焦点审、争点审，那就要求庭前会议一定要充分地发挥过滤功能。过滤功能一般指的是通过组织双方证据来对争点来进行梳理。但是随着《人民法院办理刑事案件庭前会议规程（试行）》的出台，实务中出现了一个新的做法，叫证据整理。按照《人民法院办理刑事案件庭前会议规程（试行）》的规定，庭前会议中对于控辩双方决定在庭审中出示的证据，人民法院可以组织展示有关证据，听取控辩双方对在案证据的意见，梳理存在争议的证据。根据这个条款，法官在庭前会议中可以听取控辩双方对在案证据的意见，并梳理存在争议的证据。但问题在于这个条款是个授权性规定，授权法官可以在庭前会议梳理证据。但是什么叫梳理，相关的司法解释缺乏明确的界定，以至于在理论和实务中存在着比较大的争议。具体而言，从实务中的做法来看，当前法官的证据整理活动类型比较多样化。对于证据的种类，我国法律有明文规定，实务中必须严格地对应法定的证据种类来进行举证。所以说在庭前会议中，法官可能就要对证据的种类进行梳理，因为在司法实务中有些证据的名称、形式可能与法定的证据种类不一致。比如说酒驾案中血液酒精含量的检测报告、车辆检验报告等，这些是否在法定的八种证据种类之列？到底应该按照什么类型的证据来举证和质证？用什么样的方法来进行质证？法官在庭前会议中可能就需要进行梳理，比如明确车辆检验报告属于鉴定意见，要求按照鉴定意见来进行举证和质证，这是一种。第二种要梳理证据的形式，还有要梳理证据的来源。物证必须保证来源的客观性、真实性，而在实务中，很多案件中会出现物证的来源性不够，使得物证来源的真实性、客观性存疑，这种情况下法官可能就要梳理，可能就要通知检察官补证。还有，要对证据的证明对象和内容进行初步梳理和明确。再比如，梳理人证出庭名单、谁先出庭谁后出庭，可能需要法官听取控辩双方的意见。

从实务来看，法官在庭前会议中会进行一些证据的整理活动，但是这种证据的整理活动在外观上确实与质证活动有些类似。因此有观点反对这种证据整理的实务操作，认为证据整理在实务中已经演变成小庭审，有混淆庭审质证的嫌疑。比如，反对意见认为法官在证据展示后听取控辩双方发表意见，无异于法官在组织双方发表质证意见、进行证据答辩，跟庭审环节里面的质证已经没有什么本质区别。再比如，他们认为法官在庭前会议中对证据种类和证据形式的整理事实上是在对证据的合法性进行调查，与庭审中的证据合法性调查也没有什么本质区别。反对意见还认为法官在庭前会议中只能够为庭审的证据调查做程序上的准备，一旦涉及证据的三性问题，就应当留在庭审中再去解决和处理。

对于这个问题，我的观点是不可能对庭前会议中法官的证据整理活动完全加以否定。因为按照庭前会议和实质化庭审的关系来讲，越是实质化的庭审，就越需要在庭前会议中进行整理和过滤性的审查活动，这个也是难以避免的。越是要想提高庭审的效率，就越是要提升庭审的针对性。所以说对于所谓的庭前证据整理活动，我认为要肯定它的合法性，但是对它的合法性限度要加以明确。我归结为三句话：第一，证据整理只能表态而不能进行论证；第二，证据整理只能补漏而不能辨真；第三，证据整理只能说明而不能证明。主要是要明确法官在庭前证据整理活动中的限度问题，比如说在一起故意杀人案中，控方在庭前会议中展示了一把凶刀，并说明该凶刀是本案的杀人凶器，意思就是说这个物证是用来证明被告人有持刀杀人事实的，至此即可。这就是说明，而不是证明。对于物证，辩方可以发表意见，但仅限于表态，就是可以表明有无异议，而不要去论证为什么。这样做是便于法官在听取双方意见之后，归纳证据的争点，有异议的就可以把它列为争点之一。此外，法官如果在庭前会议中发现物证并没有附有现场勘验笔录，属于来源不明的证据，客观性和真实性可能存疑，法官可以要求检察官去补证，这就是只能补漏。但是对于这个凶刀到底是不是被告人所有，是不是现场勘验中所提取的，就是物证同一性问题，在庭前会议的证据整理环节中不解决。

那么对比来看，这个案件如果在庭审调查程序中该怎么做？比如，控方要用菜刀来证明被告人杀人，首先就需要证明这把凶刀是从杀人现场所提取的，为此控方需要出示并宣读现场勘验笔录、提取笔录，要证明物证同一性。证明了物证的来源，才能够完成举证活动，也就是需要证明而不是说明。再比如，要证明这把菜刀上同时有被害人血迹和被告人的指纹，控方可能还需要出示提取笔录和鉴定意见，并申请鉴定人出庭作证。那就是在做证明，而不是简单说明。因为需要用提取笔录、鉴定意见来保证指纹来源的真实性、客观性，同时也要用鉴定意见来展示它与案件事实的关联性，这都是涉及证据的证明力问题，都是在做证明而不是做说明等。在庭前会议的证据整理环节中，问题的关键不是禁止法官这样做，而是应该为证据整理活动划定一个界限。只要是表态而不论证，是补漏而不辨真，是说明而不证明，那么我们都认为这样的证据整理活动是合法的，而且是有益于庭审实质化改革的。

第二个部分，谈谈庭审证据调查环节在改革中碰到的一些问题。庭审的证据调查是庭审实质化改革的重中之重，前面我们讲过了，庭审实质化的本质就是证据调查的实质化，而证据调查的实质化就是严格证明，就是要按照法定的方法与法定的程序来调查每一类、每一个有争议的证据。无争议的证据或者事实不是说就不调查，而是可以简化处理。按照我的认知和我之前的提法，其实庭审中的证据调查要解决四条证据锁链的问题。第一条证据锁链用来证明案件的真实性，就是证明案件是真实发生的。比如说在司法实务中，不管是检察环节的审查，还是法院环节的审判，包括法庭调查程序里法官的调查活动，都要去审查和判断案发的自然与否。案发自然与否其实就是在做案件的真实性的审查，避免出现假案。第二条证据锁链是验明正身，就是被告人同一性问题。不能在审判中出现替身犯、冒名顶替之人。所以我们会看到在庭审一开始法官会查明被告人的身份情况，这其实也是一种调查。

只不过按照我们中国的庭审设置，它放在法庭开庭之前由法官依职权来进行，我们传统的说法是验明正身，其实就是查明被告人的身份。第三条证据锁链是物证的证据锁链。为了保证物证的来源客观性和真实性，我们要有一条它的保管锁链，来证明物证的真实性和同一性问题。因为物证现在被誉为是"证据之王"，它的证明力很强。但是物证要发挥它的证明价值和证明作用，必须以其来源的客观性和真实性作为前提和基础。第四条证据锁链也就是法庭调查的核心，就是现在理论上和实务中大家都知道的定罪证据锁链。整个法庭调查就是围绕着定罪证据锁链能不能够闭环来进行的。从这四条证据锁链的内容来看，其实认定一个案件事实需要围绕着相关的各类证据，进行非常严格的证明活动。从当前庭审实质化改革的实务做法和经验来看，当前有几个问题比较突出，也存在着一定争议性。

第一个问题是物证、书证的调查方式，也就是所谓实物证据的调查方式。对于物证和书证，按照证据的原理，它的法定法庭调查方法应该是勘验。这里的勘验不是侦查阶段作为笔录的证据勘验，它是指法官要通过五官去感知这个实物。比如，检察官当庭出示了一把凶刀，那么法官就要通过眼睛去观察，必要的时候还会放到手里掂量掂量，通过这种五官的感知去了解凶刀的长短尺寸等。这种通过五官去感知实物、了解实物的构造或者外观形状的调查方式就是勘验。反过来讲，如果案件存在着物证和书证，控方就要当庭出示物证和书证，以便法庭来进行勘验。当前的问题主要是改革中实物证据的出示做得不是特别好，原因有很多方面。其中一个很重要的原因是电子卷宗制度改革的消极影响，现在很多地方在推行电子举证，就是信息化的举证。检方在起诉的同时，把卷宗里面的证据，包括物证、书证、证人证言笔录等都扫描成电子图片，出庭的时候就借助于法庭的多媒体系统来向法庭展示，而不再直接出示实物证据本身。这种改革当然能够带来法庭活动的便利性，但是确实会冲击物证、书证这种实物证据的法定调查方式。在一个盗转抢的案件中，一个小区保安的证词是构成被告人盗转抢的关键性证据。按照保安的说法，被告人在小区里面偷电瓶车以后，在想开出这个小区的大门口时被保安拦住，结果被告人从夹克里面掏出了一把折叠弹簧刀，威胁保安说如果不让开就捅死他。那么这个刀到底是不是管制刀具、法庭上所出示的这把刀到底是不是被告人的，这些问题在后面的庭审中存在争议。在庭审中辩护律师有点生气，他说："我在阅卷的时候，你们给我看照片，今天庭审你们还是给我放这把刀的图片，我从头到尾就没有见过这把所谓的凶器，现在甚至怀疑有没有这把刀。"这属于个案，但是也说明一个问题，就是对于实物证据，原本的法庭调查方式应该是当庭展示并进行勘验，结果现在因为改革就没有办法按照法定的方式来进行调查，都是只展示电子图片。这种改革导向跟庭审实质化改革导向之间会不会有矛盾，都是值得我们去进一步研讨的。

第二个问题是笔录类证据的调查问题。笔录类证据在实务中一般都是比作书证、按照当庭宣读的方式来进行调查的。实务中目前这种做法是有待完善的。原因在于，从证据学的学理来讲，笔录类证据本质上应当是一种人证。对于人证，它的法定调查方法应该是证人出庭接受询问，而不是当庭宣读它的内容。其实这一点在相关的司法解释中都已经有所明确，我认为目前的问题是实务操作面上没有把这些规定落实好。比如说在《人民检察院刑事诉讼规则》第 413 条中明确规定："对于搜查、查封、扣押、冻结、勘验、检查、辨认、侦查实验等活动中形成的笔录存在争议，需要调查人员、侦查人员以及上述活动的见证人出庭陈述有关情况的，公诉人可以建议合议庭通知其出庭。"对于相关的笔录类证据的法庭调查而言，通知制作笔录，证人出庭作证，是有司法解释作为依据的。那么按照刚才我谈到的庭审实质化改革的价值导向来说，也是需要通知他们来出庭作证。目前实务中的做法还停留在过去的观念，这个是在今后的改革中要特别注意的。对于这种笔录类证据的本质，学界尚有争议。因为在我们国家，笔录类证据被列为法定的证据种类之一，它是一种单列的证据种类。但是从证据学理上来讲，它仍然应当归属于人证的范畴，因为所谓的笔录也是这些侦查人员、调查人员对侦查过程进行的一种书面表述，其实仍然应当用言词证据的方式来呈现。同时，域外的法治国家对于这种笔录类证据，都要求制作笔录的调查人员和侦查人员出庭陈述以验证。首先要通过出庭陈述来表明确实是相关人员制作的笔录，而且这份笔录是对侦查过程的客观记载或者表述。这是一个验真问题，前面我们讲的物证的同一性其实也是一个验真的问题。同一性是关联性的前提，验真是它发挥证明力的前提。笔录类证据其实也是如此，不能因为它是官方记录的，就简单推定或认定它是真的。所以说从证据的学理类型上来讲，笔录类证据仍然应当作为人证来进行调查，而不是按照书证来进行调查，这是第二个问题。

第三个问题是关于人证的调查问题。人证的调查问题是庭审实质化改革，也是证据调查程序改革中最复杂的问题，是争议最多的问题，我分几个小点来展开。

第一个小点是人证调查的顺序问题。由于现行《刑事诉讼法》并没有对八种证据种类的调查顺序作规定，当然也不可能事无巨细地由《刑事诉讼法》来规定。那么在实务中比较流行的一个观点就是《刑事诉讼法》对八种证据的列举顺序，是不是就代表着是法庭调查中人证的调查顺序。除此以外，实务中更为常见的一个习惯做法是对证据进行分组调查。按照八种证据种类，先对本案的全案证据进行一个分类，比如把物证分成一组，然后集中向法庭出示，又把人证编成一组，然后挨个由法庭通知出庭来进行陈述。这种分组的调查模式就是按照法定的证据种类来对全案证据进行一个初步的分类，然后按照我们讲的不同种类的证据集中出示的原则，批量性地向法庭来进行举证、质证，这也是实务中常见的，是更多检察官习惯性采用的一种调查模式。在今天实质化改革的过程中，法院也尝试了各种不同的人证调查顺序，比如说有的地方尝试过所谓的先行调查原则，就是法庭调查一开始就让证人出庭作证，然后轮到鉴定人，然后是有专门知识的人等。原因是很多法院认为调查人证比较费时耗力，在法庭调查环节之初就把人证通知来进行调查，法官有充沛的精力可以充分地应对人证调查费时耗力的问题。当然也有法院不同意这种做法，因为每个人证的证明对象可能不一样，每个人证的作证内容可能也不一样。法官在没有接触其他证据类型之前，先来接触这个人证，可能庭审快结束时也抓不到这个案件的主要线索，反倒会降低庭审的效率和庭审的质量。所以，另外一个做法就是把人证调查放到最后，把其他证据放到审判之初去解决，把这些稳定性强、客观形成的证据调查完了以后，最后再来解决人证调查问题。所以改革之后对于人证的调查顺序问题，司法实务界也尝试了多种做法，但是效果都不是很好。我觉得案情调查模式是比较符合庭审实务的，即根据案情的发展顺序和证明案情的进程，依次出示和调查证据，而不去刻意强调何种证据先后。在这种调查模式中，人证既没有集中也没有强行分组，而是根据案情的发展顺序和证明案情的进程来分别出示和调查。从法律上面来讲，我认为这种案情发展模式之所以具有合理性，是因为法庭举证活动的目的是说服法官支持举证方所主张的事实。因此证据调查的顺序应当要有利于法庭查明案情，形成心证。在推行庭审实质化改革的大背景下，举证方按照案情的发展顺序和证明案情的进程来举证，将全部的证据演绎为案件事实，便于法官更精准地掌握案情，使得证明对象具有同一性的多个证据可以先后接续出示。这就导致一个事实争点上往往有多个不同种类的证据可以相互印证，有利于法庭及时查明事实，从而提高了质证的针对性和有效性。

当然，案件的类型非常多样，并不是说用同一个人证的调查顺序模式，就可以“包治百病”。要在实务中根据不同的案件类型，采用不同的人证的调查顺序。但还是有一些基本的、共识性的举证逻辑可以借鉴，也可以作为一种基本的原则予以遵循。我在前面的讨论的基础之上，提出控辩双方在法庭上的基本举证逻辑。第一条逻辑是对证据重新进行分类，我主张把证据，尤其是在庭审调查活动中准备要展示的证据分成事前证据、事中证据和事后证据，这个证据分类的方法主要想解决证据的举证顺序问题。对于检察官和被告人来讲，可以把证据按照三段来进行举证和出示，比如说关于作案动机、双方通谋的证据等，都属于事前证据；事中证据就是犯罪行为发生或者没有发生的过程性的证据，包括具体的时间、地点、场所等；然后再举证事后证据，就是犯罪行为到底引发的哪些后果？有什么样的一些社会影响等，这些可能影响到定罪量刑的，我都把它归入事后证据来予以举证，由此形成一种基本的逻辑，就是事前证据、事中证据和事后证据。第二个逻辑叫作先客观证据再主观证据，就是在法庭调查的过程中，我们虽然不刻意地去强调人证到底是先于客观证据而出示、还是后于客观证据而出示。但是从更便于法官调查事实的角度来讲，控辩双方在法庭调查一开始就先出示客观证据，尤其是物证，再出示人证，可能更符合人对客观事实的一种认知习惯。因为相对于人证而言，实物证据的稳定性、客观性都比较强。对于法官的心证来说，其影响是非常具体具象且强烈的。在出示完物证之后，通过人证的陈述，把之前出示的多个实物证据串联起来，可能更有助于法官去认识和了解整个事实，更有利于控辩双方去说服法官，从而完成他们的庭审证明活动。当然我还要反复强调，这是原则，实务中可能要根据不同的案件类型来设计最有效果的、最能够影响和说服法官的举证策略。人证的举证先后顺序最好是在法官主持下由控辩双方在庭前会议中达成一致意见，庭审中控辩双方都不得随意变更或者替代，这是出于保证庭审有序进行的需要。

第二个小点是关于证人的调查模式问题，也就是我们讲的方法问题。

首先，目前在庭审实质化改革的过程中所采用的人证调查模式并不是交叉询问，关于我们国家为什么没有采用交叉询问制度，主要是我国诉讼的程序结构有其差异性。具体而言有三。其一，我国《刑事诉讼法》规定的证人都是法庭的证人，不区分控方证人与辩方证人，就没有办法使用交叉询问，所以其前提不存在。其二，询问证人的程序设计不限于一问一答式。按照《刑事诉讼法》的规定，在实务中询问证人可以采取陈述式与一问一答式，也可以采用两者相结合的模式。而我们知道，要进行交叉询问，就只能采用一问一答式，陈述事实的方式没有办法接受交叉询问，所以在程序设置上也不符合。其三，交叉询问完全依赖于控辩双方，也就是依靠检察官跟辩方律师的诉讼职权来进行，但是我们国家属于职权审判程序，《刑事诉讼法》明文规定，法官可以依职权调查取证，法官要参与法庭调查，那交叉询问也就很难使用。

但是总体上而言，目前在刑事司法改革的过程中，我们所奉行的人证调查模式，可以概括为轮替询问。轮替询问的人证调查模式有三个特点。其一，在人证的调查环节，按照庭前会议中三方商定的人证出庭顺序来通知出庭，并且由申请该人证出庭的一方先询问，然后由另一方询问，进行一个轮替询问，循环往复。审判长征求控辩双方意见，如果没有新问题就终结这一轮的询问。如果认为有问题，审判长也可以直接向人证发问。这并非控辩双方通知出庭的人证，而是法庭通知出庭的人证，都由审判长先问，控辩双方有问题的可接续轮替发问。控辩双方都申请出庭的证人由控方先问，其中有一个基本的规则，即传者优先。其二，轮替询问并不刻意区分主询问和反询问，凡是询问中涉及诱导性发问或其他不当询问，对方都可以行使异议权，反对是否有效由审判长审查决定。审判长认为控辩双方的发问涉及不当询问的，也可以依职权主动制止，或者提示证人对这个问题可以不予回答。这样的询问方式，其实比较依赖控辩双方的诉讼技巧。何时打断对方的发问？打断的理由是什么？会不会得到法庭的支持？这些都需要控辩双方有比较丰富的经验。在改革的初期，因为刚刚建立规则，大家都不是很熟悉，庭审中一度因为双方行使反对权而陷入混乱，整个庭审闹闹哄哄的。到了改革的中后期，由于经验的积累和这种技巧的熟练，庭审的有序性明显得到改善。其三，轮替询问中也包括了对质的问题，被害人认为人证的陈述内容有问题的，经审判长许可也可以直接向人证发问，这就是所谓的对质。由于我国没有建立英美式的交叉询问规则，所以说适用交叉询问中的诱导式询问规则的适用领域、适用前提和适用方法也跟英美国家不一样。按照相关司法解释的规定，我们所谓的诱导性询问规则的禁止，其实只是向证人发问时应当禁止的几项内容。除了不得以诱导方式来发问之外，按照最高法的解释，还必须遵循以下三项规则，第一，发问的内容应当与本案事实有关，不能就无关的问题发问；第二，不得威胁证人；第三，不得损害证人的人格尊严，当然也包括不得以诱导方式来发问。由于我们并没有适用交叉询问规则，所以诱导式询问的禁止性规定是适用于双方的，不管是主询问还是反询问，都要禁止以诱导方式发问。按照最高法研究室关于《刑事诉讼法》司法解释出台的说明，其中专门提到这一点，说目前还不宜直接作出规定，需要在实务里去总结经验，还不能够匆忙地按照英美当事人交叉询问的方式来运作。

第三个小点，是关于人证的质证的几个问题，这也是在改革中暴露出来的。

第一，对于证人的出庭陈述内容需不需要质证。这一点在改革的过程中意见不一致，形成了两种做法。一种做法是在有的庭审中，审判长在证人出庭陈述以后，没有组织各方对证人的作证内容进行质证。其理由就是证人出庭是对卷内已有证据的补充或者说明，比如说他们认为证人出庭是对鉴定意见进行说明，作用是帮助法庭来判断鉴定意见是否可采，而鉴定人所做的陈述也不是一个独立的证据，出庭证人的证言通常也是书面证言的陈述，出庭的目的只不过是通过出庭来证实书面证言的真实性。因此这一派的观点就认为实务中只需要对卷内的证据进行质证即可，而不需要对出庭人证的言词内容质证。但在改革的过程中，也有更多的法官认为需要对出庭证人的陈述内容进行质证。其理由是出庭证人的作证内容具有独立性和证据属性，是一个单独的证据。而且仅仅通过对证人发问，并不能够完整准确表达各方发问的意图，需要在发问结束后对证人的陈述内容专门发表评判意见，这个评判意见就是质证意见。这两种观点哪一种有道理？我认为出现证人的陈述内容不需要质证的观点是对质证概念的一种误读。证人出庭陈述并接受双方的轮替询问，就是在对证人进行质证。至于要不要组织双方来专门对发问结果发表评判意见，其实是在法庭调查环节要不要设置一个专门的发表质证意见环节的问题，而不是要不要质证的问题。把发表总体性的质证评判意见等同于质证是一个错误的观念。在明确双方焦点的问题上，改革中都在法庭调查中设置了所谓的“小质证意见”环节，允许控辩双方在每一个证人出庭陈述、接受询问完毕之后，由发问的控辩双方来对发问的内容作一个简短的质证意见。但是不能把两者等同起来，要从观念上面把它们界定清楚。前面第一种观点所反映出的证据观，要进行批判。第一种观点把出庭作证的人证当作是对案卷内已有笔录的一种补充说明，否定了出庭人证的独立证据资格和地位，这显然是对证据概念和我们国家质证制度的一个重大误解。因为案件的证据，比如书面证言，是一个独立的证据类型，也是一个独立的证据。证人出庭后当庭所作的陈述也是一个独立的证据，两者都属于法定证据种类，属于证人证言的范畴。同理，鉴定人出具的书面意见是一个独立证据，鉴定人出庭后所作的陈述也是一个独立的证据，两者都属于鉴定意见的范畴。不能够认为证人出庭陈述的是卷宗内书面证言的附属品，这种证据观是一种错误的证据观，这个是我们要批判的。第一种观念为什么在改革的中后期就逐渐被抛弃？是因为其没有理解庭审实质化改革的目的。庭审实质化改革的目的之一便是要实现书面审理向开庭审理的转型，防止法官在庭审中使用证据的替代品。比如在审判程序中，用书面的证言来替代证人出庭作证。庭审实质化改革就是要反对这种做法，要用证据即原件去否定替代品。就是要强化司法的亲历性，要强调法官作为裁判者，必须直接接触证据源，而不能够大量地使用证据的替代品，这是实质化改革的基本目的。

第二，是关于证人出庭陈述以后，案卷中的证人证言笔录还要不要当庭出示并宣读？对于这一点，在改革的过程中也有一些控审双方的争议。其原因是在改革的初期，有的检察官要求在证人出庭作证之后，还要向法庭当庭宣读证人证言笔录。有的法庭就不建议检察官这样做，说既然证人都出庭来作了陈述，那就没有必要再宣读他的书面证言笔录。对于这个问题，我们从两个方面来讲：其一，我国现行《刑事诉讼法》并没有确立传闻证据排除法则，因此要求证人出庭来作证，并不意味着就否定了在侦查阶段形成的证人证言笔录的证据资格，而完全以庭审证言来作为定案依据。实际上，在证人出庭作证的背景下，案卷中的证人证言笔录仍然具有证据资格，查证属实的仍然可以作为定案根据，这是一个前提和原则。但是从改革的发展方向来说，由于证人已经出庭作证，因此如果证人出庭后所作陈述与笔录中的内容一致，那么在法庭上就确实没有必要再宣读证人证言笔录。其二，如果证人出庭后当庭翻证的，则应坚持对证人证言进行连续性审查，控辩双方可以将庭前证人证言笔录作为“弹劾证据”来使用，用以质疑证人翻证的合理性。比如证人出庭后陈述与前述书面证言不一致，检察官可将书面证言中不一致的地方当庭读与证人听，让其作出解释。那么一个相关问题紧随而来——对于证人出庭后翻证或陈述不一致的，庭前书面证言和当庭陈述，法庭如何采信？按照“两高二部”《关于办理死刑案件审查判断证据若干问题的规定》第 15 条第 2 款的规定：“证人在法庭上的证言与其庭前证言相互矛盾，如果证人当庭能够对其翻证作出合理解释，并有相关证据印证的，应当采信庭审证言。”换言之，采用翻证后的当庭证言，还是采用庭前书面证言，关键是看当庭的翻证有无合理性，能否作出合理解释，以及要综合全案证据判断到底是庭前书面证言有其他证据印证，还是当庭陈述有其他证据印证，故而这是一个需要综合审查判断的问题。

第三，证人出庭作证，能否由证人的录音录像替代？在实务界，始终有一种观点认为，证人的出庭作证，包括证人的出庭陈述，该制度设计虽好，但成本高。尤其是考虑到中国的案件量大，国家幅员辽阔，如果刑事案件都要人证出庭作证，司法成本过高。故而结合信息化发展的趋势，有观点提出，能否在庭前制作证人录音录像，到时当庭播放？相较于证人的出庭作证，此种方式的成本更低。对于这个问题，我有两个观点。第一个观点，原则上不应当允许。从证据学的角度来讲，之所以强调人证必须出庭作证，是因为人证本身是一个综合性证据，法庭不仅要倾听人证出庭后讲了什么，还要通过现场观察人证在法庭陈述时的表情和姿态，来辅助判断人证陈述内容的真实性、客观性。这就是古人所谓的“师听五辞”“五声听狱讼”的原理所在。但是如果人证不出庭，仅仅以庭前录像的方式进行代替，就达不到上述的效果。更为重要和关键的是，人证不出庭，就意味着被告人无法与人证进行对质，而对质不仅是被告人的基本防御权，更是查明案件事实的重要手段。第二个观点，例外情况下可以考虑允许。实务中有一些特殊情况，例如：其一，证人作为被告人的近亲属，依法享有拒绝出庭作证的权利。在这种情况下，因为其本身就享有拒绝出庭作证权，用录像来代替便不失为一个办法。其二，有多名证人的证明对象具有同一性时，部分证人必须到庭，而其余的部分证人可以选择录像作证；其三，被告人如果明确表示放弃对质权的，也可以考虑用录像方式来作证；其四，有其他客观原因导致证人无法到庭的，在必要时也可以允许用录像来代替。综上，对于此问题，原则上不应当允许，但例外情况下可以考虑。

第四，关于警察出庭陈述的身份地位，以及相关的规则应如何设置的问题。其一，警察到底应不应当站在证人席上？换而言之，警察出庭的地位到底是什么？其二，警察出庭应不应当着制服？其三，警察是否应当接受被告人发问（对质）？这几个问题都关系到在庭审实质化改革的过程中，侦查人员出庭后的地位身份以及相关的一些调查规则问题。首先，根据目前《刑事诉讼法》的明文表述，侦查人员出庭，其并不是证人。按照目前实务中的做法，将其称为情况说明人。所以在庭审实质化改革的过程中，有的法院在遇到需要侦查人员出庭陈述的情况，不会把侦查人员安排在证人席上，而是在证人席的旁边设置情况说明人席。其已经意识到了侦查人员出庭的诉讼身份并不是证人，对于这一点，《刑事诉讼法》的规定是比较明确的。但是这一观点在证据学的学理上经不起推敲，因为出庭说明情况的侦查人员与其他出庭陈述的人证之间并无本质区别，仍然是在法庭上作言词陈述，辅助法庭查明案件的各种事实，在其所发挥的作用、功能以及行为方式、诉讼地位上，与证人无异。从学理上来讲，侦查人员应当是证人的诉讼地位。法庭上诉讼角色的诉讼地位是有限的，不能任意增加席位，在证人席旁增设情况说明人席位的行为显得非常不严肃。其实其诉讼地位、诉讼功能、诉讼角色都与证人无异，应该将其作为证人对待。其次，关于警察应不应当或者允不允许着制服出庭陈述，我认为不应当。侦查人员出庭陈述不应当佩戴任何足以标明其身份的配饰，其身份仅为人证，只能进行出庭陈述，帮助法庭查明案件真相。再次，关于出庭说明情况的警察是不是被告人的问题，这是学理上较有争议的一个话题。有学者认为，例如在“排非”调查程序中，侦查人员出庭就证据收集的合法性说明情况，其就是“排非”调查程序的被告人，因为其属于提供非法证据的嫌疑人。我认为不能这样去理解。因为“排非”调查程序仅仅只是审判程序中的一个特殊的证据调查环节，并非“审判中的审判”，不构成一个新的审判程序，因此不能简单地把警察视为是所谓的“审判中的审判”程序的被告人。故对于学界所提到的“审判中的审判”，我认为是值得商榷的。另外，对于侦查人员出庭陈述后要不要接受发问的问题，实务中出现过争议。因为在有的案件中，经侦查人员出庭陈述后，被告人认为侦查人员的陈述存在问题，向审判长举手示意，想向侦查人员发问，侦查人员拒不接受。其理由是，侦查人员仅向法庭陈述，不同于证人可以接受被告人的发问。“两高一部”《关于办理刑事案件严格排除非法证据若干问题的规定》第 31 条规定：“侦查人员出庭……并就相关情况接受发问，对发问方式不当或与证据收集的合法性无关的，法庭应当制止。”此处所谓的“接受发问”，是指接受检察官的发问？辩方律师的发问？还是包括被告人也有权向侦查人员发问？这一规定并不明确。实务中有时也采取一种间接的方式，避免被告人与出庭的侦查人员之间产生直接的对立。因此审判长会告知被告人，若有问题想询问侦查人员，可以把问题转告律师或法庭，由律师或法庭提问，其目的和用意在于缓和双方对立的关系。当侦查人员出庭陈述，若其具备证人的地位，且证词对被告不利时，被告人当然可以通过发问的方式与其进行对质。例如，关于是否对被告人刑讯逼供的问题，可以进行当面对质，这属于对质权的范围。从证据法的原理上讲，这种对质应当是得到允许的。最后，对于庭审实质化改革中证据调查部分的对质，“两高”都有司法解释进行规定，但规定的内涵不完全一致。《最高人民法院关于适用〈中华人民共和国刑事诉讼法〉的解释》第 269 条规定的是一种狭义的对质，即同案被告人之间的对质。而按照最高检《人民检察院刑事诉讼规则》的规定，对质是广义的对质，包括同案被告人之间的对质，被告人与证人的对质，被害人与被告人的对质。在中国的司法实务和庭审实质化改革的过程中，更多的是由法院依职权根据案件的具体情况来判定案件到底允不允许对质，从广义还是狭义的层面上展开对质，即对质权的启动方式是职权式的。控辩双方可以进行申请，但是否同意，决定权仍然在法官手中。这种程序启动的模式，我认为值得在下一步的改革中进行优化。因为对质既是庭审中查明案件事实的重要手段，更是被告人的基本诉讼权利。对于这种基本的诉讼权利，从法理上来讲，只要被告人申请，法官原则上都应当同意并且予以保障。所以从对质权是被告人的基本诉讼权利的角度来讲，庭审中只要提出申请，要求对质，除非有法定的例外情形，审判长原则上都应当同意。但若对质可能导致案件信息的泄露或串供等特殊情况，也可以对对质的方式进行一些限制。这是我对庭审中证据调查部分几个重点问题的初步研讨。

第三个部分，庭审实质化改革对控辩双方的影响。

第一，改革对于检察官的角色和观念的转变可能会起到比较重要的推动作用。至少有两个方面：其一，对于公诉技能，传统公诉人的庭审技能比较强调宣读和辩论。过去由于庭审虚化，本来应该实质化的证据调查，演变成检察官在庭上对案卷材料的大量宣读。例如，本应该出庭陈述并接受询问的证人没有出庭，变为检察官宣读。包括法庭辩论，过去比较强调出庭公诉人的语言能力、宣读能力、演讲能力和辩论能力，这是默读式庭审的特点，它采用卷宗中心主义，以书面证据替代品的宣读作为一种主要的法庭调查模式，故而强调公诉方面的相应技能。但是庭审实质化改革以后，证据调查的实质化，尤其是人证要出庭作证或陈述，对于检察官来讲，人证调查的能力变得非常重要，这会成为衡量一名公诉人能力和经验非常重要的实战技能标准。其二，要去反思检察官的办案方式。庭审实质化改革对中国的刑事诉讼和刑事司法而言是一种革命性的变革，其根基在于要推动司法官办案方式的转变，即一定要按照司法官应有的模式进行办案。司法官应有的办案模式是直接接触证据源，要用程序化的调查方式来解决证据的举证、质证和认证问题。改革要求法官必须回到法庭上，通过实质化的证据调查程序来解决案件事实认定问题检察官的庭前角色也要重新认识，要求检察官的行权符合司法权的要求，按照司法官的标准来行权和办案。对于审查批准逮捕，审查起诉应该具有一种更加类似于审判的诉讼化权力构造和程序设计。

第二，对于辩护律师角色和技能的启示也体现在两个方面。其一，提醒刑辩律师们要理性地认识庭审实质化改革焦点审、争点审的功能，避免证据突袭。在庭审实质化改革的过程中，有个别案件，在庭前会议对争点进行整理、组织双方对证据进行开示的过程中，某些辩护律师不太配合。对于辩护律师而言，可能更希望把关键性证据放到正式的庭审中，在法庭调查环节出示打算进行证据突袭，来追求所谓的庭审效果。但庭审实质化改革得以全面推行的前提，一定是程序分流之下的焦点审、争点审。对抗性越强的庭审，其庭审焦点越突出、争点越明确。要使案件的庭审实质化焦点和争点都很突出，有赖于控辩审三方在庭前会议中的紧密合作与信任。若希望通过证据突袭去追求戏剧化的庭审效果，其实与庭审制度化改革并不匹配。庭审实质化改革的庭审效果与效益，体现在高效率、高质量地展开证据调查，而不是靠证据突袭。故而，辩护律师在庭前会议的证据开示环节里，对于三方的配合应该秉持理性的司法协作态度。其二，庭审实质化改革意味着刑事庭审的结构重心从此发生重大的转移。过去人证不出庭，完全靠宣读证人证笔录作为替代，庭审的重心在辩论上。但庭审实质化改革以后，庭审的结构重心已经由法庭辩论转向法庭调查。法庭调查成为决定案件事实结果最重要的阶段。对于辩护律师而言，应当集中精力于庭审的证据调查阶段，要意识到庭审阶段重心转移的现实，避免在法庭辩论环节中进行“表演式”辩护，而是要下苦功、下死功夫在庭审的证据调查环节中。

艾明：我觉得证据调查是法庭调查最重要的环节。首先，域外法治国家都对证据调查有一个基本的定位，我们国家应该也要对它有一个基本的定位，就是证据调查它应该发挥什么样的作用。我认为它至少要发挥三个方面的作用。一是要保障准确认定案件事实；二是保障人权；三是保障达到一定的诉讼效率。每个法治国家在对证据调查功能进行设计的时候都离不开这三点，而且为了这三个功能的实现，还设计了一些具体的小制度来进行支撑。比如，在保障准确认定案件事实方面，最重要的制度就是防止以证据的替代品来进行调查，这个是万毅教授刚才特别提到的，证据调查不能以证据的替代品来进行，如果这样做，就不能保障事实真相的查明。为了贯彻这个原则，国外制定了很多制度，比如直接言词原则，还有证据法当中的传闻证据规则，不能把先前的笔录当然地作为法庭调查的对象，先前的笔录原则上不具有这个证据能力，不能够进入法庭调查，这是第一个制度。第二个制度就是证据调查不完备的时候，很多国家和地区都设立了相应的法律后果。可能万毅教授忽视了一点，比如说很多国家都规定，如果在证据调查的过程当中，有一些证据应调查而没有调查或者调查不充分，当然地应撤销原判发回重审，正是有了这个制度，所以才可以保证利用庭审证据调查来准确查明案件事实。

其次，就是人权保障。证据调查并不是针对所有的证据，现在法治国家的一个基本理念就是禁止不计真实、不计代价、不择手段的证据调查。证据调查有一些证据调查的禁止性规定，比如把没有证据能力的证据预先筛除证据调查的环节。此外，法官的证据调查是一种基本权利干预行为，因此有一些调查行为可能在禁止之列，比如德国的自主性证据调查禁止就是涉及这一点。即使是某些合法取得的证据，由于法官在证据调查的时候可能会再一次干预相关人的权利，那也有可能会禁止在证据调查当中调查该证据，这涉及人权保障的目的。

最后，就是要贯彻诉讼效率。很多国家在证据调查的时候，为了要贯彻诉讼效率，给法官设立了一个机制，叫证据调查异议。如果是显然没有必要、没有关联的证据，赋予控辩双方证据调查的异议权，这个法官也有职权裁量。不能让所有的证据都涌入证据调查当中，导致庭审程序失控。从我们国家的角度来看，至少在这三个方面都还有所缺陷。第一，比如说在防止证据替代品方面，我们的直接言词审理原则贯彻得并不是很到位。另外，也没有传闻证据规则，导致大量的证据替代品进入证据调查当中，妨碍了庭审实质化。所以万毅教授虽然提到了要掌握一定证据调查的技术，但是如果这些技术离开了良好制度，它发挥的作用可能并不是很好。我们国家现在就处在这样的一个阶段，基本的制度还没有建立好，这个时候再去追求一些很好的技术，可能就是缘木求鱼了。第二，我国没有明确证据调查不完备的时候，是否产生一定的法律后果，比如二审可不可以撤销原判发回重审，有些国家是可以的，从原判发回重审。第三，在诉讼效率保障方面，我国的证据调查异议权制度还没有有效建立。控方有时候可以出示大量的证据，但是这些证据是不是都有必要出示，是不是重复出示，有没有通过证据调查异议的方式筛选出一部分证据，从而确保诉讼效率得到提高，可能都还要做进一步的考虑。所以我觉得今天万毅教授主要是集中讲了庭审调查的第一个作用，也就是保障准确认定案件事实，重点讲证据替代品，以及在此基础之上如何进一步地发挥我们证据调查的技术，推进庭审实质化，他做了一些相应的思考，但这个思考还有待拓展和完善。我刚才讲到的证据调查，它实际上还有不同的功能，比如人权保障的功能、诉讼效率提升的功能，而在这些方面我们还需要大量的证据调查机制和制度进行支撑。

潘金贵：艾明教授认为证据调查不仅仅有查明案件事实真相的功能，同时也有人权保障和诉讼效率方面的考量。从广义上来说，肯定有这方面的功能保障需求。但是，我认为根本上来讲，它主要还是为了查明案件事实真相。比如，保障对质权肯定有人权保障的作用，而且法庭调查的诉讼效率相对来说在某种意义上应该与庭审效果成反比。如果法庭调查时间拖得越长，调查得越细，是否显得效率就更低了？但是反过来说，像我们现在很多案件的法庭调查、集中举证、综合举证速度很快，看起来效率高，但是实际上它对于查明案件事实真相的保障程度实际上是降低了。有请蒋林庭长来谈一谈。

蒋林：针对今天晚上的讲座，我想从两个方面说说意见，第一个就是实务中关于庭审实质化推进过程当中的一些困惑；第二个就是针对讲座的内容谈一点补充、两点商榷。

关于庭审实质化现在的推进情况，业界都有一个共同的感觉，就是不理想。在审判工作当中大家都觉得改革要求很明确，学界的呼声很高，而实务部门在推进上总是乏力，这种现象是客观的，原因也是多方面的。主观方面，比如说涉及一些观念的转变问题，能力适应的问题等，而客观方面也有很多无奈，有一些问题确确实实是解决起来比较困难的。比如现在的实务当中常见的并案审理模式，尤其是一些大案要案，案涉被告人众多、金额巨大、案涉罪名众多，在庭审实质化推进过程中几乎是强人所难，谁也没有这种能力，经过十天、一个月或者三个月的庭审，就在法庭上把这个案件弄明白。再比如说，现在的法庭审理过程中的举证与质证，现在举证的方式大概有两种，一种是一证一举一质，另一种方式是一组证据举示，一组证据质证。实际上这两种举证的方式各有优劣，那么在庭审实质化推进的过程中，我们究竟需要的是什么？按照万毅教授的制度设计，在庭前会议中，我们需要对这些问题进行梳理，然后大家达成共识，对一些双方争议大的证据进行重点调查，一证一举一质。对于争议不大的一些证据，再通过一组一举一质。这里面就有一个问题，任何一个证据在刑事诉讼过程中都不是单独存在的，它一定和在案的其他证据相互关联，单单就一个证据提出来进行质证的时候，对于证据之间的印证关系的论证，它需要通过其他证据的举示来进行完善，所以这样也导致庭审的证据举示存在一定的障碍。再有就是现在的法庭质证，我发现实际上整个操作是非常不规范的，有的律师一上来就对全案证据全盘否认。一个案件的证据全部是非法的，在我们的诉讼过程中是很少见的。对于质证权这样的应用，很显然这不是一种有效的质证，还有一些质证纠缠于一些细节。如一份笔录写的是看见他拿的是一把刀，另一份笔录写的是拿的是一把菜刀。有些律师纠结于他究竟是拿着刀还是菜刀，这对案件事实认定本身很难产生实际的质证效果。因此在整个庭审质证的过程当中，这样的一些无效行为对于法庭的证据调查也会产生消极的作用，这是一方面。另一方面，就是现在整个刑事诉讼过程中，关于证据不足、指控罪名不能成立的法律规定被虚置。大家有兴趣的可以去查一查类似的判例究竟有多少，这种判例还是在我们的补充调查制度的存在之下，发现证据不足了，进行补充调查了，有补充调查的证据来补强了，依然不能达到证明标准，这种情况下的判例究竟有多少？事实上，经过一次庭审，在指控证据的全面展示之后，法庭形成了相应的判断，很难再作出证据不足、指控罪名不能成立的判断，这也导致庭审实质化的过程中，庭审成了一个展示问题而不是证明犯罪的场所。当问题展示以后，想方设法去补救，在一定程度上影响了庭审实质化的推进。当然还有一些其他的原因，比如说人案矛盾尖锐的问题。所以艾明教授谈到了诉讼效率的问题，这个是非常重要的一个问题。综上，庭审实质化的推进还依赖于理论研究的进一步推进、制度的进一步完善以及相关的客观问题的进一步解决。这是第一个实务方面的困难和障碍。

第二个方面，针对万毅教授的讲座，我谈一点补充和两个方面的商榷。一个补充是针对万毅教授在最后的改革过程当中谈到了对控辩双方的影响，不知道是出于什么原因，庭审实质化对于法官的影响他没有谈。我个人认为庭审实质化的推进，法官在这个过程当中会起到非常重要的作用。这个作用两方面的，如果法官愿意积极推进，那么这一项制度的前景会好。如果法官始终处于一种消极对抗的状态，那么这个制度的推进会障碍重重。事实上法官目前对于这一项制度的推进并不那么积极，原因也是多方面的，比如说观念的问题，还比如说人案矛盾的问题，还有一个重要的原因是对于我们能力的不自信。法官习惯于通过案卷的审查来判断案件事实，对庭审实质化的推进也有一种错误认识，即庭审实质化的推进与卷宗主义是矛盾的。对这一点我不认同。我觉得在主持庭审推进庭审之前，针对案卷材料进行全面的审查，带着问题上法庭反而有利于推进庭审实质化，有利于案件事实的查清，有利于引导双方发表相应的观点。所以卷宗主义与庭审实质化的推进，这中间并不矛盾。而针对法官的不自信，我想法官还是需要在实务当中不断地锤炼、提高自己以下几方面的能力。其一，组织庭审的能力。组织庭审并不是说把控辩双方召集到一起，把被告人传到法庭。事实上，相应的工作实际上是非常多的，包括通知证人到庭，还包括在庭审过程中如何对控辩双方以及被告人等诉讼参与人的行为进行指挥，这些都是组织庭审的能力。其二，是倾听和提炼的能力。在现在的庭审过程中，某一方发言超过一个小时甚至更长时间，这样的现象非常普遍。如果说法官在倾听的过程中精力不集中，或者说在倾听的过程中不注意去总结提炼控辩双方的主要观点和主要论点。那么在随后在驾驭庭审时，尤其在对争点进行归纳的过程中，必然会导致无的放矢。其三，突发情况的处理能力。有的法官针对法庭上的突发情况，处理时畏手畏脚，不知道如何行使自己的权力。其四，规范表达的能力。有一些诉讼参与人在法庭上与法官直接对抗，有一部分原因是法官在庭审过程中的表达不规范，让人感觉到整个法庭的审理带有一定的倾向性，从而引起双方的不满。其五，法官主持法庭的决断能力。决断能力非常重要。针对控辩双方提出的抗议，以及法庭审理过程中某些问题是否已经表达清楚，法官要及时作出判断。这种决断能力在主持庭审的过程中，对法庭正常秩序的维护以及诉讼效率的提高尤为重要。这是我的一点补充。

两点商榷，一个是针对万毅教授提出的庭审实质化中的焦点审核、争点审核这样一个观点，我个人持保留态度。我认为庭审实质化同样需要突出重点，但是它一定是建立在全面的基础上的重点突出。因为对案件进行全面审查是我国刑事诉讼的基本要求，同时很多案件的真相往往隐藏于细节当中。如果我们关注于焦点和争点，而忽略一些细节，有可能会导致案件的最终判断出现偏差。我们曾经在一个案件中通过被告人庭审讯问笔录的一句话发现了一个重要的量刑情节——被告人自首。警察问了被告人一句："你今天到派出所来干什么？"在一审乃至二审过程中，控辩双方都没有注意到这点，就这样小的一个细节，最终影响到这个案件的裁判。所以，针对这样一些庭审实质化，我个人还是强调要在全面的基础上突出重点。这是第一个方面的商榷。

第二个方面的商榷就是刚才万毅教授谈到的，证据可以分为事前、事中、事后证据。这种分法有它的合理性，但是我个人持一种审慎的态度，因为这样的举证方式很容易破坏证据的完整性。举一个简单的例子，被告人的同案犯已经先行判决，在我们这个案件的审理过程当中，一个同案犯参与了事前的预谋，事中的共同实施行为，事后的分赃、商量如何潜逃甚至串供等一系列行为。是不是意味着这样一个证人的证言就需要分成三段来比较？如果是这个意思的话，那么证据的完整性可能就会受到实质的影响，不利于质证的展开，不利于诉讼效率的提高。这个观点可能会由于我理解上的错误而存在一些问题。

潘金贵：下面就请河南韬涵律师事务所的主任陈宁律师就相关的问题谈一谈自己的高见。

陈宁：今天万毅教授向我们展示了他眼中的庭审实质化需要一个设计精细的流程来解决很多实践中的难题，而且提出来的关于举证质证的一些思考，比如先客观证据再主观证据认证的调查顺序等，这是我们平常会思考，但是在现实的司法审判过程中很少能够真正运用的。我今天晚上想要特别延伸一下刚才艾明教授和蒋庭长提到的一些问题，就我自己所经历过的刑事案件谈一下我的看法，也非常希望能得到各位老师的批评和指点。

我觉得《刑事诉讼法》包括最高法的“三项规程”，对于法庭调查程序的设计，就像我们的刑法分则一样，基本上是以单案为基本范本的。但是恰恰在实践中出现比较多问题的是共同犯罪案件和关联犯罪案件，并案处理或分案处理所导致的质证权虚置问题，以及共同犯罪案件的法庭调查程序中出现的审判合议庭程序设计合理性的问题。由于这一部分在法律条文中很难找到直接的法律依据，当辩护律师发现这样的庭审设计不够合理的时候，也无法用直接的依据来进行反对。

我提一下自己经办的一些案件，大家都知道河南这两年经历了很多农商行的系列案件，这种大型的串案、窝案，通常情况下都会由公安厅来集中指定管辖，那么它必然会导致程序的不同步。其中大量的共同犯罪案件都分开进行了立案，程序不同步就必然导致后期的分案审理不是一并起诉和分案起诉，而是在侦查环节就已经把一些共同犯罪给区分开了，所以导致到后期有些问题非常难以解决。共犯被分案审理使得质证不充分，甚至会发生判决之间存在剧烈冲突的问题。举两个我自己办过的简单的案件。在一个农商行违法发放贷款的案件中，董事长和总经理都是同一起案件里的嫌疑人，但是分案处理了。案情是一家农商行要在另外一家银行存入一笔钱，这叫作银行间的同业存放。该农商行的董事长签批了这笔同业存放之后，总经理带着公章到了存放银行，和他们私下又签订了一个委托投资协议，拿这笔钱投资购买了一家信托公司的单一资金信托计划，然后通过这家信托公司向他们的最终目标客户发放了一笔贷款。该案件在分案处理以后，董事长被指控涉嫌违法发放贷款，而总经理被指控涉嫌挪用资金。但显然，如果认为这是共同犯罪，两个人的定性是不应该发生分歧的，这是第一个例子。另外一个例子，同样的一批贷款，由于分案处理，银行工作人员被认定为违法发放贷款，理由是明知用款方使用了空壳公司，并且虚构了贷款用途，仍然给用款方发放贷款。但是用款方企业被认定为贷款诈骗罪，说他使用了大量的空壳公司，虚构贷款用途，骗取了银行的信任发放贷款，所以这样的分案处理导致的结果非常严重。我们在法院审理过程中也特别提醒，一定要防止同案或者有共犯关系的这些判决存在严重的冲突。当然，还有刚才蒋庭长提到的一些共同犯罪中主犯未决而从犯先判的情况，这在我办过的案件里边也不少出现。虽然说我们在《最高人民法院关于适用〈中华人民共和国刑事诉讼法〉的解释》第220条和第269条法庭调查规程里对并案起诉或者分案处理的案件中如何保障被告人的质证权都作了一些规定。但是如果说一个案件从一开始在公安机关的立案管辖上已经分开处理，那么后期我们再谈技术性的问题，都是无源之水。所以我觉得应该特别关注如何来解决这种将共同犯罪案件分案管辖所导致的庭审判决冲突以及质证不充分的问题。

第二个问题是在共同犯罪案件中的法庭调查程序正当性问题。最近几年，特别是一些敏感的涉黑涉恶案件的出现带来了大量我们从来没有遇到过的情况，这牵涉到司法解释中所谓的集中审理概念究竟该怎么理解？曾经我们在一起涉恶案件的观摩庭里面看到，审判长在发问环节先问了几位认罪认罚的从犯，法庭的发问在设计上能否用这种方式来分化打击？只要有认罪认罚的，先用这些人来进行开篇，肯定会影响到整体的辩护气氛。同样的道理，在另外一起涉黑案件里，我们的辩护人提出了排除非法证据的申请。在庭前会议开展过程中，本来是要等待将被告人带到法庭上来参与庭前会议的，审判长一看有律师提出了“排非”的申请，马上宣布说律师可以参加今天的庭前会议，但是这个案件的“排非”申请会单独审理，律师不清楚发生了什么状况，就继续参与了庭前会议，结果后来才发现是因为已经把当事人带到法庭外边，但是合议庭担心有律师申请排除非法证据可能会“带节奏”，所以决定单独审理。于是把这个已经带到法庭的被告人又带回去了，并换了一个时间，在其他被告人和辩护人都不在场的情况下，单独开了一个“排非”的会议。因此，虽然在庭前会议规程中提到过，庭前会议开始之后，主持人应当核实参会人员情况，如果有多名被告人参加庭前会议，涉及事实证据问题，应当组织各被告人分别参加，防止串供。但是这显然不是说，在“排非”的程序中也要排斥其他被告人参加。

第三个问题，我们还遇到过当事人在庭审的过程中有突发状况，身体不太适宜继续参与开庭，然后合议庭就作出决定，当事人先不参加，让辩护人去核实情况。因为当事人当时有自残行为，我们去核实情况，就没有办法继续参加庭审。我们就提出这种情况当不应停止庭审，否则有可能会影响到当事人行使质证权。但是法庭说：“这个不要紧，我们随后给你单独补一个庭。”所以在这种情况下，去提出反对的意见是很无力的。等到庭审结束以后确实单独补庭了，但是没有办法得知同案的其他被告人对于同样的一份证据有什么样的质证意见，当事人也难以行使向同案犯对质的权利并充分质证的权利。

潘金贵：有请万毅教授对三位与谈嘉宾所提到的一些问题作回应。

万毅：其实，越是疑案越应该坚持庭审实质化改革的最基本要求，这才符合我们讲的简案快办、疑案精审的双轨制发展要求。对于简单轻微、证据也比较清晰的案件，可以用速裁、简易程序来化解。但对于比较案情比较复杂，证据量比较大，包括被告人数比较多的这些疑案，其实在价值层面上更需要去坚持庭审实质化的基本要求，因为越是这样的难案，坚持程序正当化的标准才能够更好地发挥它的庭审效果。

对于蒋林庭长专门谈到的，同时在我的报告里面也提到的一些技术问题，比如事前证据、事中证据、事后证据的划分问题，我有专门的论文在讨论。举证的顺序也好、举证的模式也好，其实是一个规则系统。我认为还是必须结合具体个案来设计它的最佳举证顺序。之所以要追求这种举证的顺序，是为了保证庭审的有序和高效进行。

对于蒋林庭长谈到的全面审查和焦点审、重点审的问题，我认为不矛盾，因为焦点和争点一定是在查清全面客观事实的基础之上产生的，对于这一点我和蒋师兄是持一致意见的。为什么我特别强调在庭前会议中一定要对案情和证据要进行梳理和过滤，其实就是在强调一个双层次的证据事实和事实调查模式，一定要有客观全面的调查作为基础，在此基础之上再针对重点和焦点问题来展开重点调查。

对于报告里面为什么没有谈到法官该如何去应对，是因为我认为庭审实质化改革已经对法官提出了非常明确的要求。但是对于检察官和律师而言，要求并不是那么明确，也并不是那么直接。在推行庭审实质化改革的过程中，我曾经去旁听一个庭审，从头到尾检察官一言不发，面对辩护律师的百般挑衅，年轻检察官可能是被指派过去办这个案子的，对案情不熟悉，除了宣读笔录以外什么都不做。我就感觉到，在没有明确要求的情况下，其实检察官也好、律师也好，是可以以消极态度来对待庭审实质化的。这就对检察官的实战技能有要求，对于辩护律师的观念和庭审的执业方式也都会有要求，我是在提醒他们要注意这种改革对各自职业所产生的内在推动。

潘金贵：刚才万毅教授在回应的时候谈到了一个比较重要的观点，也是我个人认同的一个看法，就是中国的刑事诉讼已经走进了一个双轨制的模式，也就是万毅教授讲的简案速审、疑案要慎断。实质上我给它简单划分的话，就是认罪案件应该快速走，不认罪的案件、有争议的案件，就走庭审实质化的道路。现在有一个很有趣的现象，律师朋友们是比较抵触甚至反对认罪认罚从宽制度的，而比较支持庭审实质化，似乎把认罪认罚从宽和庭审实质化对立起来了，实际上这是一个问题的两面。某种意义上说就是刑事诉讼模式针对不同的案件情况，采取不同的解决方式，我个人觉得这是一种方向、一种趋势，就像万毅教授讲到的，基本上是发展的潮流。

所以我个人觉得对一些不认罪的案件、有争议的案件，走庭审的实质化、法庭调查的实质化，真正地、实实在在地去审理，这个是改革应当坚持的方向所在。今天的讲座到此结束。

06

刑事辩护的理念、技术与情怀

主讲人：常　铮　西南政法大学刑事辩护高等研究院副院长，北京衡宁律师事务所创始合伙人、第十一届北京市律师协会刑事诉讼专业委员会副主任

张旭华　西南政法大学刑事辩护高等研究院副院长，北京尚权律师事务所副主任

伍志锐　西南政法大学刑事辩护高等研究院副院长，广西锐嘉弘律师事务所主任、广西律协刑事专业委员会副主任

主持人：潘金贵　西南政法大学法学院教授、博士生导师，西南政法大学刑事辩护高等研究院执行院长，西南政法大学证据法学研究中心主任

时　间：2024 年 6 月 23 日

地　点：西南政法大学渝北校区敬业楼 3031 会议室

潘金贵：各位老师、同学，各位线上的朋友，西南政法大学刑事辩护高等研究院主办的西政刑辩大讲堂的第四讲，现在正式开讲。今天我们讲座的主题是刑事辩护的理念、技术和情怀。这个主题看起来相对有一点抽象，但是实际上要成为一个优秀的刑辩律师，至少我个人认为应该具备正确的律师理念，还要讲究一定的辩护技巧。今天的讲座有幸邀请到了三位非常优秀的副院长。第一位是我们西南政法大学的校友，优秀的常铮律师，她是北京市律师协会刑事委员会的主任，也是北京衡宁律师事务所的创始合伙人。第二位是北京尚权律师事务所的副主任张旭华律师。第三位是广西锐嘉弘律师事务所主任，也是广西律协刑事专业委员会副主任，伍志锐律师。

今天的讲座涉及三个方面的内容，就分为三个部分来分别研讨：第一，

刑事辩护的理念；第二，刑事辩护的技术；第三，刑事辩护的情怀。为什么我们今天特别要阐述情怀的内容，我个人的感受是我们刑事辩护律师在执业时，代表公民个人与国家的刑事司法权力相对抗。在这个过程中，我们对于家国情怀、权利保障的重要性和刑事司法权力如何规范地运行更有感悟。下面我们就来探讨第一个主题：刑事辩护的理念。大家以热烈的掌声先请常铮律师来谈一谈她的执业感受。

常铮：就像潘老师所讲的，我觉得作为一个刑事辩护律师要有一个从事这项工作的基本理念。理念是指导我们行动的基础，我们树立了一定的理念，才能按照这种理念去落实到行动中，你的行动会反映出你的理念。对于刑事辩护律师来讲，我觉得理念其实有很多，比如说公平正义、人权保障、平等法治等，这些可能都是我们要谈的。我想先从《律师法》对于律师的规定上谈谈，把抽象的问题具体到《律师法》当中，即我们应该通过《律师法》树立什么样的理念。作为一个刑辩律师，我们看《律师法》在总则部分的规定，律师应当维护当事人的合法权益、社会的公平正义、法律的正确实施。从这三点上来看，首先我觉得我们要树立的基调就是维护当事人的合法权益，这应该是指引你去行动的一切源头。那么维护当事人的合法权益的过程中，我们应该树立一种什么样的理念呢？首先作为一个刑辩律师，要树立起无罪推定原则的理念。不能说当事人陈述之后我们就觉得他是有罪的，当事人要求无罪辩护，律师说因为这个案子本身就有罪，我就要辩有罪，这肯定是不行的。也就是说，首先要以无罪推定这一基本原则体现的理念去对待你的当事人，要相信你的当事人所说的事实，至于和证据上反映出来的不一致的地方，我们再去探讨。首先要信任你的当事人，这样才能和他建立委托关系，才能使辩护工作顺畅地进行下去。

律师首先要维护当事人的合法权益，这是基本的理念。当然，如果发现当事人讲的内容可能违背了你作为一个普通公民的道德水准的时候，你可以选择不接受辩护。我们在维护当事人合法权益的同时，除了要树立无罪推定的基本理念，我们还要追求法律面前人人平等。法律面前人人平等，意味着我们要尽最大的努力，在程序和实体上帮助我们的当事人实现公平。特别是程序性的辩护，不管这个人到底有罪或无罪，程序上的保障必须去争取。最终案件怎么处理会依据事实和证据，但是我们应当尽力去保证他在程序上应该享有的一切权利。另外，还有尊重与保障人权的理念。在2012年《刑事诉讼法》修改的时候，该原则已经写入了我们《刑事诉讼法》的总则当中，这是当时修改的一个亮点，对于刑辩律师来说，更应当树立这种理念。进行刑事辩护，我们首先要尊重和保障基本人权，其实我们在做的事情就是保障犯罪嫌疑人、被告人的基本权利，这是一种人权。辩护权就是人权的一种体现，我觉得这是在维护当事人合法权益时，我们应该树立的基本思想理念。

从法律规定上来看，《律师法》的规定有助于法律正确实施以及维护社会公平正义，其实反映到理念上就是公平公正的问题。作为刑事辩护律师，我们帮助无罪的当事人免除刑事责任的追究，帮助有罪的人获得与之罪责刑相适应的处罚。不管当事人是否有罪，我们要保证他得到公平公正的处理，而不是因为他犯罪了，就不享有刑事诉讼过程中的一切诉讼权利。作为律师，我们有追求公平公正的想法。当然，追求公平公正可能是一个相对的过程。至少在我这么多年的实践经验中，我觉得很难做到绝对的公平公正。但是我们在执业时，树立基本的职业要求和职业理念，在落实到行动中的时候，才会往公平公正的方向争取和努力。关于法律的正确实施和公平公正，《律师法》把它们分开规定，有一个先后顺序，我认为它们是应该放在一起的。律师站在辩方角度做的工作，保障和维护当事人的权益，最终的目标都是为了维护法律的正确实施，维护社会的公平正义。我们与控方，职责角度不同，但是在根本目标上是一致的。

树立公平公正、人权保障等理念大家都能理解，但是为什么要树立这样的理念？刚才潘老师也讲到，当刑辩律师没有理念的支撑，就难以进行辩护。只有建立起理念，我们才知道工作方向、目标以及欲实现的结果。把理念转换成实际行动，还需要我们不断摸索和实践。

潘金贵：刚才常铮副院长主要从《律师法》涉及的三个方面展开，律师应当维护当事人的合法权益，维护法律的正确实施，维护社会的公平正义，在辩护实践中有一些具体的问题会体现律师的基本职业理念。大家思考一下，如果犯罪嫌疑人、被告人坚定认为自己无罪，但是我看了全部证据之后觉得他有罪怎么办？我是遵从他的意见，还是遵从在卷的证据所形成的相关事实去辩护？如果我不遵从他的意见可能产生什么问题？我遵从了他的意见又会产生什么样的问题？再比如，对于维护当事人的合法权益，维护法律的正确实施，维护社会公平，不同的律师有不同的理解。举个例子，现在最热门的“刨坟式”辩护的大律师，他的做法可能我们很多律师未必赞同，更别说我们的司法机关工作人员。但是在他看来，他也是在维护当事人的合法权益，是为了维护法律的正确实施，是为了实现社会的公平和正义。甚至还有其他一些典型的“死磕派”律师，在处理某个案件的时候，在法庭上跳起来，站在桌子上振臂演讲，他也认为他在维护当事人的合法权益。这些东西看起来抽象，但是能不能正确地理解，你该怎么做，那就需要理念。所以理念问题绝对不是一个很简单的问题。那么下面我们就来听一听张旭华律师怎么来看待这个问题。

张旭华：理念和情怀这两个词都比较大，我其实到现在为止，还没有准确把握理念和情怀这两个词的准确含义。以我粗浅的理解，理念应该是指我们做事情时的指导性原则，情怀指的应该是我们做事情的时候带的某种感情。基于这两种理解，我总结了一下我自己在办案的过程中坚守的四条理念，仅供大家参考。第一个理念是谨慎检验你的预设立场，第二个是要坚持法律赋予你的角色定位，第三个是千万不要妄图代表正义，最后一个理念是你要勇敢而轻松地去参与法律职业共同体的构建。

我们先说第一个理念。我在办案子的过程中发现一个特别有意思的现象，实际上我们是由立场决定思想的。立场一旦变化，我们的思想可能就会变。同一件事情处于不同的立场和身份，你的看法是不一样的。举一个简单的例子，比如说我在当律师助理的时候，觉得我们所的提成比例定得好像有点问题，然后等我当了合伙人和律师事务所的副主任之后，我觉得这一点问题也没有。提成比例是没有变化的，为什么我在做律师助理的时候和现在对这个问题的看法不一样？因为我们是立场决定思想。另外一点就是我们所有人都是带着偏见和预设立场先行。比如，在座的很多师弟师妹马上要毕业了，你们有的人会选择考检察院，有的人选择考法院，有的人决定去做律师。你们在做选择的时候，一定是认为法官是最好的，或者说检察官是最好的，这其实就是一种预设和偏见。因为你们没有干过，只是凭借你们过去的生活经历就预判这个职业是好的，所以我们每个人都是带着偏见和意识前行。后来我自己研究，为什么人会是这样的，其实可以从我们大脑运行的特点去看待这个问题。我们的大脑有两个特点，第一个是善于遗忘，第二个是善于加强。听起来很矛盾，但实际上它不矛盾。前两天林维校长在毕业典礼上说过一句话："不要让自己成为自己学生时代曾经痛斥的那种人。"为什么我上学的时候是这样的，若干年之后我成了另外一种样子，是因为我们的大脑很容易遗忘当年曾经想象的样子。第二个就是善于加强。我们的大脑通过制定一个模型来指导我们的行为。比如，我不喝酒，我觉得喝酒是一个无效社交，这是我认为的。基于这个模型，我就回避各种酒局，谁喊我喝酒我都不去，它带来很多好处后，就会不断加强，甚至我手机上的短视频都告诉我喝酒就是无效社交。大家觉得这样好吗？当然不好，因为你的模式一旦固化之后，五官就会关闭，你再也听不见其他声音，你就会陷入无比的固执之中。人与人之间的沟通有多种多样的途径，喝酒也是一种方式，所以我要调整我的模式。我是想说，在一个刑事案件中，我们作为法律人，千万不要带着偏见前行，千万不要让自己的思维模式固化，你必须是开放的状态，一定要用不同的角度去检验自己的预判。我们拿到了证据之后形成法律事实，法律事实到底和客观真实之间有多远，我们要不断检验。这是我想分享的第一个理念。

第二个理念实际上刚才常铮主任也提到了，即坚持法律赋予的角色定位。《刑事诉讼法》第 37 条明确规定了辩护人的责任，即根据事实和法律提出犯罪嫌疑人、被告人无罪、罪轻或者减轻免除其刑事处罚的材料和意见。同时，如何维护犯罪嫌疑人、被告人的诉讼权利及其他合法权益？我认为这是《刑事诉讼法》中最重要的条款之一。因为一旦国家机器启动，被追究者不仅面临国家机器，还要面对社会的指责。在这种情况下，辩护人是唯一可以与被追究者共同面对一切的人。辩护人必须坚守角色定位，因为角色定位决定了思想。如果在辩护过程中忘记了自己的任务是找到无罪或罪轻的证据和意见，而在法庭上成为第二公诉人，那么所有行为都会失去方向。例如，在阅卷时，如果一会儿认为被告人无罪，一会儿认为有罪，这不是辩护人的职责。辩护人必须坚守法律赋予的角色定位。《刑事诉讼法》已经赋予了公安、检察官和法官各自的职责。辩护人的职责是依法辩护，而依法辩护的前提是依据《刑事诉讼法》第 37 条开展辩护。因此，必须坚守法律赋予的角色定位。

第三个理念是不要妄图代表正义。哈耶克曾说，通往地狱的道路通常是由善意铺就的。如果公安认为自己代表正义，就会把程序视为实现正义的绊脚石；如果检察官认为自己代表正义，就会认为辩护人在法庭上的言辞是阻碍正义的实现；如果法官认为自己代表正义，就会封闭自己，不听取他人意见。因此，任何人都不应认为自己代表正义。柏拉图曾说，正义就是各司其职。公安、检察官、律师和法官各自履行职责，刑事诉讼系统才能运转，才可能得出相对正义的结果。因此，正义是系统的运行结果，每个人只要做好自己的事情，就能为实现正义的目标作出贡献。但必须时刻提醒自己，不能自认为代表正义。

第四个理念是勇敢而轻松地参与法律职业共同体的构建。尽管有人认为我们没有法律职业共同体，但实际上，我们始终紧密联系在一起。例如，公安、检察官和律师都在办案中实现人生价值。我们的工作是围绕犯罪嫌疑人和被告人展开的。如果同学们未来选择成为刑辩律师，在职业道路上必然会遇到与公检法的交锋，这是不可避免的。同时，你也可能受到同行的诋毁和讥笑。这些都是职业生涯中的必经之路。要勇敢地去做你认为正确的事情。不要害怕，要勇敢一些。每个刑辩律师在处理前十个案件时，都会遇到各种问题，每个公安、检察官和法官在独立处理前十个案件时，也都会有令人紧张的回忆。每个人都有预设和偏见，但我们不应以偏见对待他人。我的理念只要求我自己，不会强求他人。这四个理念是我的指导原则，分享给大家。

潘金贵：旭华主任提出了一个重要观点，即每个人都有自己的理念。理念往往来源于个人的人生阅历和职业经历，是支撑我们在刑事辩护事业前行的内在动力。因此，理念是因人而异的，每个人都有自己的思考和信念，并在这些理念的指导下前行。旭华主任总结的四个方面非常有见地，这也是他职业经验的总结。这些理念对大家有启示作用。无论是未来成为律师，还是从事公检法工作，都要谨慎检验自己的判断。避免先入为主，因为我们的判断不一定总是正确的。即使是经验丰富的律师，有时对案件的判断也会出现问题。因此，不要认为自己永远是正确的一方。犯罪嫌疑人的陈述和坚持的观点未必就是错的。作为律师，不应认为自己的结论一定准确。要坚持法律赋予的角色定位，律师永远只能站在犯罪嫌疑人和被告人一方，在法律范围内寻找对其有利的证据和材料。虽然我们不提倡无理辩护，但律师的角色定位是为当事人争取更多的合法利益，即使搜集的证据和材料可能显得苍白无力，也不能在法庭上或办案过程中做出不利于当事人的言行。许多律师认为自己是正义的化身，尽管言行可能有出格之处，但都是为了追求正义。这个观点值得探讨，律师是否一定能代表正义？从职业理念上来说，律师应有代表正义的心情。在法庭上辩护时，要相信自己是在讲正义的话，这样才能有底气和自信。最后，关于法律共同体的构建问题，确实是一个复杂的问题。但无论如何，我们要勇敢而轻松地参与中国法治的建设。依法治国、法治国家的实现需要法律职业共同体的共同努力。作为刑事辩护律师，应有为法律职业共同体建设作出贡献的理念。这是旭华副院长结合自己的职业经历，对刑事辩护理念的理解。接下来，我们欢迎伍志锐副院长分享他的看法。

伍志锐：我将重点谈谈作为刑辩律师应坚持的两个原则：无罪推定原则和平等权利原则。这些原则在法律条文和各种文件中都有体现，但如何在具体办案过程中落实，是我们需要关注的问题。必须抱着无罪的观念去看案卷材料，才能做好刑辩律师的工作。

作为专业的刑辩律师，首先要具备无罪推定的思维，这样才能找到辩护点，为当事人争取最大的合法权益。当然，具体到案件中，偏见仍然会影响我们的判断，因为偏见是长期形成的。举个例子，有一个贩毒案件，当事人是一名女性，她的丈夫因涉嫌贩毒被捕。案件涉及 ×× 克冰毒，当地公安机关甚至在抖音上发布了相关信息，案件已经进入批捕阶段。尽管该案看起来很难辩护，但当事人恳求我挽救她丈夫的生命，我决定接下这个案子。通过多次会见，我发现案件确实存在问题，货物从云南寄出，收件人和电话都是假的，控方指控我的当事人在快递点接货，但实际情况是货物还未交到他手上，我的当事人就被抓捕。因此，无法证明货物是我的当事人及其同伴的。最终，这两人被不起诉处理，并获得了国家赔偿。这说明，作为刑辩律师，必须坚持无罪推定和平等权利的原则，才能在案件中为当事人争取合法权益。因此，在很多具体案件中，如果坚持无罪推定的理念，可以找到很多辩护的机会。这是我强调的第一个原则：将无罪推定的理念落实到具体案件中，以提升刑事辩护的效果。

第二个原则是平等权利。在我们代理的案件中，无论是普通百姓还是高官，都不应因其身份而轻视或忽视他们的权利。现在办理的许多案件都是职务犯罪案件，不能因为当事人是高官就特别重视。同样，在具体案件中，也要通过具体的法律法规来落实平等权利。根据《刑事诉讼法》，辩护律师可以在嫌疑人第一次接受讯问或被采取强制措施之前介入。这对于一些依赖原始证据定罪的案件尤为关键。充分利用这一条文，可以在早期阶段争取平等权利，保障嫌疑人的合法权益。通过无罪推定和平等权利这两个原则，在具体案件中实现刑事辩护的效果，使自己的理念真正符合《刑事诉讼法》第37条赋予刑辩律师的职责。

潘金贵：伍主任主要从两个方面探讨了这个话题：无罪推定和诉讼权利平等。这涉及一个有趣的问题，即每个职业都会形成特定的职业倾向性，这种倾向性在某种意义上也体现了一种理念。例如，作为辩护律师，需要有无罪推定的思维，因为我们是辩方。而检察官和警察则习惯于有罪推定，因为他们的立场决定了这种思维方式。正如一位优秀的警察所说："我们警察就是有罪推定思维，如果我们认为他没罪，我们去查他干什么。"因此，不同的职业自然会形成不同的理念。然而，法官不应有有罪推定的思维，法官必须中立，应实事求是，根据查明的事实作出裁判，而不是先入为主地判断被告有罪或无罪。法官的公正中立要求比控辩双方更为严格。每个人对刑事辩护理念的理解有共通之处，也有不同的基础。辩护律师的职责不是推定有罪，而是为被告人辩护。如果律师天然认为被告人有罪，那辩护的意义何在？同样，警察如果天然认为被告人无罪，那抓捕的意义何在？这些基于职业立场形成的职业理念，虽然看似抽象，但非常重要。第一个问题讨论完了，接下来我们聊聊刑事辩护的技术。下面有请常铮律师。

常铮：刑事辩护技术内容繁多，时间有限，无法详尽讨论。作为刑辩律师，首先涉及的是如何获取案源及与客户的沟通技巧。获取案源后，案件处理涉及会见、阅卷、辩护、举证、质证等各环节，每个环节均存在技术问题。这些技术可作为专题讲座内容，今天只能宽泛讨论。

作为刑辩律师，首先面临的是业务案源问题。如何获取案源及与当事人和委托人沟通，确保业务留存，涉及接待当事人、建立信任感等技术。这些技术在不同职业阶段有所不同。初执业时，年轻律师可能担心无法留住当事人，因此需在外表上显得成熟稳重，尤其是年轻女律师，需让当事人感到信任，将重要的刑事业务交给她们，这也是一种技术。此外，言谈举止也很重要。初执业的律师与执业多年的律师在分析案件时，尽管大意相同，但当事人的感受不同。记得初执业时，张青松律师推荐我接待一位申诉案件的当事人。尽管当事人起初对我的年轻有所顾虑，但交流后，他对我的专业能力表示认可，最终满意地接受了我的服务。

在与当事人沟通的过程中，首先要强调的是专业能力的重要性。无论律师的外表年轻或资深，专业能力始终是首要的。通过专业能力赢得当事人的信任是关键。专业的表达方式可能需要时间和经验的积累，初执业的律师与执业多年的律师在这方面会有所不同。从技术层面来看，年轻律师需要通过自身形象的改变来让当事人觉得稳重，从而愿意将案件交给他们。同时，专业能力的提升也是必不可少的，只有具备扎实的专业知识，才能赢得当事人的认可。在接待当事人的过程中，存在许多技术问题和理念问题。律师不能为了留住客户或接下业务而做出任何承诺，不能保证案件结果或迎合当事人的喜好。当前刑辩市场竞争激烈，有些律师可能会迎合当事人，夸大案件的有利点，这是需要避免的。当事人可能会放大律师所说的有利点，一旦结果不如预期，则会引发纠纷。因此，律师在与当事人接触时必须遵守职业规范，不能做风险代理或承诺案件结果，只能对案件进行分析和预判。例如，我会告诉当事人："我只能尽最大努力帮你争取，但结果不是我能左右的，需要看公检法的判断。我们要做最坏的心理准备，但也要努力争取最好的结果。"这些都是与当事人沟通时需要注意的技巧。在案件服务过程中，如何让当事人满意并维系关系也很重要。例如，最近有一个当事人家属联系我，认为其配偶不构成犯罪，想得到我的确认。我无法给出明确判断，只能建议他等待结果。最终，当事人被批捕，家属再次联系我，希望我接手案件。这说明，在与当事人沟通时，必须保持专业和谨慎，不能轻易做出承诺。

当然，我觉得年轻律师在不同的职业阶段，目标或者需求是不一样的。比如年轻的律师，我一直主张不要管能获得多少律师费，要通过这个案件来历练自己，靠实践来培养自己，这样才能够成长起来。所以这个时候费用多少不重要，重要的是你能不能有案源。所以在谈客户的时候，不要过多地关注费用问题，应该更多地关注能不能找到案件，去找让你能够积累丰富经验的案件。当你已经执业了 10 年、15 年，精力有限时，再考虑其他。但是我仍然认为不管哪个阶段，既然接了，肯定要认真地去办，在技术层面做周全，其他我不能满足的诉求，我会明确说。所以我的习惯是在见当事人时，把丑话先说在前面，保证能够比较顺利地去达成合作，这样的话，案件最终不管是什么结果，哪怕结果不好，当事人至少不会认为律师没尽力，这就是一个成功的委托。我再简单地举个例子，怎样在和当事人会见过程取得当事人的信任。我们接了一个案件之后，可能更多的是和监狱里的犯罪嫌疑人打交道，那么怎么让犯罪嫌疑人信任你？可能很多当事人很容易地就接受沟通。但是也有很多当事人会问，比如，“我家里人请你花了多少钱”“能不能达到我的满意程度”等。按照要求来讲，第一次会见当事人的时候，应当先确认委托关系，告诉他我是谁，谁请来的，是否同意我辩护。但是上周我在司法部做关于死刑复核案件的评审问题时，大家也在讨论是不是要建立一个关于死刑复核阶段法律援助律师的会见模板，会见的时候都要说哪些。当时有律师也提出来，死刑复核案件期间的法律援助培训，不是像给年轻律师培训那样，应该是更深入的内容。而且每个律师的案件不同，工作风格也不一样。但有的律师认为需要有一个最低的标准，至少应该有一个模板，第一次会见都需要涉及哪些内容，包括是不是先跟当事人确认委托关系。有的时候当事人就是不委托，我在法援时就遇到一个毒品犯罪案件，死刑复核的当事人是香港人，我去见他的时候，他对内地的法律理解不是很到位，他觉得我是法援中心派来的律师，就想让最高法赶紧给他一个执行的结果。这种情况下，他不同意委托。作为法律援助律师，我要给他解释清楚，就告诉他，跟最高法沟通也得需要律师帮助，而且法律援助是免费的。后来他说他还是需要律师，让我去跟最高法的法官沟通一下，赶紧出结果。我的意思是，对于确认委托关这个环节，到底是一上来就确认，还是其他时候确认更合适，要根据情况来定。比如，有的当事人可能需要有一个熟悉的过程，让他先了解你的专业度之后，自然而然就会确定委托。但是如果一上来就问他，他可能会拒绝。我们在第一次会见过程中，跟当事人建立委托关系也是有一定的技术和技巧的，要根据不同的案件、不同当事人的性格特点思考怎样能够在第一次会见时把委托关系和信任感建立起来。当然，在刑事案件中还有很多环节，包括和公检法打交道等，比如在会见时受到阻碍了，不让会见，我应该怎么办。比如认罪认罚量刑协商遇到了问题怎么办，或者沟通出现了障碍怎么办等，这些可能都有方法和技巧，每个律师的方法都不一样。我刚才也只是分享一点我自己的做法，并不代表我的方法就绝对标准。

潘金贵：技术问题确实非常复杂，刑事辩护的技巧涉及受案到最后结案的整个过程，很多技巧也是在长期的实践中慢慢总结琢磨出来的。尤其和当事人打交道是门艺术，案件的处理也是艺术，最后争取到的尽可能有利于当事人的结果还是艺术。下面有请旭华副院长就刑事辩护的技术问题谈一谈他的看法。

张旭华：从刑事辩护底层逻辑的角度来跟大家谈一下刑事辩护里面的三项核心技术。第一个是证据分析能力，第二个是法律解释能力，第三个是逻辑论证能力，最后谈一下法外辩护和法内辩护的区别。

首先是刑事辩护的底层逻辑。刑事辩护的底层逻辑很多人都讲过，我一般情况下会告诉我们律所年轻的小伙伴，我对于刑事辩护的底层逻辑的理解是，构建有利于当事人的事实，重新作出有利于当事人的解释。一般情况下到这里就结束了。但是我现在有一个进阶的认知——要用令人信服的方式说服裁判者。这就是刑事辩护的底层逻辑，你掌握了，基本上在刑事辩护的时候就不会跑偏。其实要回溯法条的话，它同样来源于《刑事诉讼法》第 37 条，“根据事实和法律”的这个“事实”不是指的控方事实，是根据控方事实构建的辩方事实，法律指的也不是控方对法律的解释，而是辩方重新解释之后的法律。然后根据辩方的事实和辩方的法律，提出有利于当事人的材料和意见，这个材料指的是新证据或者证据线索，这个意见就指的是你的表达，表达就要用令人信服的方式来进行。接下来我们就围绕这个底层逻辑简单谈一下三个核心的技术。

第一个，关于证据分析，我先讲一个案件。这是一个涉黑涉恶的案件，我是二审接触的，一审的时候查封扣押冻结了当事人 8 套房产，150 万元的现金，这都是涉黑财产。因为当事人最开始是开设赌场的，开设赌场之后积累了一些资金，又投资了酒吧，酒吧运营良好之后，利用投资酒吧的钱购买了这八套房产。经过阅卷，我认为认定的财产可能是有问题的，一审的所有言词证据里面，都说他们自己也有合法财产，这样的认定肯定是不可能的。从言词证据来构建有利事实的话可能比较困难，这个时候，我就回到实物证据上，或者说回到数字上去。我就根据一审判决书上罗列的全部房产的价格，找当事人一笔一笔地算，开设赌场挣到的钱里实际投资的酒吧有多少，酒吧运营这么多年来大笔的金额支出有多少。我发现他们是投入—亏损—再投入—再亏损，是反复的滚动式的经营状态。一笔一笔算完之后，我发现他们家从开设赌场到投资酒吧，三个酒吧一共才拿到170万元。在案扣押的有150万元的现金和8套房产，这是什么意思，就是说我只需要再拿20万元出来，这8套房产法院都要解封还给当事人。这个案例想告诉大家什么，数字是不会撒谎的。你用客观证据，用客观数字去构建有利于当事人的事实，远远超过你用言词证据来构建有利于当事人的事实。

第二个案例也是一个二审的案件，这个案件是组织领导传销犯罪，一审认定的是这个传销组织4年的时间内，一共发展了36000名会员，人数和时间都很精确。认定的会员人数来源于在案的鉴定意见。我从鉴定意见里面发现检材来自公安机关从阿里云调取的这个公司的电子数据。这看起来都是没有问题的，但是我会见时，当事人只说不可能，问他4年内具体怎么发展会员，他只说没这么多。我就继续查找证据的来源，后来我发现行政机关曾经移送过电子数据，但是公安机关并没有完整地采用行政机关移送的数据，而是自己去调取的，但他调取的数据里面也缺乏完整性的校验值。我就去找原始的检材，也就是公安机关从阿里云调的硬盘里面的数据。这里面有公司后台数据、有会员的表格，会员的表格都有每一个会员的加入时间。表面上看起来也没有任何问题，但我们团队核实之后发现一个非常惊人的事情。这36000名会员，其中有31000人是在三天之内加入的组织。也就是说这4年时间里面有3天人数暴涨了31000人，剩下的5000人是散布在4年的时间之内的。按照常情常理来讲，一个传销组织发展会员，4年内发展5000人可能属于正常，但三天之内暴涨31000人是解释不清楚的。这个案例告诉我们要一步一步去追究证据来源，证据来源在证据分析里面是极其重要的。

再跟大家举一个涉黑涉恶的案件，这是关于言词证据重构问题的。被害人很多年以前被非法拘禁，具体年份可能已经记不清楚了。被害人将当时的情况和公安机关说一下，做了笔录，笔录上说："两个人架着我，把我从车上拉到了宾馆，然后在宾馆里面看着我。"这个时候就可以分析言词证据里面的文字，而中国的文字是很有意思的。"架着他"，什么叫"架"，绑架的架是不是架，护架的架也是架。"看着他"，什么叫"看着他"，看守着他？看护也是看着他，是不一样的。前者是监管，后者是照顾。我通过当时的情况，认为这个可能不是说架着他、看着他，我认为是扶着他，然后在宾馆里陪着他。大家注意，一个是架着、看着他，一个是扶着、陪着他，这件事就完全不一样了。所以对言词证据进行重构，要重构有利事实，要对文字作不同的理解和解释。

证据分析里面最后一个案例是关于细节的问题，有很多的案件事实是建立在很薄弱的环节上的，如果说你找到了薄弱的环节，那么整个控方构建的体系就会垮掉。它就类似于一个人身上的弱点，或者叫软肋。如果说你找到这个东西了，控方的整个证据体系就倒了。也是在西宁办的一个案件，我觉得在提取生物物证的时候，有现场勘查笔录，有现场勘查照片，有现场勘查制图，所有的东西看起来没有任何问题。然后我就发现了一个很奇怪的地方，在现场制图的图表的一个地方，画了一堵石墙。但是现场照片显示那是一扇窗户。然后我就直接去现场，去了现场之后发现那个地方确实是一个窗户，不是一堵墙。这个时候我们就有两个判断。第一个判断是笔误，画错了；第二个判断是这个图表是伪造的，或者是后补的，没有去现场。然后带着这两个预设，我就对侦查人员做了一个背景调查，发现笔误的可能性不大，因为他是一名老警察。但他很有可能是后补的，我就申请侦查人员出庭，他当庭承认根本就没有到现场去，笔录是后补的，现场勘查的合法性就被全面摧毁了。他退庭之后，审判长请第二名警察过来，我问他当时这三个警察谁去现场了，他直接说“我们三个都去了”，我说“你确定吗”，他说“我确定”，他这话讲完，基本上后面讲的话法官也不会再相信了。通过一个细节，使声称去现场取证的侦查人员当庭承认他根本没有去过现场，而直接摧毁掉控方的整个取证体系。

第二个，法律解释的技术，也举两个案例。一个是盗窃案。被告人被指控盗窃了矿山里的矿石，涉嫌盗窃罪。一开始我不理解这种盗窃是如何实施的。后来通过了解案情得知，这片矿石归一个矿业公司所有。这家矿业公司委托了我的当事人的公司开采矿石。开采后将矿石拉到矿业公司，再结算开采费。但由于该矿业公司内部股东发生矛盾，开采费就一直没有进行结算。所以我的当事人就把矿石拿去卖了，后被定盗窃罪。

从法律解释的角度，盗窃指的是转移占有。在这个案件中，我的当事人把矿石挖出来后对方没有结算开采费，那么他对挖出来的矿石算不算合法占有？如果认定为占有合法，我的当事人处置矿石就可能不构成盗窃而构成侵占。进一步发散性思考，从刑民交叉的角度来看，是否也可以认定为民法上的留置？留给大家去思考。因为我通过合法手段占有了债务人的财物，在债权没有得到清偿之前进行留置。当债权无法实现，将其处理掉，在民法上是不是认定为处置留置物？所以，这就有了两个出罪理由，这就是法律解释的魅力。

另一个是国有公司和企业人员滥用职权的案件。当事人发行中期票据，用一个成本比较高的融资渠道替换了成本比较低的银行贷款，办案人员就认为其中存在利差。也就是说，该当事人从一个银行高成本融资，归还另外一个银行没有到期的贷款，其中存在利差，这利差应当认定为给公司造成的损失。这里就需要讨论国有公司人员滥用职权罪里所规定的“致使国家利益遭受重大损失”中的“重大损失”应当如何界定。如果将从一个国有银行里融资过来的钱归还给了另外一个国有银行，那是不是就等于国家的钱从左口袋跑到右口袋？那就不能因为左口袋空了就认定造成了损失，另外一个口袋多出来的钱也应当是同一个行为所导致的结果。这就是法律解释的技术。

第三个是逻辑论证的技术。如果你提出的意见没有人听，其实也是没有任何意义的。我们不要构建连自己都不相信的事实，或者说不要发表连自己都不相信的解释。很多时候我们在听别人讲什么的时候，信息排在第二位，逻辑排在第一位，在表达信息的时候，逻辑论证的技术可能也是很重要的。

最后，谈一下法内辩护和法外辩护的问题。所谓天理、国法、人情，国法可能需要从证据分析、法律解释、逻辑论证这三个角度来进行辩论，但是法内辩护和法外辩护是要并重的。以前我也老犯一个毛病，觉得法内辩护最重要，但实际上法外辩护也同等重要。有的时候只能讲天理，只能讲人情，只能打感情牌。

潘金贵：旭华律师从证据分析、法律解释以及逻辑论证三项核心技术，兼顾法律之外的辩护这一角度谈了刑事辩护的技术。这些是他凭借自身的执业经验在技术方面的总结，我相信除此之外他还有更多感受。在案件的辩护过程中，有很多共同的东西值得我们归纳总结，在这基础上会形成技巧，处理起其他案件来就可以得心应手。下面我们有请伍志锐副院长就刑事辩护的技术谈谈他的看法。

伍志锐：我对刑事辩护技术的理解主要就是从精湛的法律技能这一角度出发，主要包括几个方面：第一个，要有丰富的法律知识；第二个，要有较强的证据分析能力；第三个，要有较强的法庭辩论能力。

重点讲第一个。作为刑辩律师，应该要将《刑法》这些基本法读通、读透，同时要熟悉相关的司法解释，在办案过程中就会得心应手。如果说一个案件在被立案、被告人被拘留时就委托了我们律所，几乎 80% 都是在批捕的环节就解决了，但全国平均水平只有 20%—30%。那么如何做到这一点，其中有一些技巧性的问题，需要我们对《刑事诉讼法》进行研究。比如,《刑事诉讼法》规定在批捕环节检察院只有七天的时间。那么在这七天时间里如何让检察官对你的当事人进行提审，听取你的辩护意见？按照《刑事诉讼法》第 88 条的规定，如果是辩护人申请检察官提审，条文采用的是“可以”的说法，但如果是以嫌疑人的名义来申请，条文采用的则是“应当”。所以，如果辩护律师觉得在这个案件中公安机关所做的笔录确实有问题，需要检察院去提审的，那么就用犯罪嫌疑人的名义来申请，同时在会见时也要求犯罪嫌疑人自己提出申请。

讲到这一点，很多人可能会说，你想让检察官去提审，不就是想让犯罪嫌疑人翻供吗？实际上，我理解的翻供不是犯罪嫌疑人在检察官提审时供述跟之前不一样的内容，我每次会见当事人都会告诉他们一定要如实陈述，先跟当事人解释这个罪的无罪辩护点在哪里，解释完之后再告诉当事人，如果前面你的供述不属实，需要申请检察官来提审。所以我会见嫌疑人时，只需要他告诉我已经做了几次笔录，笔录的内容是什么，从而充分运用法律规定在法律允许的范围内给当事人做最有利的辩护。

第二个，从实体角度，我们也要充分运用好这些法律条文。比如《刑事诉讼法》第 54 条第 2 款规定，行政机关在行政执法和查办案件过程中收集的物证、书证、视听资料、电子数据等证据材料，在刑事诉讼中可以作为证据使用。这个条文将四种证据材料进行罗列，就意味着如果行政机关收集的是法定八类证据中的另外的四种，则不能直接作为刑事案件证据使用。这个法条所罗列的四种主要是实物证据，其他四种主要是原始证据。这种原始证据如果被行政机关收集，拿来作为刑事案件证据使用，则可以依据这一条款予以排除。比如有一个内幕信息交易的案件，在证监会找当事人做笔录时，当事人承认其在门口听到公司领导谈到要捆绑另一个公司上市的计划，听到消息后基于自己十几年的炒股经验，用弟弟的名义买了上市公司的股票。结果买了两天后，当事人所在的公司就和另外一个公司捆绑上市了，于是当事人就赚了几百万元。后面由于本案数额太大，涉及刑事犯罪，证监会就移送经侦办理。在侦查人员面前，当事人不认可之前在证监会里说过从领导办公室门口偷听到的这个消息，而说自己只是基于这段时间有很多高层领导来公司，并且认识上市公司的老总，所以赌了一把。公安机关看到他否定了之前在证监会的问话，感到非常恼火，但还是没有办法。《刑事诉讼法》第 54 条第 2 款实际上不仅仅体现在这一类案件，交通醉驾案件中也经常出现。所以，我们要通过对程序法、实体法的认真理解，强化刑事辩护的能力。

潘金贵：伍志锐副院长重点谈了刑事辩护中掌握法律知识的重要性，所以我们一直在强调，要成为一个优秀的刑事辩护律师，一定要有刑事法一体化的思维，从刑事实体法到程序法到证据法都要做到非常娴熟。其实在很多场合，最终考验的还是你的法律功底，尤其是在纯粹的法律问题上。

下面我们来讨论最后一个问题，关于刑事辩护的情怀。

伍志锐：这个情怀主要是从几个方面来理解：第一，基本的正义感；第二，要有同情心；第三，要有责任心。

第一，正义感。刚才张主任聊到，我们无法成为正义的化身，但是我觉得基本的正义感还是要有。当然，正义感有时如果把握不好，也容易出现问题。之前在办理一个涉黑案件的时候，接手后我感觉这个案件的当事人很冤。因为我是从体制里面出来的，也了解尽量不给组织添麻烦，所以即使当事人家属想找媒体、找上访，我都尽力劝阻，希望还是可以依法依规地办。所以我带领了五六个人的团队向当地的高院、省检、政法委等这些部门邮寄相关材料，去信访部门上访，都是我们律师去。我想通过这种方式，可以很好地控制行为尺度，避免出现一些让政府为难的问题。所以，虽然作为刑辩律师需要正义感，但还要有政治敏感性。

第二，同情心。每年我们律所有 200 多个刑事案件，有很多案件是当事人确实没有钱。尽管不是法援中心指派，我们还是代理了。有些一开始也答应付费，但是后来经济出了问题，后续费用付不起了，我们接了案件之后没有再计较费用的问题。即使不一定要把当事人的事情完全当作我们自己的事情，如果你觉得这个案件有问题，至少要努力发出自己的声音，而不要只计较钱的多少。

第三，责任心。刑事案件跟民事案件不一样，民事案件可以风险代理，但刑事案件不行。所以很多时候刑事案件的当事人会质疑我们是否能保证案件结果。我每次都告诉当事人，刑事案件就是一个良心活，接受委托之后，我们就会全力以赴去做。当然很多时候可能当事人也不太相信，但是至少你要说服自己，既然要做一个案件，就必须倾尽全力，这个是责任心的问题。所以，既然接受了委托，辩护律师一定要有正义感，要有同情心，更需要有责任心，把接的每一个案件认认真真办好，对得起这份职业。

潘金贵：确实如伍志锐律师所言，作为一个优秀的刑辩律师，要有正义感。实际上每个人对正义可能有不同的解读，但站在我的角度，我个人的理解就是要在个人认知范围内，按照自身所理解的案件最正义的结果去努力，这样才是公正的处理，才是我们所要前进的目标。所以，大家不要想当然地认为律师这一方得出的结论就一定代表正义，甚至有些时候即使案件取得了非常好的辩护结果，也未必就代表正义。举个例子，有些案子明知道就是这个当事人干的，律师为什么还要做无罪辩护？因为证据出了问题。因为从法律的意义上来说，证据必须确实、充分，才能予以无罪。

还有同情心的问题，确实也是需要一点情怀。我们该伸出法律援助之手时就要伸出来。我在读硕士的时候做过一起法律援助的案子，后面还做过五六个没有收钱的所谓底层老百姓的案子，效果都非常好。

在责任心的问题上我很赞同伍志锐副院长的一个观点——接了这个案子，就是凭良心做事。要明白一点，刑事辩护关系到一个人的人身自由乃至生命，律师的一个疏忽可能会产生不小的影响，所以责任心是非常重要的。

下面我们再有请旭华副院长谈关于情怀的问题。邀请张旭华律师谈这个问题是有原因的，尚权律师事务所是一个非常有情怀的律所，从毛立新主任到张旭华主任，包括其中很多优秀的律师，不仅对刑事辩护事业有情怀，还有家国情怀，也推进了我们法学教育、社会法治的进程。有请张旭华主任给我们分享一下。

张旭华：其实我刚才想讲的是没有人可以代表正义，正义的得出是一个系统运转的过程，但正义感是我们每个人都应该具有的。

接下来就分享一下我对刑事辩护情怀的理解。首先我非常赞同刚才伍老师对于情怀的解读，最开始的时候我认为情怀指的是做事情会带有的一种感情。但是我发现一个很有意思的现象，就是钱和情怀好像经常会一起出现。潘老师刚刚在主持的时候也提到了这个问题，我豁然开朗，终于找到情怀的准确含义。其实潘老师今天还说了一句话，对我来讲是直接击中心灵的一句话。他说中国的刑事法治不是一代人的事业，而是需要几代人的努力。我们有远大的理想——中国的刑事法治，我们要脚踏实地——不是一代人而需要几代人的努力。

如果从一个人的角度来讲，我想先讲一下我的师傅张青松律师。在 2019 年，我们两个人横穿美国，在路上开车的时候我问过他一个问题。我说："在茫茫旷野上，一个人驾车独行，全是戈壁滩，当时的你在想什么？"他的回答是"我在找路"。这句话也是直击我灵魂的回答。我们怎么样定义一个人的情怀，有的时候可能需要随心所动，跟随自己内心的感觉走。后来张青松律师觉得西部需要律师，他要去支援。去了青海之后跟青海的藏民打成一片，所有人都很喜欢他。在完成援助任务要离开青海之际，青海的藏民为他放生了一头牦牛，张青松律师为它取名"律师"，甚至很多人认为他是当地的活佛。我认为他做的这些事情，就是随心而动，再往深了说，其实是一个回归常识、良知的事情。比如，尚权律师事务所开展的"尚权蒙冤者援助计划"，基本上每年平反一起冤案，影响相对来说比较大。

让我讲尚权所怎样去办这些案件，我觉得就是一个常识和良知的问题。你觉得这个事情对吗？这个事情没有问题吗？如果说你觉得这个事情有问题或者不对，你为什么不去改变呢？其实这是一种朴素的感情，朴素的感情可能包含了刚才我们提到的正义、同情或者责任。这些东西其实都隐藏在我们内心深处，只不过我们的生活太卷了，可能没有办法唤醒这些原本就存在的良知，可能有时候我们睡醒之后这些东西才会出来。但是你办理案件的时候，确实觉得有些事情是应该做的。

你内心深处感觉到这个事情不对，感觉到这个事情不公平，你自然而然地就要去追求公正，我想这也许就是我们每个人心中的良知。我们尚权所办"蒙冤者援助计划"的案件都是不收费的，我们会全部免费，后来因为财力实在有限，我们可能让当事人承担一点点的差旅费，但律师费是全免的。

我还想说的是，其实在“蒙冤者援助计划”的所有案件中，前期的律师都做了大量工作，只是有幸这一棒交到我们尚权所手里。所以，其实我不是特别认同某个律师办理一个无罪案件后，觉得所有的功劳都是自己的。我觉得不是这样的，因为每个人都有良知，每个人都觉得这个事情不对，所有律师一个接一个做了很多年的努力，比如曹红彬案中的蒋律师一开始就做无罪辩护，这么多年了都没有成功，只是恰好我们成功了。可能要给我们算一份功劳，但更大的功劳可能在于我们前面接力的同行，还有作出无罪判决的法官，以及提出再审检察建议的检察官。我觉得这就是正义的光芒。虽然我们有的会发生对抗，但有时我们确实在某个问题上达成一致，都觉得这是不对的。所以一个案件的平反，我觉得就是天时地利人和，前面那么多同仁的接力，以及遇到有良知的检察官和法官，在天时地利人和的情况下，一个案件有可能会在蒙冤多年之后获得一个平反的结果。我们尚权所也会把“蒙冤者援助计划”继续办下去，只要我们还能办，我们就能推动法治进程半毫米。

潘金贵：我比较了解尚权律师事务所，他们不仅仅办理案件，而且对很多高校——不仅仅是我们学校——有很多无私的捐助和支持，这都体现出刑辩人的情怀。像“蒙冤者援助计划”，其实也是“钱”的问题，为什么未收分文，却付出很大的辛劳？办案实际上是一个劳心费力的过程，尤其这种陈年旧案，要想平冤昭雪，要还他一个公道，那需要律师付出很多。但是每一个冤案的平反争议都是很大的，而这就需要律师的情怀。我们恢复正义，给他一个清白，这是需要勤奋去支撑的。尚权所在和中国政法大学法律援助研究院一起做这个工作，做得也很好，所以格局、情怀很重要。

就像我前面给大家讲的，刑事辩护是一场公民和国家之间的争斗，在这个过程中站在公民一方的律师一定要有家国情怀，要为正义去奋斗、去呐喊，这种情怀非常重要。

下面有请常铮副院长。

常铮：按照我自己的理解，情怀是在刑事辩护中促使刑辩律师去做这件事情，并且能够坚持去做这件事情的动力。你能不能选择刑事辩护？能不能在刑事辩护上坚持下去？我们专业做刑事辩护，并一直坚持下去，这肯定是需要情怀的。我觉得情怀推动我们去钟情于这件事，热爱这件事，把它作为我们事业的动力。刑辩有它的魅力，有很多律师钟情于刑事辩护、热爱刑事辩护，这也需要情怀。

讲到刑事辩护的情怀，一定要追溯到张青松律师，从2006年尚权所成立，我就在尚权律师事务所，十三年内我都在尚权所被他的情怀所熏陶。今天我讲一讲自己在张律师的影响下，对于情怀的理解。

第一点，刑事辩护的情怀体现在社会责任上；第二点，刑事辩护的情怀体现在对中国刑事辩护事业、中国刑事辩护制度、中国刑事辩护法制的推动上。

首先是社会责任。很多年前，那时我还在尚权所，全国律协有一个五四青年律师的交流活动，当时全国律协秘书长带着律协年轻的工作人员到尚权交流，我们其实也在谈刑事辩护的理念和情怀。当时因为是五四青年节，要给青年律师提出一些希望和寄语。我在发言上就对青年律师提了四个寄语。其中有一个是，我觉得大家想选择刑事辩护，就应当先了解刑事辩护是干什么的，然后我们一定是有情怀才能去选择。你如果仅仅把刑事辩护当成一个谋生的手段，我觉得恐怕你很难一直坚持只做刑事辩护。当时我就讲，如果你想挣钱，你就不要选择刑事辩护，想挣大钱就更不要选择刑事辩护，你可以选择其他专业领域。这个说法的意思就是，刑辩律师也是律师——律师现在都市场化了，我们需要自己去拓展市场——但是我们不是商人。特别是刑辩律师，我们绝对不是商人，刑辩律师和市场化的商人、公司企业还是不一样的。虽然一方面我们要做商人做的事，我们要去成交业务，要去赚钱，但是另一方面我们承载的更多的是一种社会责任。尤其是刑辩律师，我们的社会责任是要对整个刑事辩护制度产生影响，我们要承担法律援助的责任，我觉得这都跟情怀有关系。就像刚才讲到的，无论是尚权的“蒙冤者援助计划”，还是现在很多律师尽管没有参与蒙冤者援助计划，但仍然在做一些没有钱但他也愿意去做的事情。我们刑辩律师是跟公、检、法对抗，其实不仅仅是在维护当事人的合法权益，回到理念上，刑事辩护追求的是公平正义，追求的是法律的正确实施，这种社会责任的践行就需要刑事辩护律师的情怀。

我记得我最开始执业的时候跟张律师办一个案子，当时快过年了，我们要回北京。那时没有火车票，我们坐的是带卧铺的大巴车。最后一排是大通铺，所有人都挤在上面。那个时候我就觉得，我并不是单单把刑事辩护作为一个职业或者一个谋生的手段，我还有一种情怀，我热爱这个事情，我愿意为这个事情付出我自己的努力。昨天我们在竞选北京律协刑委会的主任、副主任的过程中，有几个副主任说"我把自己十几年大好的青春都献给刑事法治工作"。我们一定不能只把它看作是谋生的手段，一定要知道刑事辩护律师所承载的社会责任。包括我们去做法律援助，或者做推动法治的事情，其实都是一种社会责任。因为我们刑辩律师的目的并不是要打败公权力机关，不是说在法庭上一定要说得天花乱坠，其实更重要的是解决矛盾，让更多人能息诉息访。所以说，我觉得它背后其实体现的是一种社会责任。

第二，对法治的贡献。张青松律师讲，我们要推动刑事法治进步，哪怕只有半毫米。我们可以看到的是，刑辩律师经常在搞活动、开论坛、搞讲座，刑辩律师这个队伍是一个特别爱发声的队伍，特别"爱找存在感"的队伍。为什么大家要"找存在感"，可能有各种各样的原因，但是这也说明刑辩律师天然地就有一种积极向上的精神，这个队伍就要提出一些不同的观点、不同的意见，目的是想推动法治进步——无论是用个案推动，还是用参政议政的方式推动。

刑辩律师搞研讨会、搞论坛，包括现在《刑事诉讼法》的修改，除了学者在发声之外，刑辩律师也在发声。在大家讨论时，都在讲刑事辩护中的问题，《刑事诉讼法》修改的问题，甚至很多人说刑辩律师一开会就是诉苦大会。这也反映出来，我们其实也是想通过倾诉去改变一些现有的问题。我觉得这体现了刑辩律师另一个很重要的作用，就是对法治的改变。哪怕他用个案去推动，也能够推动一点。我们过去说，其实很多法治的进步或改变，跟刑辩律师在个案中所起到的一些作用是分不开的。

我们还看到，可能刑辩律师在最开始的时候要考虑生存问题。当你在律师行业做到一定程度的时候，一定就会有不同的理解。到了一定阶段，可能不仅仅是为了自己，我们在做刑事辩护律师的同时，也是在推动行业进步，这就是情怀。

从个人到行业，从行业再到法治进步的进程，情怀又上升了。我们发现，在这个行业当中，当你有了一定的参与度之后，你就可以代表行业、组织行业的律师积极发声，在各种事件中，我们都可以提出我们的观点。比如我是从 2008 年开始就在参加律师行业的活动，全国律协、北京律协的活动我都在参与。我在这里的最大感受就是，比如司法部要做法律援助、死刑复核的律师培训、一些行业规则的制定，他们就会邀请我们参与，这时我们就可以通过这个渠道反映刑辩律师在实践当中权益问题的一些难点，从而推动它的解决。还有前段时间司法部做法律援助律师的评审，包括怎样选拔法律援助律师，怎样提升法律援助的质量，我们都有参与。还有现在《刑事诉讼法》的修改，全国人大现在也在征求意见，我们也有机会通过这种参政议政的方式提出我们自己对《刑事诉讼法》修改的意见。像我们的前辈律师，在刑事辩护圈里比较有名的，比如田文昌老师，他们其实都在用他们的方式，呼吁推动刑事辩护的变化，推动《刑事诉讼法》的修改。

所以我觉得，情怀到了更高的层面，就是我们做刑事辩护律师不仅仅是关注自己，还要关注整个刑事辩护事业的推动。这可能是做刑辩律师和其他专业律师不同的地方，我们既要承担社会责任，也要有更高的法治情怀，这才是刑辩律师真正应该有的形象。

潘金贵：我们强调一个优秀的刑辩律师一定要有社会责任感，作为一个法律人，在有一定成就之后，要有为国家的法治建设做贡献的使命感。所以说要当个律师可以很容易，当刑辩律师也很容易，但是要成为一个优秀的刑辩律师，必须有正确的职业理念，要讲相应的技术，同时还要法律人应当具备的情怀。今天这个讲座虽然看似抽象，但实质上很多内容应该对同学们和线上的朋友们都有一些启发。作为一个优秀的法律人，不是简单地背几个法条、读几本书、办几个案子，我们也要有作为一个法律人应该有的情怀。

07

证据属性

——三性、两力与中式结构属性三分法

主讲人：郑　飞　北京交通大学法学院副院长、副教授、硕士生导师，美国西北大学法学院访问学者

主持人：潘金贵　西南政法大学法学院教授、博士生导师，西南政法大学刑事辩护高等研究院执行院长、西南政法大学证据法学研究中心主任

与谈人：王迎龙　中国政法大学副教授、硕士生导师

王　彪　西南政法大学副教授、硕士生导师

吴国章　西南政法大学刑事辩护高等研究院副院长，福建壶兰律师事务所主任、全国优秀律师

时　间：2024 年 9 月 27 日 19：00

潘金贵：今天是全国青年证据法学者在线系列讲座第一季的第三讲。全国青年证据法学者在线讲座是西南政法大学证据法学研究中心结合西南政法大学法学院推出的系列青年法学讲座。这个学术活动主要是公益属性，一方面，我们想通过该活动介绍一些新的学术观点、学术成果；另一方面，希望可以推动我国的证据法学的研究。在司法实践中，无论是刑事案件的侦查、起诉、审判以及辩护，还是民事诉讼中的诉讼活动，证据问题都变得越来越重要，而且这种重要性也越来越为大家所认识到。但是在这个过程中有一些基本的证据理论问题是需要厘清的，有些问题看起来非常基础，但是能不能把它厘清，有些时候挺考验水平的。比如郑飞教授今天讲座的选题，就是既基础又高深，关于证据的基本属性的问题以及中国语境下怎样看待这些问题，这都是很重要的。在司法实践中，其实也是办案的时候要面临的一个问题。比如，法官审查案子，控辩双方经常谈到证据三性问题，但是对于这

个问题，双方的意见也并不统一。郑飞教授对这个问题进行了比较深入的研究，也取得了一些成果。郑飞教授是北京交通大学法学院副院长、副教授、硕士生导师，已出版了证据方面的三本专著，一是证据法的理论反思，二是无罪裁判的正确逻辑，三是证据性的权利研究。尤其是证据性权利问题，我觉得是一个非常有创新性，很多人都认为证据问题仅仅是用于诉讼，但是实际上证据里面涉及很多权利上的问题，比如说大家最熟知的非法证据排除，实际上是从权利保障的基本理念上延伸出来的一个证据规则。我很期待郑飞教授从理论上会怎么看待这些问题，从实践中又会怎么来认识这些问题。

今天这个讲座我们还邀请到了三位优秀的证据法方向的青年学者来参与研讨。第一位是中国政法大学副教授、硕士生导师王迎龙，第二位是西南政法大学副教授、硕士生导师王彪，第三位是全国优秀律师、西南政法大学刑事辩护高等研究院副院长、福建壶兰律师事务所主任吴国章。接下来就有请郑飞老师做主题讲座。

郑飞：今天这个选题是我 2021 年在法学研究上发表的一篇论文，从我一开始学证据法，就对这个问题非常感兴趣。后来又做了一段时间兼职刑辩律师，在这个过程中结合实务有了一些新的想法，想对这个问题做一个系统的阐释。今天主要是在那篇论文的基础上给大家作一个汇报，当然因为那篇论文篇幅有限，所以有的问题没有展开，如果大家还有进一步的兴趣的话，可以去看我近期出的专著《证据法的理论反思》，里面有专门一章对这个问题作了更深入的解释。

今天要给大家汇报的问题分为四个部分。第一部分是问题的提出；第二部分是对现有的这些证据属性的观点进行类型化；第三部分是对类型化的证据属性进行层次性的观察；第四部分是基于证据属性进行陈述，反思我们国家的证据规则体系的启示。其实证据属性它不仅是属性本身，我的基本观点是，它其实反映了不同国家不同法系证据规则体系的建构，在第四部分我会作一个详细的展示。

证据的属性，其实是一个存在已久的争论。新中国成立之后，实际上在我们国家的研究当中，有四次主要的争议。在新中国成立之后到改革开放之前，有一段时间对于证据是否具有阶级性有一场很大的讨论，但是后来由于我国政策的转向，证据是否具有阶级性这个问题受到了批判。现在在教材中基本上不会提到这样一个问题。第二个是关于证据是否具有客观性的问题。证据是否具有客观性以及它是否真实等这样一些表述，到现在都有不同的观点碰撞。张保山老师也写了一篇文章，叫《证据客观性的批判》，也有维护证据客观性的表述等，争论一直延续到现在。第三个争论是关于证据是否具有合法性。如果说相关性、真实性是我们一般的证明领域里面都会谈到的，证据是否具有合法性，那就存在不同的观点了，有的认为有，有的认为没有。到了 2000 年前后的时候，对证据属性又有一次集中的争论，这次争论有很多学者提出证据属性没有必要研究，应该转向证据能力和证明力的研究。可以看到，证据的属性在 2000 年之后，有一段 10 年左右的沉寂，到了近几年又突然成为了一个热点问题。大家可以去检索一下这几年关于证据属性的研究，其实有很多相关的论文，对证据属性的考证等。证据的基本属性研究的兴起，我个人认为是因为张保生老师发了一篇论文讨论证据属性的问题，他在论文中批判了证据的客观性，同时提到了一个很重要的理论，就是证据属性是证据法学的本体论，它是构成证据制度的基础。我非常赞同这个观点，因为证据属性如果不厘清的话，构建的证据制度、证据规则体系，是没有办法解释清楚的，会变成一个无根的体系。张保生老师写了这篇论文，批判证据的客观性之后，何家弘老师又写了一篇论文，提出了一个非常明确的观点，他认为证据属性是一个伪命题，没有必要研究证据属性了，只需要研究采纳与采信标准。至此，就形成了一个交锋，即证据属性是否重要。张老师认为证据属性是本体论、是基础，何老师认为它是一个伪命题，没有必要去研究。

我针对这个问题产生了进一步的思考。我思考的路径实际上就是沿着张保生老师等人的思路，他们在写论文的过程中，针对证据属性，对当时主流的证据法学教材进行了梳理，我把这种统计称之为横向的统计，是关于证据属性或者证据特征的一个学术的统计。在他们的统计的表格中，有旧三性说、两性说、新三性说、四性说。这么多观点，到底采用哪种方式，还有不同的排列组合。但我们讲的传统的三性有两例，甚至有两例加某一个属性等各种各样的排列组合。我就想再做一个纵向的类型化分析，它可以分成 5 类，包括证据是否具有证明作用、证据是否真实可信、证据是否合法、证据准入资格、证明力的大小这五种层次。当然，每一种属性的类型可能都有不同的表述，比如说关联性，有的叫相关性、证明性，证据能力有可能又叫可采性或者适格性等，会有不同的表述，但大致可以分成五种类型。这是一个纵向的类型化的分析。

对这五种证据属性，可以进一步作一个简单的解释。首先看第一类。有关联性、相关性和证明性这三种不同的表述。其实它们都表达一个意思，即证据对于待证要件事实是否具有证明作用，如果有，那么它就具有相关性、证明性或者关联性。只不过关联性可能是我们传统的表达的方式，而相关性更多的是学者采用英美法系的说法。如果用我国《刑事诉讼法》第 50 条来解释的话，可以看到它的表述是“可以用于证明案件事实的材料，都是证据”。也就说，证据只要能够证明案件事实，不管是证实还是证否、证伪，都是正确的，可以看到，其具有内在的一致性。英美法系中，比如美国的证据法，仅仅把相关性作了更加细致的表达，分成了证明性和实质性。为什么这么分，什么叫证明性，什么叫实质性，实际上讲的是证明性的具体内涵，比如一方的一个主张能够证明什么。另外，实质性是什么？是提出事实主张的一方，他的事实主张与审判之间是否具有实质性。举个例子，比如，张三被指控杀人，控方或者辩方提出一个证据，即张三的母亲提供证言来证明张三有某种疾病，那么张三母亲的证言对于张三是否患某种疾病这个问题，是具有证明性的。要审查这种疾病与本案要审判的故意杀人案是否有关联，如果没有关联，这个证据就不具有相关性。如果控方提出了另外一个证据，就是张三买了一把刀的发票，证明他买了这把刀，那么发票确实与张三是否买这把刀存在证明关系。另外，这个事实主张与张三犯故意杀人罪之间有实质性的关联，所以可以看到，它对于相关性的内在结构作了更加深入的表述。

第二类就是真实性，客观性或者可信性。这几个概念无外乎都是说的一个问题，即这个证据它是否真实可靠，只是它有不同的表达，比如客观性，这是我们传统的表达，但是对于这种表达，张保生老师批判说它存在混淆本体论与认识论的问题，将证据与事实混为一谈，没有认识到事实认定的盖然性的特点等问题，当然这个问题我不展开，大家可以去看一下相关的论文。我是非常赞同这个观点的，即客观性的表述确实存在问题，它最大的问题是混淆了本体论和认识论。另外就是真实性，这个概念我是比较赞同的，而且现在法律中基本上也采纳这样一个概念。大家可以看到，从《刑事诉讼法》

到《刑事诉讼法》的解释，包括最高检的规则、公安部的规定以及包括电子数据等相关规定，都是采用真实性的概念，当然也不排除其他的一些规范性文件等还采用客观性的表述，但是主要的法律到主要的司法解释，都采用的是真实性。我更赞同真实性一概念。真实性体现的是一种主观与客观相符，这个概念更多的是一个认识论的概念。从普通人的角度来看，真实性可能会给人一种感觉，即非真即假的两极化。张保生老师就建议采用可信性，它更能表达一种程度，即从0到100的可信程度。可能现在更多的是英美法系的概念，它主要指的是证据本身及来源是否可信。但是有学者认为，可信性表达的是证人证言的可信程度，如果涉及实物证据，英美法系则更多的是表达可靠性。当然，另外一种解释说，可信性包含了言词证据的可信性以及实物证据的可靠性。回到中国的语境下，我更赞同真实性是因为真实性既有真假，还有真实的程度。

第三类是合法性和法律性的问题。这两个表述其实没有任何的差别，它们都代表了法律对于证据的特别评价，就是说证据是否符合法律的规定。法律对于证据的特别评价是法律程序当中特有的，主要是指取证的合法性。如果对合法性作一个广义的解释的话，它其实还包括合伦理性、合效率性以及合政策性等，即公正、人权、和谐和效率等方面的法律要求。比如，我们的非法证据排除规则，它其实就是一个典型的合法性的要求。

第四类就是对于证据能力、可采性和适格性的表述。证据能力我们之前普遍认为它是大陆法系的一个表述，但后来陈学全教授在他的文章中做了考证，在大陆法系，比如德国和法国其实没有这个概念，它很有可能是日本人在翻译过程中造的词。因为在现代汉语当中很多词是先由日本翻译西方国家的词汇，再由日文翻译成中文。一位博士生对于证据能力的词源做了一个详细的考证，他的大致观点是证据能力这个词是日本人用英美的可采性概念来总结大陆法系的特征，从而创造了证据能力这个词，后来这个词又经过我国台湾地区学者的发扬，后来才被祖国大陆的学者所接受，但此后很长一段时间没有人去考察证据能力这个词汇的来源。

我的基本观点在今年刚刚发表的文章脚注里作了表述，我认为尽管这个证据能力是日本人创造的，但是实际上我们完全可以用“证据能力”这个词来概括大陆法系的有关制度，因为在大陆法系里面主要是用于严格证明。比如德国分成严格证明和自由证明，严格证明主要是对要件事实的证明，而自由证明主要是对程序性事实的证明，而只有在严格证明当中才适用相应的证据规则。在英美法系它叫可采性，实际上也是一种适格性的问题。所以不管是证据能力，还是可采性，都是法律拟制的一个证据准入的资格，只不过在表述和适用程序上有差异。比如大陆法系适用严格证明，而英美法系的可采性规则是没有限制的，在表述上也不一样。需要排除的证据，大陆法系叫“不具有证据能力”或者“缺乏证据能力”，而在英美法系一般称“不具有可采性”或者“不可采信”。这种不具有证据能力或者缺乏证据能力，在有大陆法系传统的我国台湾地区还有日本被称为证据能力。当然日本是一个混合法系国家，但它底子还是大陆法系，后来“二战”之后吸收了英美的一些规则。

第五类就是证明力。其实你会发现证明力和相关性是一样的，两大法系对这个词汇的使用其实是高度一致的，但我没有去进一步考证在德国、日本它们是怎么表述的，至少在我看到的现有的中文文献和英文文献当中，日本学者写的英文论文，包括法国、德国写的英文论文，大部分表述都是比较一致的。因为如果用英文来看的话，它有 probative force 以及 weight of evidence，当然还有要证明的价值，比如《联邦证据规则》403 中的证明价值（probative value），但不管怎么去表述它，实际意义上并无不同，都指的是证据对于待证事实的证明作用。也就是说，证据在多大程度上能够证明案件事实，它的证明力到底多大，证明价值到底有多大，证明分量有多大。这是第五类的表述。

我们会发现刚才介绍的那些学说基本上都是对于刚才的五类属性，也是所谓的“三性两力”的不同排列组合。我刚任教的时候，有学生就问我这个问题：“老师我能够理解证据能力和证明力，先判断证据能力再判断证明力，但是为什么后来要判断客观性？证据能力和证明力是递进的关系，后边的客观性跟前面的有什么关系？”相关性、可采性、证明力或者相关性、证据能力和证明力，这些是递进的，大家都能理解。还有同学问我：“老师，可信性跟前面三个什么关系？”我当时就懵了，我也不知道。所以你会发现有不同的排列组合，但多数情况下没有办法去解释内在逻辑关系。正是这种内在逻辑关系没有理清，导致司法实务中非常混乱。

总之，它混乱的根源在于五种类型的属性混搭。大家都将证据属性的学说视为二维平面式，这些学说并没有认识到证据属性实际上具有层次性，也即“三性两力”是具有层次性的，正是因为这一点，所以基本上大家都是各说各话，公说公有理，婆说婆有理。为了进一步弄清各方争议的实质，必须要对这五种证据属性的层次性做系统的梳理。从比较法的角度、立法的角度和司法实践的角度，会发现我们在国内的研究中基本上形成了四套主流的话语体系。第一就是我们传统的“三性”。第二就是大陆法系以日本和我国台湾地区为主的“证据能力”和“证明力”。第三是英美的以“可采性”为中心。这里要稍微解释一下，以“可采性”为中心的证据规则体系中，“相关性”是“可采性”的一个必要条件，其实可以把它纳入“可采性”里。有相关性的证据一般可采，不相关的证据不可采，当然，有相关性的证据也有可能因为其他原因而不可采。对于证明力，基本上没有规则，但证明力是由陪审团来判断的，可采性是由法官来判断的。第四是我国在立法和司法实践中逐渐形成的证明资格、立案根据资格和证明力这样一套话语体系。所以必须要厘清这四套话语体系以及这五种基本的证据属性。

回归到所讲的“三性两力”，那“三性两力”到底是一个什么样的关系？我首先对“三性两力”的关系做系统性的梳理。这种层次性的结构理论也得到龙宗智老师的认可，也有律师专门以证据属性层次论针对法庭上的质证适用写文章，得到了理论界和实务界的认可，这是比较欣慰的。这个层次性到底是什么样的建构？我把它分成要素属性和结构属性。为什么这么分？要素论是从证据评价的角度来看，影响证据评价的基本要素或者标准是什么？拿到一个证据，从哪些维度去评价它？用什么标准来评价它？要素属性分成关联性、真实性、合法性，可以从三个不同的维度去评价证据。什么叫结构论？从事实认定的程序结构进程看，可以将事实认定分成若干的审查判断阶段，比如英美这种二元式的法庭，法官判断证据是否具有可采性，这是法律问题，而证据的证明力有多大则由陪审团来裁判。这是基于程序结构进程的一种分类，我把它称为结构属性。要素属性内部的关系是什么？结构属性内部的关系是什么？不同层次内部的关系是不一样的。

要素属性之间的关系，第一，从证据评价的维度上看，是平行关系，即证据是否与待证事实相关。第二，证据本身以及它来源是否真实。第三，法律对这个证据有没有特殊的要求，也即证据的合法性。这是三个不同的平行维度。如果从重要程度上来看，关联性是最重要的，因为关联性决定了证据是不是证据，如果不具有关联性则根本就不是证据。具备关联性后，判断是否真实，最后判断是否合法，所以关联性是决定证据资格最重要的一个因素。相关性是现在证据法的基础，我把它概括为由相关性统领的平行关系。结构属性是基于结构进程的递进关系，三性之间的关系其实非常复杂，这一点我还没有完全梳理清楚，比如说真实性在某种程度上是关联性的影响因素之一，之前的《人民法院办理刑事案件第一审普通程序法庭调查规程》第46条就明确讲了，未通过辨认、鉴定等方式确定其与案件事实关联的不得作为定案的根据，真实性某种程度上是关联性的一个影响因素。合法性通常也会成为真实性的保障，很多的合法性规则的首要目标都是为了保证证据的真实性，甚至某种程度上，我们国家的非法证据排除规则其实就是真实性规则，本质上并不是狭义的合法性规则，非法证据排除规则更多是为了保障真实性，为了防止冤假错案。

我的基本判断是，每一个要素属性都在不同程度地影响着每一个结构属性。在上述属性之中，彼此的影响程度是不一样的，关联性既影响了证据能力，也影响证明力，关联性是证据能力的必要条件。关联性的程度也是证明力评价的重要影响因素，它既影响证据能力，又影响证明力。真实性既是证据能力的重要影响因素，也是证明力评价的重要影响因素。真实性是证据能力的一个重要影响因素，例如《刑事诉讼法》第50条第3款，证据必须经过查证属实才能作为定案的根据，在英美法系有一个这样的规则，若要采纳证据，要对提出证据的人对证据本身的一个证明是否真实，是否同意。真实性是证据能力或者可采性的一个重要影响因素。真实性也是证明力评价的重要影响因素，对于证明力的评价取决于推论链条的每一个环节。其中第一个环节就是可信性，如果把可信性视为真实性的话，那么真实性就是证明力的一个评价因素。

相关性和真实性都在不同程度上影响证据能力和证明力，合法性也是一样。我们可以看到，相关性的有无影响的是证据能力，相关性的程度影响证明力，真实性主要影响的是证据能力，真实性的程度或者可信的程度影响了证明力的评价。合法性在影响证据能力和证明力时可能不太一样，合法性是证据能力的重要影响因素，也在一定程度上影响着证明力的评价。以非法证据为例，不合法的证据分为非法证据和瑕疵证据，那么瑕疵证据经过补正和合理解释之后仍然是可以采纳的，但是法官在对瑕疵证据进行评价时，因为他之前知道取证程序违法，那么或多或少地会影响证据证明力的判断。再就是我国的非法证据排除规则的设立初衷，是因为之前出现了很多的冤假错案。美国为了防止警察采取侵犯公民宪法权利的方式取证，是为了保障公民的宪法基本权利免受侵害。德国的证据禁止规则也是类似，防止警察采取侵犯德国基本法上的基本权利的方式取证，否则，取得的证据禁止使用。但是我国的非法证据排除规则是虚伪排除理论，实务当中很多非法证据是无法排除的，认为冤假错案的造成很大程度上是因为刑讯逼供，即使没有排除，法官可能会对证据的证明力减分。所以我才说合法性也在一定程度上影响着证明力的评价。层次性的第一个体现就是“三性”在不同程度上影响着“两力”，这是我的基本判断。

第二个体现就是层次性，自然属性与法律属性的区分标准基于认识论和价值论，比如在英美法系的传统中，它有认识论和价值论之分，将证据规则分为内部规则和外部规则，内部规则和外部规则的认识上有不同的观点，但是主流的观点认为内部规则是求真的规则，外部规则是求善的规则，证据法的一个基本内在逻辑就是求真与求善的平衡。有的规则是“求真”，有的规则是“求善”，有的规则是“求真”与“求善”的平衡。如果证据主要是“求真”的，那就是内部规则，促进事实认定的准确性。如果是为了保障其他相关的价值，那就是外部规则。从程度的角度来讲，要素属性里面关联性和真实性是自然属性，合法性是法律属性，而结构属性里面证明力是自然属性，证据能力是法律属性。分别来看要素属性里的自然属性和法律属性，为了促使内部目标实现的自然属性有相关性，真实性，即证据是否与要证明的事实相关，这个证据本身是否真实可信的问题，具有认识论上的普适性。但是合法性并不是与生俱来的，是为了保证法律程序中证据的品质以及法律诸多价值的实现而存在，所以合法性作为证据属性是外加进去的，只有在法律的场域才有，主要是促进与准确性无关的外部目标的实现，比如公正人权、和谐价值等，具有历史性和地域性，国家不同，非法证据排除规则也不同。在结构属性中，可以很明确地看到证明力是判断事实的，证据能力是法律问题，这在陪审团审判中作了一个非常明确的区分，有个条文可以反映出要素属性和结构属性的这种层次性划分，即 2018 年的《人民检察院公诉人出庭举证质证工作指引》第 40 条第 2 款，质证阶段的辩论一般应当围绕所谓的要素属性，它的排列我觉得有问题，我认为应该是关联性在前，真实性、合法性在后，围绕要素属性对于证据进行评价，然后再判断有无证据能力，证明力有多大，我认为这个表述就是一种结构属性的表达，即我刚才表达的基本的观点——“三性”在不同程度地影响着“两力”，每一个要素属性都在不同程度地影响着每一个结构属性，这是我的基本判断。

对于这种研究，不管是要素属性和结构属性，还是“三性”和“两力”，必须把关系厘清，否则不利于建构证据规则体系。又回到了最开始谈到的证据属性的研究发展，这里有一个细节，在二十世纪八九十年代，我们国家对证据属性的研究中，大部分都是对“三性”的讨论，例如有没有关联性，到底是客观性还是真实性，有没有合法性等。到了 2000 年前后，那时的基本观点就是传统的证据属性没有必要研究了，而是要研究证据能力和证明力。用何家弘老师的话来讲，要研究采纳与采信，采纳与采信和证据能力与证明力可以对应。所以研究发生了转向，我把它分成两个阶段，前一个阶段只注重要素论，也就传统的三性，后一个阶段注重“两力”结构论。但是这二者都有理论缺陷，都忽略了一个共同的问题，证据的要素属性正是证据的结构属性的影响因素或者判断因素，二者只是不同层次的存在而已，也就是说“三性”在不同程度地影响着“两力”，“三性”是“两力”的一个判断基础。大家去看何家弘老师的论文，所谓“采纳”和“采信”的标准其实还是“三性”中证据属性的表达。就采纳而言，也要关注相不相关、合不合法、真不真实，其实还是要回归到传统的“三性”。但是并没有完全揭示出来，何家弘老师的观点就是不研究“三性”，虽然不研究证据属性，但是换一个词继续研究，换汤不换药。我的基本观点就是要素论和结构论都重要。

为什么重要？因为“三性”在不同程度地影响着“两力”的判断。那么为什么要并重？其实主要涉及先前被忽视的“两个面向”。第一个面向就是从微观层面上看，在八九十年代更多地偏向于证据到底具有哪些属性，是否具有客观性？是否具有合法性？客观性到底叫真实性还是可行性还是客观性？而对于各种证据属性的影响因素缺乏更深入的研究，比如相关性，到底怎么去判断？如果做更深入的研究，相关性的内在结构其实更复杂。真实性也是一样的。对于真实性，仅仅是以证人证言的可信性来表达。比如国内的立法主要是通过直接感知、认知记忆能力、表达能力、利害关系以及证人证言与其他证据是否相互印证等因素来判断是否可信。国外则有比较系统的研究，包括证人证言的三角形理论、言词证据的可信性理论等。如果把这些理论综合起来看，影响证人证言可信性的因素主要包括多个方面。比如证人的认知能力差异、认识因素、控制因素、精神状况与年龄等。还有证人证言来源的不确定性，可能是亲身经历，有可能是听别人说的，有可能是基于自己的判断作的推论，还有证人感知能力的差异，但这种感知能力差异有可能是因为环境，比如灯光不好，自身条件也可能有影响，比如视力、色盲等，还有证人信念加工的根据不同也会产生影响，比如可能是根据感官证据来形成信念，但也有可能之前的经历会影响信念的形成，若某人先前曾遭受家庭暴力，并在后来目睹了一起案件，最终在法庭上作为证人提供证言，那么在构建个人信念的过程中，其过往的经历很可能会对其记忆产生深远影响，这包括内心深处强烈的情感诉求，也可能影响大脑中信念的形成与加工过程。另外，记忆能力的差异也是一个重要因素，包括多种干扰记忆的因素，如时间的长短等。同时，诚实性的考量、个人的品性倾向以及利害关系等也可能产生影响。陈述能力的差异也不容忽视，有些人或许拥有出色的表达能力，如多次在公众场合进行演讲，但在法庭上却显得唯唯诺诺，无法准确陈述，这种情况下，就可能引发一系列问题，对案件事实的认定造成困扰。因此，可以看出影响证人证言的因素繁多。我将在另一篇论文中进一步探讨针对这些影响因素，如何从不同角度进行系统化的整理与规范。

很多程序性的规则也在很大程度上规制着证人证言的可信性。比如，对于证人的认知能力和表达能力的规制，对证据、证人资格的规制，对证人证言来源的规制，对传闻意见的规则。还包括其他程序规制，有证人出庭规则，有对质和交叉询问的规则，还有对于事实认定者施加的特定要求，审理者积极审理裁判等原则。应该对世界上各个国家不同的规范作系统性的总结，从而反观我国的规则体系，找出哪些是没有的。当然，也可以评判不同国家的证据规则，它们并非完美无缺。因此，应该构建一种系统性的规制机制，以确保证人证言的可信性，这是我的基本观点。然而，这一考察过程极为复杂，涉及众多方面，也是我未来研究的一个重要方向。目前，我已经在微观层面上对此进行了一些初步的探索，但尚未完成。哪些因素在影响相关性，尤其是要素属性方面，哪些因素在影响着真实性，哪些因素在影响着合法性。尤其是真实性，不同的证据类型，它的影响因素不一样，尤其是最为复杂的电子数据，对于它的真实性的研究是研究最多的，现在也有学者在研究电子数据的取证合法性问题。比如谢登科教授做了非常系统的研究。这是微观层面，之前基本被忽略，但是近来也有部分学者对这些问题做了比较深入的研究。

另外就是宏观层面。为什么证据属性是证据制度或者证据规则的基础，二者之间到底是个什么样的关系？进一步看，我们会发现两大法系的证据规则体系或者证据制度是证据属性层次性的逻辑展开。比如在大陆法系之中，可以看到证据能力规则与证明力规则。比如，在证据能力问题上，大陆法系一般不对证据的采纳作出明确的限制性规定，但是有零星的规定，其实也是以证据属性为基础的。德国的证据禁止理论包括了证据取得之禁止和证据使用之禁止，后者其实就是通过证据能力规则禁止这类证据使用。同样再看英美法系，从吉尔伯特到摩根，英美法系的体系化是一个非常长的过程。英美法系的证据规则最初并不是学者的总结，是法官在一个个案件中建立的，然后学者再对这些规则进行系统化。在系统化的过程中，有一个非常突出的特点，就是将一些本属于实体法的规则当成程序法的规则排除出去，从而奠定了现代英美证据法的基础。以美国为例，其联邦证据规则体系其实就是以赛耶的两原则为基础，再加上摩根的自由裁量权规则，那么赛耶的两原则就被吸收为 401 和 402，401 是证据的相关性的定义，402 就是摩根的两个原则，即相关的证据一般是可采的，不相关的证据不可采。当然，证据也有可能因为其他原因，比如说宪法的规定，还有根据联邦证据规则的规定要排除。再加上摩根的自由裁量权规则，也就是说 401 和 402 以及其他的排除规则都不能排除证据时，最后法官还可以基于 403 也就是证据的危险性超过了证明力的规则进行排除，所以摩根的规则被吸纳为规则 403，因此，理解了 401、402、403，就基本上能够理解美国的证据法的体系了。如果我们对英美的证据法体系进行进一步的解剖，还可以非常明显地看到，证据规则体系是证据属性层次性的逻辑展开，可以看到英美的证据规则里面有真实性、相关性、合法性的规则，真实性体现在传闻证据等规定之中，相关性体现在美国的401、402的规定，相关的证据一般是可采的，不相关的证据不可采，合法性主要体现在402部分，其实，如果以美国的宪法、联邦的制定法、联邦证据规则以及最高院制定的其他规则（比如我们的刑事诉讼规则、民事诉讼规则等，如果它们另有规定）为分析依据，那么这些证据即使符合其他大部分排除规则或分析规则，也可能因其属性而被视为不可采。如果再进一步从结构属性上分析，英美的陪审团审判制度中，法庭呈现出一种二元化的结构。法官主要负责判断法律问题，特别是证据的可采性。而事实问题，即证据的证明力，则是由陪审团来判断的。在陪审团审判过程中，先被动地听取庭审，然后控辩双方进行举证和质证，对证人证言进行直接询问和交叉询问。然后法官再来判断这个过程中哪些证据是可采的，不可采的证据不能让陪审团听到或看到。比如说，有时在庭审过程中，一方当事人会对某个证据或论点提出反对意见。这时，法官很可能会将控辩双方召集到裁判席前，甚至邀请他们到自己的办公室，私下讨论这个证据是否应该被采纳。这样做的目的是防止陪审团听到有争议的内容，以免影响他们的判断。如果法官决定排除某个证据，那么该证据就不会再被呈现给陪审团，以避免对陪审团产生误导。这个答案其实很容易理解。以辛普森案件为例，当然其中还涉及很多其他因素，但他在刑事审判中被判无罪的一个很大的原因在于很多关键证据被排除了，而这些证据是公众和陪审团原本可能听到或看到的。

其实，在探讨英美的证据法时，有一个非常形象的比喻。这个比喻在我论文的初稿中有所提及，并在我的《证据法的理论反思》一书中通过脚注进行了说明。需要澄清的是，这个比喻并非我原创，它源自我在2012年至2013年间作为访问学者在美国西北大学学习证据法时的一次深刻记忆。当时，我在旁听另一位证据法教授的课程时，这位教授用了一个生动的比喻来形容英美的证据法。他说：英美的证据法可以想象成两个湖泊。其中一个大湖泊代表了所有本案的证据信息，这些信息被控辩双方都收集到了。而另一个小湖泊则代表了具有可采性的证据。这两个湖泊之间通过一条河流相连，但这条河流中布满了暗礁，这些暗礁就是各种证据排除规则。换句话说，大湖泊中的证据信息要想流入小湖泊，就必须经过这条河流，并避开其中的暗礁。如果证据信息触碰到了暗礁，它就有可能沉没，无法到达小湖泊。这也意味着，并不是所有的证据信息都具有可采性。我认为这个比喻非常形象且贴切。在此基础上，我对英美的证据排除规则体系进行了分类，并作出自己的贡献。我将这些暗礁（即证据排除规则）分为四大类。第一类是关于证据本身及其来源真实性的规则。这类规则主要涉及证据的真实性和同一性的认定，体现在联邦证据规则104的预备性问题中，以及辨认和鉴真的一些规则上。它们用于判断证据是否真实，以及证据的来源是否可靠。通过这样的分类和解析，我们可以更加清晰地理解英美的证据法体系，以及证据在庭审中的运用和排除规则。第二类是涉及证据对待证要件事实是否具有证明作用的逻辑相关性规则。这主要探讨的是证据是否具有某种趋向性，即它是否能够在逻辑上支持或反驳待证事实。对于证据何时具有相关性，这实际上是一个逻辑判断问题，它涉及多种表述和考量。当某个证据的存在与否对待证事实的可能性没有实质性影响时，即认为该证据与待证事实不相关。换句话说，如果有了这个证据和没有这个证据，待证事实的可能性都保持不变，那么这个证据就是不相关的。反过来，如果某个证据的存在使得待证事实更有可能或更不可能发生，即它具有证伪或证实的作用，那么就说这个证据对待证事实具有证明性。这种证明性是逻辑判断的结果，属于逻辑相关性的范畴。因此，逻辑相关性的规则要求区分相关证据和不相关证据。只有那些与待证事实具有逻辑关联性的证据，即能够支持或反驳待证事实，才具有可采性。对于不相关的证据，则应当予以排除。通过这样的分析，可以更加清晰地理解逻辑相关性规则在证据法中的应用，以及它如何帮助筛选出具有证明价值的证据。第三类暗礁是其他排除规则。这些规则主要是基于非逻辑性的原因，排除了那些原本具有逻辑相关性的证据。例如，有些证据虽然具有相关性，能够影响我们对事实主张或待证事实要件的判断，使其更有可能或更不可能发生，但出于公正、人权、和谐、效率等价值的考量，这些证据仍可能被排除。尽管相关性的检验标准相对较低，允许一些微弱相关的证据进入法庭，但为何还要否定某些具有逻辑相关性的证据呢？这主要是基于其他重要的法律原则和政策考量。比如，典型的传闻证据排除规则，就是出于保证对质权等诉讼权利的需要，而排除了那些未经直接询问和交叉询问的传闻。第四类规则是前面三类规则都无法排除的特殊情况。前面三类规则主要考虑了证据的真实性、相关性和合法性。然而，在某些情况下，即使一个证据满足了这三性的要求，也可能因为其他因素而被排除。这里所说的第四类暗礁，是英美证据法中的一个特有规则，即平衡检验规则。当其他证据规则都无法基于真实性、合法性和相关性的考量来排除某个证据时，美国的法官还可以依据规则 403 来进行判断。规则 403 指的是，当某个证据虽然具有证明价值，但其可能产生的危险性（如偏见、误导、混淆等）超过了其证明价值时，该证据应当被排除。举个例子来说，如果一个被告人因他向被害人泼了硫酸导致被害人毁容被起诉，检察官可能会希望举出被害人毁容的照片作为证据。然而，在这种情况下，即使这张照片是真实的、与案件相关的，并且是通过合法手段获得的，但如果其展示的内容过于血腥、残忍或具有偏见性，以至于可能误导陪审团或产生其他不良后果，那么根据规则 403，这张照片仍然有可能被法官排除。法官需要权衡这张照片是否应该被展示，如果法官认为这张照片有可能误导陪审团，比如陪审团成员在看到照片后可能因同情被害人而过于情绪化，以至于忽略了案件的其他关键证据和事实，从而错误地判定被告人有罪，那么法官会决定禁止展示这张照片。换句话说，即使这张照片真实地反映了被害人的惨状，并且与案件相关，但如果其展示导致的后果是陪审团成员在没有充分考量案件事实和证据的情况下，仅凭照片所呈现的情感冲击就作出判决，那么这张照片就可能被视为具有误导性，因此被排除在法庭证据之外。法官在决定是否排除这类证据时，必须谨慎权衡其证明价值与可能产生的危险性，以确保审判的公正和准确。所以这个时候法官还具有裁量权，这是摩根规则。所以这四类暗礁证据铺垫的就是真实性和相关性的规则，以及还有其他排除规则关于合法性的考量。

从英美的证据法体系来看，可以发现证据属性的层次性是英美证据法的一个内在逻辑。换句话说，英美的证据规则体系是证据属性层次性逻辑的具体展开。之前我们提到的过程，即上游湖泊的证据信息历经重重挑战，经过四重暗礁的考验，最终转化为具有可采性的证据，整个过程都是由法官主导的。庭审结束后，陪审团会在闭门会议中决定这些证据在多大程度上能够证明案件事实。一般来说，证据的证明力判断是陪审团的自由裁量权范围，而证据的可采性判断则是法律问题，由法官决定。因此，可以看到，英美的证据法主要以相关性为逻辑主线，构建了一个以可采性为中心的证据规则体系。在这个体系中，真实性、相关性和合法性的判断都是影响证据可采性的主要因素。当然，证据的真实可靠性程度、相关性的强弱以及合法性等问题，虽然主要在法官的审查范围内，但它们实际上也会影响陪审团对证据证明力的判断。因此，可以得出结论：英美的证据规则体系是证据属性层次性的逻辑展开。值得注意的是，类似的大陆法系也是以证据能力为中心，秉持法定证据主义。对于证据能力的判断，同样由法官进行自由评价。在这一点上，两大法系具有很大的相似性。这是我们讨论传统三性（真实性、相关性、合法性）与证据能力、自由裁量权在两大法系中的体现时所强调的。后来，我国提出了一种新的证据理论，我称之为“中式结构属性三分法证据资格理论”。这一理论主要基于北京大学法学院吴洪淇研究员在一篇文章中提到的“材料证据与定案根据”的概念。根据《刑事诉讼法》第 50 条的规定，我们可以看到，首先，能够证明案件事实的材料都被视为证据，即一堆待审查的材料。控辩双方会提交这些材料。然后，我们需要判断这些材料是否真正具有证明案件事实的能力，即它们是否具有相关性，能否作为证据使用。吴教授总结了一个两步走的判断过程：首先判断证据材料是否具有证据资格，即能否作为证据；其次，再判断这些证据能否作为定案的根据。我基于吴教授的理论，进一步将其总结为“证据资格”与“定案根据资格”的判断。结合我们之前的讨论，这个过程可以概括为：首先判断证据是否具有证据资格，即能否作为潜在的定案根据；其次，判断其是否真正取得了定案根据的资格；最后，如果取得了定案根据资格，再进一步判断其证明力的大小。这样就形成了一个层次性的结构。

进一步解释一下我的基本判断，首先，我们可以看到，在当前的法条或司法实践中，判断一个证据是否可作为定案根据，主要考虑两个因素：一是相关性，即它是否具有证明作用；二是它是否属于法定的证据种类。不过，我在今年上半年的文章中，对第二个因素提出了一些批判（这一点后面还会详细讨论）。第二个是定案根据资格的判断，关于这一点，吴教授在他的论文中做了系统的梳理。在法律和司法实践中，实际上将证据的真实性、合法性以及证明要求都纳入了定案根据的范畴。比如，定案根据资格的判断既包括了西方意义上的证据能力规则，也包括了证明力不足而不得作为定案根据的判断。但这里需要注意的是，证明力的问题其实并不属于证据能力的问题。因此，可以观察到这样一个现象：证据准入与证明力的评估这两项活动在实践中往往被有意无意地混同在一起了。当这两者趋于混同时，就会带来两种危险。第一种危险是，证据准入的一般性标准可能会被大大提高。具体来说，一个具有证明力的证据，如果与其他证据无法形成印证，共同指向待证事实，那么它就很可能被排除。很多法官会直接以“这个证据与其他证据不能印证”为由，将其排除，这实际上是一种提高证据准入标准的做法。第二种危险是，证据认定者可能会为了获得证据的相互印证，而忽略了证据准入的前提条件。这种情况在非法证据排除规则的适用中尤为普遍。在我读博期间，我曾撰写过一篇文章，对这种现象进行了梳理，当然，其他学者也有过类似的梳理。有文章指出，有些证据本身是非法的，按照排除规则应当被排除，但法官却以这些非法证据能与其他证据相互印证为由将其采纳。这种做法实际上违背了非法证据排除规则的原则，因此构成了第二种危险。

最后，刚才提到的证据资格以及根据资格进行的证明力判断，现在主要借鉴的是西方的评价传统。然而，在之前很长一段时间里，都存在证明力法定的残留，这是法定证据主义的一种体现。比如2001年的《民事证据规定》中，对于直接证据与间接证据及其证明力的大小作了具体规定，这实际上就是证明力法定的历史残留，是“中式三分法”证据理论中的一部分。

从结构属性的角度来讲，既有证据能力可采信和证明力这样一种方案，还有中式结构三分法。第一种方案是借鉴西方的做法，直接将传统的“三性”（真实性、相关性、合法性）与“两力”对应起来。但这个方案存在一个问题，即需要摒弃在立法中常用的“定案根据”这一提法，将“定案根据资格”和“证据资格”都融入“证据能力”或“可采性”的话语体系中。这可能会对现行的规范体系和用语造成较大的冲击。这也是很多学者所主张的，比如闵春雷老师、何家弘老师、陈华老师等，在相关论文中都支持证据能力和证明力的两分法。有些学者虽然提出不使用“三性”的表述，但实际上还是在用类似的概念，比如何家弘老师提出的“采纳的标准”和“采信的标准”，最终还是回归到传统“三性”的范畴。第二种方案是刚才提到的中式结构三分法，但也需要进行一定的改良。比如，在判断证据资格时，主要关注两个因素：一是它是否具有相关性，即是否具有证明作用；二是它是否符合法定的证据种类。不能仅仅因为某个材料不符合法定的证据种类就排除其作为证据的可能性，而应该更看重其是否具有相关性。只要材料具有相关性，它就应该被视为证据，具有证据资格。接下来是定案根据资格的判断，这主要关注证据的真实性和合法性。我们已经看到，证据资格主要关注的是相关性，而一个证据能否作为定案的根据，还需要看它是否真实、是否合法。在这个时候，就不宜再对证据的证明力进行判断了，不能说因为证明力不够就否定其作为定案根据的资格。回到《刑事诉讼法》第 50 条，我们可以看到，第 1 款实际上讲的是证据资格，非常明确；而第 3 款则讲的是定案根据资格，涉及真实性和合法性（当然也包括相关性，但在定案根据资格的语境下，相关性已经作为证据资格的前提被考虑了）。有论者指出我国的非法证据排除指的是不得作为定案的根据，属于证据使用禁止，并非不得进入法庭，也就是说可以进入法庭，只不过不能作为定案根据使用。可以看到，合法性会影响证据资格，第 50 条的第 2 款，就是对于证据种类的划分，从而形成了刚才讲的证据种类法定主义，但是它不能够作为判断证据资格的标准，而是应该保持开放性，这个在我对于证据种类法定主义批判的论文中做了非常详细的讨论。

那么，可以把证据规则分为证据资格和定案根据资格。所谓证据资格就是准许进入法庭，定案根据资格就是证据进入法庭之后能不能使用，这个还要看它是否真实、是否合法，如此形成双重门槛。这种双重门槛既保留了证据规范的话语体系，又可以把二者融合在一起，其实与西方的证据能力、可采性相对应，形成了广义的证据准入资格。善于证明力的判断，属于证明力的自由评价，曾经有证明力法定主义的遗留，比如刚才讲的 2001 年的《民事证据规定》，当然，2019 年就把相关的条文删掉了。

现在大家应该能够理解了，结构属性有两种，一种就是西式的两分法，另一种是中式的三分法。三性在不同程度上影响着证据能力和证明力，而三性当中的相关性影响着证据的资格，真实性、合法性影响着证据的定案根据资格。比如，相关性影响证据的准入，而真实性、合法性决定了证据能不能使用。当然，这三者都在一定程度上影响了证明力的判断，如此，可以对“三性两力”“中式三分法”作一个很好的阐释。

刚才讲的观点是：证据规则的体系是证据属性层次论的逻辑展开。随后，我进行了初步的构想，比如说可以建立一些证据要素属性的评价指引规则，这些评价指引规则在法律上有相关的规定，比如司法解释中的电子数据的相关规定，就明确了影响电子数据真实性的五类因素和影响合法性的四类因素等。如果再规定细一点的话，还包括影响证人证言可信性的因素。可以看到，死刑案件证据规定里有两类规则，一类是法官怎么来审查判断证据，还有一类是证据在哪些情况下不得作为定案的根据，其实就是结构属性的判断，对能否作为定案根据作了详细的规定。如果从程序的结构进程上看，可以分为证据资格规则、定案根据资格规则以及证明力评价指引规则。当然还有其他的一些证据规则，比如说证明责任规则和证明标准规则，还有关于举证质证的程序性规则。

总而言之，证据属性仍然应该是我们国家证据法学研究的核心问题之一。首先，证据属性是有层次性的，证据规则体系是证据属性层次性的逻辑展开。其次，我们不应该从一个极端转向另一个极端，而是应当迈向“要素论与结构论并重”的证据法学研究范式。而且还应该更加深入地从微观和宏观做进一步的研究，比如微观层面，研究影响证据可信性的因素有哪些以及如何评价；在宏观层面，还要进一步研究与这几套话语体系相对应的证据规则体系。证据属性与这些证据规则体系是什么样的关系，我只是做了简单的梳理，这里面还有很多内容需要详细地去研究。另外，证据属性层次论提出来之后，也有很多的学者提出质疑，说证据属性是不是太复杂了，还有人提出疑问说，在判断证据能力的时候要看“三性”，评价证明力的时候还要看“三性”，这是不是重复评价？其实并不是。在进行证据能力判断的时候，判断的是“是否相关”“是否真实”“是否严重违法”。在进行证明力判断的时候，并不是判断它相不相关，而是判断相关性、关联性和真实性的程度，比如说证人证言可信性的程度。还有一些合法性规则，是为了保证证据的真实性，如果是瑕疵证据，一定程度上也会影响证明力的判断。所以在判断证据能力和证明力的时候，这种证据属性层次论的架构并不会被重复评价。总之，这是一个资格问题，是有无的问题，另一个是证明力问题，是程度的问题。这是我今天的主要的观点。

潘金贵：郑飞老师把他的一些最新的研究心得给大家做了介绍，同时也给大家比较详细地介绍了我国证据法学界对这些问题的争议。

那么下面就进入与谈环节，有请迎龙教授。

王迎龙：刚才潘老师说更希望听到一些关于证据法方面的争鸣或者不同

的见解，我不敢说对郑飞教授的观点提出不同的见解，我想针对郑飞教授的讲座，分享一些自己的感受。

郑飞教授在关于证据属性的层次论的讲解中，对于证据属性的一些争议做了一个系统的梳理，我也赞同郑飞教授的观点，即证据属性是证据法的基础。从早期学习的国外理论，包括英美法系的，也包括大陆法系的，再到目前中国的三分法，证据属性都是必须去解决和面对的基础性问题，否则就像郑飞教授在他的论文中提出的，证据法的基础问题没有搞清楚，就去探讨证据的审查运用，可能是无本之木、无源之水。

我的基本观点是，证据属性要素是证据法理论的基础性问题，这个问题的厘清是证据法学科或者证据法基本理论的基础，所以我也赞同郑飞教授的观点。郑飞教授的这次讲座，立论的基点是证据属性，在厘清这个问题的基础之上进行进一步的扩展，作出了自己的贡献，即证据属性的层次性。这种层次性的第一个体现就是把要素论和结构论作了理论上的划分，因为传统证据法研究就是要么提“三性”，要么提从大陆法系引进来的证据能力和证明力，但郑飞教授作出的划分基于不同学说里的证据属性，提出了证据的要素和证据的结构理论的二元划分。通过这种理论划分，一下子把众说纷纭的证据法属性理论进行了个非常清晰的界定。在此基础上，他又指出，这种传统的“三性两力说”其实各有缺陷，它是一种机械的、二维的、平面式的理论，很多理论学说就存在这种机械平面的理论逻辑。在此基础上，郑飞教授又进一步深化了他的理论贡献，证据法要从只注重要素或者只注重结构的模式，迈向要素论和结构论并重的研究范式，在讲座中郑飞教授又系统地讲解了一下怎么把“三性”和“两力”结构进行层次化的逻辑展开。他提出了自己理论上的见解，要改良这种中式结构属性的三分法。我听了之后受益良多，因为在传统的“三性两力说”当中，每个学者都有自己的想法，但是属性之间的逻辑关系在很大程度上是没有厘清的，郑飞教授通过这种层次性的逻辑认定关系，在理论上把要素和结构厘清了，我觉得有助于解决中国式的证据属性的一些问题。

在我看来，郑飞教授提出并且深化的证据属性的层次性，有点类似于刑法中的四要件和三阶层，像在传统的相对平面的四要件的基础上，扩展为三阶层这种犯罪构成。理论上作出了这样的扩展，会不会也存在一些问题呢？

我们在理论上现在都比较认同这种三阶层说，递进地去认定犯罪构成。但是应用到实践当中，可能就存在一个问题，大家还是发现这种传统的四要件可能更便于实践。其实郑飞教授最后也提到，证据属性的层次性在司法实践当中如何具体应用？也就是如何化繁为简的问题，在具体司法实践应用中，怎么和司法实践进行有机结合？避免又陷入简单的“三性”证据认定、审查和运用之中。这是我的一个小小的疑问，可能郑飞教授有更深入的见解。

王彪：这个主题所涉及的问题我也思考了很久，但是我还没有完全想透，所以说一直也没有写论文。看到郑飞教授的论文以后，我看了好几遍，收获很大，我讲三点。

第一，关于证据属性的问题。实际上，在中国的司法实践中，有这么一个现象，就是混乱使用概念以及概念之间混搭。很多时候我们在法庭上都会对“三性”发表意见，客观性或者真实性、关联性、合法性，但是“三性”到底对证据有哪些影响？“三性”有问题的话，这个证据就不能用了吗？还是不能作为定案根据了？到底怎么处理，司法实践中没有标准答案，很多判决书里对于同样的问题给出了不同的描述和不同的决定。

第二，要对这种现象进行反思，需要从两个方面来考虑。其一，证据属性是一种证据法理论，那么这种证据法理论从哪里来呢？这一理论的基础是中国的立法和司法，这样来看的话，可以发现一个问题，传统的“三性”理论是在没有证据规则的背景下产生的，这一点我认为非常重要。在上课的时候，我反复强调中国的“三性”理论跟域外的可采性、相关性以及证据证明力这些概念之间的区别就在于它有不同的语境，包括制度背景、程序法规范的不同等。域外的证据法理论，特别是英美法系国家的证据法体系化理论来源于司法实践，对司法实践中的规则进行提炼以后，产生的理论与我国是不一样的。我国是在没有制定规则的背景下产生这样一个理论，而西方是有了规则以后，逐渐产生理论，再根据理论来构建规则。另外，还有一个问题，在讨论证据属性的时候，证据属性应当为司法实践提供指引，但是由于我国在很长一段时间内没有非常完善的证据规则，所以我国的证据属性很难为司法实践提供指引。正因如此，在司法实践中就会出现很多问题。比如一份证据是否具有相关性？辩护律师认为有，法官认为没有；或是辩护律师认为证据的合法性有问题，法官认为这个问题不影响证据的使用。这些问题的核心原因就在于我国的证据规则不完善。从“三性”方面来考虑的很多问题，在证据规则方面是没有答案的。有一些传统问题有答案但又很难解释。例如，取证主体不合法，一般认为该证据就不能再使用。但从理论上怎么解释呢？在域外有没有类似的做法？这些问题都是值得考虑的。我赞同郑飞教授的观点，就是把证据三性和证据审查的结构属性相结合。但是有些观点我不是很赞同，比如，“三性”该不该排序的问题。“三性”是静态意义上的证据审查要素，本就没有提供任何一个规则告知应从这三个方面审查，以后该怎么办？如果需要对证据进行审查，仅有这三个要素是不够的，还需要有规则。证据审查的层次性应以规则作为基础，没有规则，证据审查不可能具有层次性。然而到目前为止，我国只有非法证据排除规则可以勉强说有两个层次，按照相关司法解释的规定，无论如何，应当坚持证据能力优先于证明力，也就是要先解决争议的证据该不该排除的问题，然后再来解决证据证明力的问题。但里面的相关用语不太恰当，比如《刑事诉讼法》第56条，对非法证据规定的是“予以排除”，这一用语比2010年“两个证据规定”里面“不得作为定案的根据”，个人认为是有进步的。当然，“作为定案的根据”该怎么理解，我想请教一下郑飞教授，我个人的看法是跟他不一样的。从2011年《非法证据排除规定》来看，“不能作为定案的根据”是很模糊的规定，在我看来，定案的根据是指最终作为认定案件事实的依据。对证据进行一个全面的审查以后作为认定案件事实的根据，包括对证据能力、证明力的审查，这是一个最终的结论。但如果按照2010年5月30日“两高三部”联合发布的《关于办理刑事案件排除非法证据若干问题的规定》，我国的非法证据排除规则到底排除的是什么，这个很模糊。《刑事诉讼法》现在的用语是“予以排除”，有了一定的进步，但是“排除”一词仍然是比较模糊的。排除的是证明能力还是证明力，这是不明确的。然而《刑事诉讼法》第56条第2款又规定“不得作为判决的依据”，又是一个模糊的规定。目前有两个术语可以用，一是“作为证据使用”，二是“作为定案根据”。一个是对证据资格的限制，一个是作为定案根据的用语。如果这样解释，就需要对我国整个立法和司法解释相关用语进行改造，包括我国司法解释里有很多如“可以采用”“不得作为定案根据”“可以作为证据使用”的用语需要进行梳理，包括司法解释里面所确立的证据规则，可能都需要重新去思考。这些规则的设计在我国排除的是什么？合不合适？这可能还需要进一步地去细化，去解释。

最后我想问一个问题：郑飞教授认为证据准入和证据使用资格之间是一个递进的关系。按照这样的说法，文章中的“定案根据资格规则”是不是就是证据能力规则？按照我的理解，“作为定案的根据”，就是在证据能力、证明力全部审查以后，最后作为认定案件事实的根据。

郑飞：刚才王迎龙老师和王彪老师谈的问题有一个共性，我在此一并回答。

首先是王迎龙老师提到的一个问题，也是之前很多人质疑的，层次性到底是“三性”还是“两力”呢？它的结构属性是“以两力为主，以三性为判断基础”。比如，通过判断相不相关、真不真实、合不合法来判断证明能力。然后再通过相关性的程度，真实性的程度，来判断证明力大小。另外，刚才王彪老师提出的问题，我觉得是非常有意思的，也就是关于证据资格和定案根据资格的问题。根据王彪老师的观点，定案根据资格是最终性的、能作为定案根据的能力。当其作为定案根据，能不能够证明案件事实，就涉及了证明力的问题。所以我认为证明力的考量应当在定案根据之后。对于证据准入资格的判断有两步。第一步，从材料到证据（证据资格），关于其是不是证据的判断，我的观点是只能看关联性，相关就是证据，不相关就不是证据，这是证据准入的问题。第二步，准入之后，比如非法证据，实际上是证据，但是不能把它作为定案的根据。其原因是，按照美国的解释，如果警察在取证过程中存在通过侵犯公民宪法基本权利的方式取证的情况，例如刑讯逼供、非法搜查，借鉴德国证据使用精神，出于对合法性的考量，以这些方式所取得的证据不能被用作定案根据。我在做了理论改造之后，认为影响证据资格的只有关联性，而准入之后真不真实、合不合法、能不能用，这是定案根据的考量。作为定案根据之后，在多大程度上能够证明待证事实，这就是证明力的考量。其中涉及的问题就是，今后的立法到底是采用中式的证据资格、定案根据资格、证明力的一套递进的逻辑，还是说采用西式的证据能力、证明力或者可采性、证明力。另外，改良后的中式结构三分法，有意思的是，它更注重关联性。例如，在实践中，法庭上就可以向法官建议，先来看它有没有证据能力，这就采用了西式结构，因为证据能力和证明力接受度更高。而证据资格、定案根据资格和证明力是基于对我国法律的观察进行的总结。那么如何判断证据能力？应当判断证据相不相关、真不真实、合不合法。解决了证明能力问题，就要看它证明力的大小，证明力大小还是要回归到关联性程度、真实性程度的判断。我的核心观点还是认为应以中式结构三分法为主。两种路径可以随意进行选择，只是最终都要回归到“三性”的判断，这样司法实务能够很好地运用，否则，现在质证时是对相关证据主张排除还是仅讨论其证明力之强弱，这是模糊的。所以我认为还是要按照程序结构递进式进行判断，但这种递进的结构要以“三性”为基础。

潘金贵：正如我前面说到的，这些问题实际上不是简单的理论问题。实践中经常会涉及类似“三性”的问题。案子在处理的过程中，控辩审三方都对“三性”进行审查判断，那么“三性”到底成不成立？下面有请吴国章律师对这个主题进行研讨。

吴国章：刚才听了讲座以后，我有很大的收获。

第一，关于证据属性，改良以后的中式三分结构解决了证据三性和证据能力、可采性之间怎么去转化的问题，也解决了实践里面怎么去规范表达的问题。

第二，郑飞教授提到的证据的“三性”，我自己也一直在思考这个问题，一点有不同的看法。我觉得要从两个角度来考虑证据属性，第一点，从证据概念的角度出发，什么是证据？《刑事诉讼法》第 50 条规定了证据是可以用来证明案件事实的材料。一个事物的属性是从定义里面来的。定义是什么，是由被定义的概念的总差加上一个属概念，总差是事物的根本属性。在理论上，它有 4 种：关系的定义、功能的定义、发生的定义、性质的定义。从《刑事诉讼法》第 50 条来看，对证据的定义（用来证明案件事实的材料）属于功能的定义。那么从定义的基本角度来分析，其中有一个词叫“证明”。“证明”就是一种总差，它揭示了证据的基本属性，所以证据的基本属性、根本属性应该是证明性，这是我个人的理解。刚才郑飞教授提到了，很多外国的学者也提到了证据中的关联性，就是证明性加实质性，但是如果从证据的概念来看，证据的基本属性应该是证明性。第二点，什么叫属性？属性就是事物本身所固有的性质、特点，它有两个特征，一个是内在的规定性，另一个是这个事物区别于其他事物的本质属性。比如说诉讼法上的证据跟历史学、考古学里面的证据有什么不一样？其实它们的本质都是一样的，都是要来证明某个事实。

现在回到"三性"问题，关联性、真实性、合法性，这"三性"是否属于证据的属性，即是否有内在规定性、是否符合内在规定性、是否揭示了证据的本质？我认为并非如此，它们都应该属于外部的评价标准，刚才郑老师也提到了"三性"是用来评价影响证据可采性的，我把它称为"外部的标准"，而不是"内在的规定性"。既然是外部的标准，它应该是一种证据规则，而不是证据的基本属性。这是因为，首先，证据本身并没有合不合法一说。我们所讲的证据的合法性指的是取证手段和程序合法，它评价的不是证据本身，它规定取证主体应当依照法定程序进行证据收集。因此，合法性标准其实是一个外部评价标准，而不是证据的基本属性。其次，非法证据排除规则是一个外部的证据规则。再者，关联性也不是证据的基本属性，有以下几个理由：其一，关联性其实被证明性所覆盖和代替，只要提到证明性，关联性就无所谓了。其二，关联性是一个证据规则。从关联性的起源来看，它最早起源于英国的史蒂芬，而我国最早的证据规则是最佳证据规则。后面证据规则就被史蒂芬的关联性证据规则所取代，它的目的是过滤会影响陪审团作出判断的证据。从它的起源和过滤功能来看，它被视为证据规则，而不是证据的基本属性。其三，关联性具有主观性。评价关联性，首先依照逻辑，最终还是根据经验去判断证据有没有关联性。而证据的基本属性不是一种主观判断，而是证据本身所具有的某种特质。其四，关联性是证据最基础的要求。如果说关联性是证据的基本属性的话，那么这个属性应该是证据最根本的要求。其五，关联性是不断变化的。这种变化有两个方面，一方面是关联是否存在的变化，另一方面是关联程度的变化。很多案件里，不同的人去看同一个证据，对关联性的评价可能都是不一样的。其六，关联性具有表面性。这也就意味着，很多案件我们根据经验法则马上就可以做出判断。但是如果把关联性作为证据的基本属性，其应该具有内在规定性，这和表面性相违。比如案发现场的血迹，我们一到现场就觉得血迹可能跟案件有关联，然后马上做出评价。最后，关联性具有不确定性。澳大利亚证据法里面有"暂定的关联性"，即不确定性，有些证据现在看起来有关联，但是可能被排除以后就不再有关联。根据以上几个理由，结合基本属性的概念定义来看，关联性就是证明性，用关联性替代证明性，在实践里会造成混乱。比如在美国，联邦证据规则里有关联性例外。如果以证明性取代关联性，那问题就很好解决了，某个证据能不能证明案件事实，或者能不能起到作用，都能直接一步到位。

第三，真实性问题。我认为它是一种证据规则，而不是证据的基本属性。首先，证据本身不存在真伪，特别是客观性证据、书证和物证。其次，证据的真伪是证据收集过程当中形成的。很多证据的真实性有问题，收集过程中由于证据的链条、保管形式、收集方式等——特别是电子证据的保管链条和启动，包括证人在作证过程中的记忆力、价值观、偏好，以上因素都影响了证据的真实性。我认为这也是证据形成过程中造成的真伪问题，而不是证据本身有真假。再次，按照这样的逻辑，假的证据也可以作为证据。比如在虚假诉讼案件、刑事案件里，假的借款合同也作为证据定案的依据。最后，真的证据不一定可以作为证据。比如在呼格吉勒图案件里，呼格吉勒图看到女尸以后去碰触女尸，女尸皮肤上就留下了他的生化物质。真的证据不一定就是定案的依据。因此，真实性是一种外部评价标准。在英美法系里，它叫“见证规则”，也是外部评价标准，而不是证据的本身属性。回归到现实来看，我认为要根据这“三性”来制定相关的证据规则，比如见证规则、关联性规则、合法性规则，这都是外部评价规则。

作为外部评价标准，“三性”还不够。我们在实践中还经常会用到证据的完整性，特别是电子证据的完整性。它是评价真实性的一个很重要的标准。我碰到过一个案件，一张借条被剪掉一段，借条前面是担保人某某，后面还有一段“担保人仅按份额承担责任”，同时存在多个担保人，结果原告拿着借条去法院起诉时把后面一段剪掉了，幸好担保人当初签字以后拍了照片，后来把这个照片提供给了法庭。假如当初当事人没有拍照，这个时候怎么去评价这个证据是否完整？证据的完整性——特别是电子证据的完整性，是非常重要的。证据应该有四性，但是我认为这四性都是外部的评价标准，而不是证据本身的基本属性。

潘金贵： 这里面涉及一些很有趣的问题，吴国章主任试图否定很多传统的观念，比如说真实性、关联性、合法性。国章的基本观点似乎是，证据最基本的属性是证明性。按照汉语大词典，对证据的解释是“证明的根据”，后面很多解释是站在法律角度上去对它进行界定的，比如现在用于证明案件事实的材料等。如果站在汉语的角度来看，最简单、最直接的解释就是证明的根据。证明的根据肯定要有证明性，所以说证据有证明性，在我看来是一个不需要论证的问题。因为证据本来就是拿来证明事实的，没有证明性，就不叫证据了。至于传统的“三性”观点是不是一定都对，这是另外一回事。而且还有一个问题，关于证据的基本属性，不管界定几种，在属性基础上延伸或者是围绕它建立相应的证据规则，在我看来这是两个命题。举个例子，基于合法性的要求建立了非法证据排除规则，或者基于可采性的要求建立了相应的规则等。当然，所有的理论问题都是可以探讨的，理论问题的特点就是能不能自圆其说，其他的问题对与错只能任人评判。关于证据的基本属性问题，确实非常重要，包括对属性的界定。我并不赞同吴国章主任对证据属性的界定，认为证据的属性就是证明性，实际上有点循环论证的感觉。

刚才各位与谈的老师们都已经充分发表了自己的观点，下面由同学做一个互动交流，有两个问题是评论区的同学提的。第一个问题是中国政法大学证据法学的硕士生同学提的，他的问题是这样的：层次论很清晰地厘清了准入规则、定案规则、评价指引规则的功能，是否正是因为定案根据资格规则，也就是证据使用禁止规则，是对真实性和合法性的共同审查，给予非法证据排除程序中真实性侵夺合法性的空间，完善证据规则体系理论，并调整非法证据规则的定位，是否能厘清并提出程序上解决我国的非法证据排除规则从合法性规则沦为真实性规则的方案？

郑飞：刚才吴国章律师提到了一个点，我简单回应一下。我非常赞同刚才潘老师的观点，把它叫作证据属性也好，或者叫作什么样的概念也好，最终还是要回归到法律规则的建构问题。暂且把它叫作证据属性，怎么理解属性，吴国章律师表示如果要从内在的规定来讲的话，可能证明性是最本质的属性。我们的观点没有什么实质性的冲突。如果把关联性和证明性等同的话，只不过是不同的叫法，关联性的定义本身就是证据与待证，能否证明待证事实，如果有证明力，就具有关联性，二者本质上存在相同之处。因此，我也非常赞同关联性是证据的本质属性。只有能够证明待证事实，它才是证据。再者，证据本身是否有合法性，在司法场域、法律场域中，有的人把它视为外部属性，这个是没有问题的。但是如果将证据限定为司法证据、法律证据的话，它就是法律证据和司法证据的内在规定性。另外就是真实性，它包括关联性、合法性、真实性等，不管是真实性还是关联性，这不仅是有和无的问题，还有一个程度的问题。关于完整性和真实性的关系，完整性就是判断真实性的一个因素，不完整可能就影响证据真实性，完整性是真实性的一个下位概念。

关于非法证据规则由合法性规则沦落到真实性规则，不必去担忧，因为中式的结构三分法，也就是判断的递进程序，要先看它是不是具有相关性，就是说它是否具有证据本质的证明性。它有，那就是证据，再判断是否真实，之后再判断合法性。要对非法证据有实质性的鉴定，可以去看 2010 年的“两个证据规定”前面的一段话讲：为了防止冤假错案，对我国的规则界定就是为了虚伪排除、防止错误的裁判、防止冤假错案。但立法规则本身的内在逻辑并不是进行合法性判断，实际上是合法性的外壳。有的合法性规则是为了保证真实性，有的合法性规则是为了保证其他的价值。比如，基于基本权利的人权保障，这是基于政策与和谐价值的考量，它是为了保护一些主体之间的特殊关系，所以要新增证据的真实性等。因此，合法性规则本身有不同的类型。非法证据排除规则的核心其实并不是证据是否真实，它应该看取证的程序是否合法。合法的判断标准是取证的程序是否侵犯了公民宪法上的基本权利。只有从这个角度去判断，才能够避免实践当中的问题——到底什么是非法方法。没有必要去列举，只需要赋予法官实质性的判断权，非法取证的程序或者过程、手段是否侵犯了公民宪法的权利。这是由于规则的定位不一样，如果要进一步去揭示这个问题属于宪法的司法化过程，因为司法解释规定宪法不能被裁判文书直接引用。总之，我觉得“立案根据”这个词并不会使非法证据规则本身由合法性判断沦为真实性判断，关键在于非法证据规则的真正含义和定位并不清晰，而且虚伪排除主要是为了防止冤假错案，而不是为了真正保障公民宪法上的权利。它的判断标准还是真实的，这是规则本身的定位问题。证据的“三性”只是不同的评价，评价证据是否相关，是否真实，是否合法，这些只是不同的评价指引。就像司法解释对于证据的评价存在指引作用，比如物证，指引了法官应该从哪些方面去审查判断。我国法律还规定了哪些情况下证据不得作为定案的根据，它其实是结构性规则，而不是一种要素的判断，“这种情况下不能作为定案根据、那种情况下也不能作为定案根据”。但是仔细去看会发现，前面关于要素证据的评价指引，并不是所有方面都要排除，后面的排除规则，实际上是前面的规则的缩小版，有些情况排除，有些情况不排除。经审查判断不排除相关证据的情况下，其实就是进行证明力的判断，我是这样认为的。

当然，到底采用证据资格还是立案根据资格证明力这样一种三分的模式，还是采用西方的证据能力和证明力的模式，或者可采性和证明力的模式，这个就是立法者的选择了。当然，作为理论的研究者，我只是去作这样一个区分。同时，在最近办的一些案件当中，我给法官一个建议，我们先看哪些证据要排除，即我们先解决证据能力的问题，接下来再看这些证据在多大程度上能够证明案件事实，也就是证明力的问题。我们看到，在证据能力这一块，要考虑的无外乎是其是否真实，是否合法，是否相关。在证明力这一块，还会去考察“三性”，这个时候考察的“三性”不是有无问题，而是程度问题。大家可以看到，今天的一个很重要的命题是：证据属性是证据规则体系的基础，或者换句话来讲，证据规则或者证据制度的体系是证据属性层次论的逻辑展开，这是我的核心观点。

潘金贵：证据的属性问题真的是一个很有趣的问题。我们本周一上课的时候，有一个硕士同学提了一个观点，大家可以参考。他提出，合法性是证据的一种程序属性，关联性和真实性是一个证据的实体性属性。这是我给他总结的。他很赞同合法性是一种程序属性。换句话说，从实体角度和程序角度来思考证据属性问题，可能还是有一定道理的。至于说“三性”中关联性是不是真实的，或是不是基本属性，真实性是不是基本属性，合法性是不是基本属性，确实有不同的看法。

我和郑老师的观点中有一点是一样的，我还是认为关联性应该是证据的基本属性，没有关联不能用，这是一个最基本的要求。至于真实性和合法性的问题就复杂一点。比如，国章说到的虚假证据能不能用的问题。实际上，“虚假证据能用”和“证据要求真的东西才能作为定案的根据”之间，哪种观点一定是对的，这还真是值得讨论的问题。我个人的理解是这是对证据的质的要求。假的东西虽然在用，但是严格地讲，实际上要看司法人员能不能审查出来。无论从理念上还是从规则上，假的东西拿来定案肯定是有问题的。所以我个人认为，我不否定它的真实性，至于合法性，我倒和国章的观点是一样的。如果从本质属性上来说，证据有没有合法性？合法与否是法律后来赋予的。正如我刚才提到的那位硕士同学的观点，从程序和法治的角度来说，我们给它加了一个原本不属于它本质的一个属性，是不是就一定错了？从证据的基本使用规则上讲，证据不合法就不能用，这是一个基本的法理。因此，合法性作为其基本属性是能够成立的，也就是说，对属性的理解是不是可以从更宽的领域去思考，这些东西都是很有意思的。

那么下面再来看另外一个有意思的问题：郑老师将证据属性解构为要素属性和结构属性，并以此为基础建构新的证据规则体系，但是对证据属性中结构要素的理解，尤其是对证据资格概念的理解，却仍然是以英美法系为蓝本进行的。以证据资格作为证据材料的准入门槛进行把控，是否有将证据属性和证据概念两者混淆之嫌疑？立足于我国的三项规程，证据资格是否应定义为诉讼证据进入庭审审查判断的资格更为合适？有请郑飞老师作出回应。

郑飞：第一个问题我觉得说的挺对的。如果反观现代中国的法律体系，绝大部分来源于西方，跟传统的中华法系已经有很大的差异了。那么在这个程度上看，其实刚才讲的“三性”，可能更多的来自英美，包括可采性概念，也来自英美。像证据能力，是日本人用英美的可采性概念来概括大陆法系的概念，再进入我国台湾地区，然后引入大陆，是这样的一个过程。我们后续讲了你特别谈到的证据资格的问题。证据资格这个概念，我想表达的是，它是不是证据，如果是证据，则它可以进入法庭，不是证据，那就没有进入法庭的资格。这是我们重视结构属性三分法的一个基本逻辑，即是不是证据。如果是，我们再来判断它真不真实、合不合法，也就是说这里面有一个逻辑，即不相关则无证据。但是证据有真有假，所以我们可以看到，相关，则能作为证据使用，然后再判断能不能用，能不能作为定案根据，不真实就不能作为定案的根据了，不合法也不能作为定案的根据。某种程度上讲，这种属性是通过对概念的解释而进一步延伸的，所以二者本身有紧密的关系。另外，刚才潘老师还有其他老师也谈到了，日常领域其实没有合法性这样一个属性，但是在司法领域、法律领域，合法性是其特有属性，或者表达为法律证据或者司法证据，大家更容易理解。合法性是法律领域和司法领域证据的本质属性，其他领域没有这个属性，比如历史学，没有合法性的概念，其只关注能不能证明事实，以及这个证据本身是不是真的。

第二个问题可以从两个方面去理解，就是证据材料具备相关性，则其属于证据，意味着可以准入，准入之后考虑真不真实，证据有真有假，有合法的有非法的。至于证据能不能用，其实还有一个因素影响，即我们要证明的待证事实本身。

潘金贵：这样一个基础性的理论问题确确实实值得大家探讨。当然，探讨可能永远不会有结论。不管怎么样，通过今天的讲座以及后续举行的关于证据法学方面的系列讲座，我们可以把证据法中的很多问题拿出来，大家一起研讨，共同进步。就我个人来说，每次主持讲座，都深有体会。不管是资深教授，还是年轻学者，对相关问题的研究、探讨，发表的很多想法、创意，彼此都很受益，因为很多知识是不断在拓展、更新的，很多新的理论、一些创新性的借鉴，值得我们高度关注。今天的讲座到此结束。

08

网络犯罪辩护的难点和要点

主讲人：王兆峰 北京周泰律师事务所创始合伙人，中国人民大学法学博士，中华全国律师协会合规委员会副主任

刘卫东 北京市冠衡律师事务所主任，中华全国律师协会刑事专业委员会副主任，北京市律师协会第十届、第十一届副会长

何　峰 上海中联律师事务所全国刑事专业委员会主任，重庆市律师协会刑民交叉专业委员会主任，重庆市法学会刑法学研究会常务理事

主持人：潘金贵 西南政法大学法学院教授、博士生导师，西南政法大学刑事辩护高等研究院执行院长，西南政法大学证据法学研究中心主任

时　间： 2024 年 10 月 18 日 19：00

地　点： 西南政法大学毓才楼三楼学术报告厅

潘金贵： 刑事辩护高等研究院主办的学术沙龙“西政刑辩大讲堂”，以及专业栏目“刑辩副院长谈系列讲座之三——关于网络犯罪案件办理的难点和要点”的讲座现在正式开始。网络犯罪问题是随着科学技术的发展、网络的普及所滋生出的以网络技术作为基本犯罪方法或工具的新型犯罪现象。今天特地邀请到了三位全国著名的刑辩专业律师来为大家主讲“关于网络犯罪案件办理的难点和要点”。第一位律师，北京周泰律师事务所的创始合伙人、中华全国律师协会合规委员会副主任王兆峰。第二位主讲的嘉宾是北京冠衡律师事务所主任，北京市律协第十届、第十一届副会长，中华全国律师协会刑事专业委员会主任刘卫东律师。第三位律师是上海中联重庆律师事务所刑事部门的负责人、中联律师事务所全国刑委会主任、重庆市律协刑民交叉委员会主任何峰。这三位都是西南政法大学刑事辩护高等研究院的副院长。今

天还有“第三期西政刑辩学堂”的部分律师朋友、检察官朋友和公安朋友一起参加这个问题的研讨。让我们以热烈的掌声向三位副院长以及各位检察官朋友、公安干警朋友以及律师朋友们。下面进入正式讲座，首先有请王兆峰律师发言。

王兆峰：今天说不上是讲座，更多的是一种交流，是把我在办案过程中的一点点心得分享给大家。网络犯罪涉及的问题非常多，在有限的时间内，不一定能把问题说透，也不一定说得对，请同仁以及西政的同学们批评指正。

随着科技的飞速发展，我们早就进入了网络时代，网络技术也在不断地演进和升级。比如，最早的犯罪类型主要围绕着计算机犯罪，但是后来单个的计算机又跟网络结合起来，于是第二个阶段犯罪对象拓展到网络，第三个阶段又进入了数据空间，因此在整个计算机犯罪里也呈现出了不同的态势。过去，计算机可以作为犯罪对象，进入互联网时代以后，不仅计算机可以成为犯罪对象，网络也可以成为犯罪工具，进入数据时代，大数据又给犯罪提供了一个特别的场域，使一些犯罪得以实现。正是因为计算机网络产生了大量数据，又由于这些数据在数据时代有财产属性和多方面的功能——从正面来讲，它作为资产，有时候甚至能上升为战略资产影响国家安全；从负面来讲，它容易成为犯罪行为侵害的对象，从而对刑事立法和司法形势提出了挑战或难题。

一个大的难题就是知识储备问题，今天在教室里或者线上的，大部分是法科学生，或者是其他的文科生。在学习过程中，学科内容偏重的是法律知识的传授，但是网络犯罪却涉及一系列的科技知识，特别是计算机网络知识，而这些知识对于法科学生来讲是全新的内容。进入具体案件中，对辩护律师来讲，同样是全新的内容。如果没有这些知识，或者说知识储备太少，面对网络犯罪时就会显得捉襟见肘，有时候难以很好地完成辩护任务。首先，很直观的体现是阅卷。阅卷有两个方面的困难：一个是量，一个是质。从量的角度出发，在网络犯罪这一类案件中，有些案件会呈现出大量的电子证据，尤其是涉及多人多起的案件，其数据是海量的。作为一个法科学生，面对海量的信息，如何进行甄别，如何在甄别中发现问题，时间是很紧迫的。在这种情况下，面对海量的数据，如何在有效的时间内从证据审查的角度对这些数据进行有效审查，这是非常困难的。实际上，很多时候大家没有很好地解决这个问题，我们要思考如何解决。比如，像这样的证据审查任务能不能外包给非法科的学生、非法科的工作人员来帮助解决？量的问题本身应付起来就非常吃力，还有质的问题。即便是有充足的时间，数据的量也不是特别大，但是由于它涉及很多法科专业以外的知识，通常的数据是以二进制的代码或者其他代码的形式出现的，那么这些代码在它的专业领域里到底代表什么意思？在提取过程中，如果出现了篡改或者删除，将会呈现出什么样的特征？又或者出现了什么样的情况才能判断它是被篡改还是被删除？从法学角度讲，我们没有能力对这些问题进行精准的判定。这种情况下，阅卷的任务就不能完成，也就无法发现问题。如果发现不了证据问题，而这些证据又影响相关事实认定，在这种情况下，就很难发现事实，也就无法在事实之上去讨论法律问题。因此，阅卷本身就给辩护律师提出了挑战。

接下来是质证的问题。尽管最高法相关的司法解释有比较详细的规定，比如对电子证据的提取、保存、校验、使用等有一系列的规定，这些规定表面看起来有章可循，但是这些都是在侦查机关提取完证据以后可适用的规则。比如，从基础信息数据的外在存储介质来看，在侦查机关提取的过程中，提取的行为本身合法不合法、科学不科学，实际上执行的时候是无法得到保证的。因为见不到原始的存储介质，有些数据从电脑里提取，或者从数据平台上提取，数据平台和原来的电脑不可能被搬到法庭上，更不可能交给律师。在这个过程中，如何甄别它到底是不是从原始的介质里提取的？就算是从原始介质里提取的，它也只是一个外在的载体，实际上相关信息存储在二进制的代码里，或者是其他相关代码里。就算同样是二进制的代码，这段代码也不一定代表了这段信息，可能是一个被篡改过的代码。也就是说，原来这个代码里存储的不是这段信息，表面看还是同一段代码，但是这个代码由于被篡改，呈现出的文本信息发生了变化。比如，提取的是微信对话，如果加了一个字，可能就比较麻烦。所以我觉得这对质证也提出了挑战在办案过程中经常会遇到有些证据非常有用，但是办案机关不提取的情况，或者说经申请，相关的办案机关认为没有必要或者是以其他的理由托辞，导致这些证据无法呈现在法庭上。在这种情况下，律师就有义务也有责任去搜集这些证据，但是在提取证据的时候就遇到了问题，既有法律上的问题，也有技术上的问题。法律上的问题是，根据《网络安全法》相关的网络数据应当保密，应该采取相应的保护措施，但是在公安等司法机关根据办案的需要向相关机构和人员调取这些证据的时候，《网络安全法》对相关机构和人员的协助义务规定得很清楚，但是并没有规定律师去调取证据时相关机构和人员有协助的义务。因此在实践中经常遇到下面这种情况，律师到相关平台去调取证据，可能平台不配合，即使律师拿出律所的函也没有用，律师即便向法院提出来，法院认为没有必要，就不会出函。更重要的是，假如机构配合了，律师有没有能力进行数据校验？知不知道在提取的过程中需要注意哪些事项？知不知道数据转移的过程中在哪些环节数据容易受到污染？可能律师都不知道。因此在这种情况下，提取调取电子数据类证据，单凭律师根本无法完成。虽然律师的初衷是好的，但最后提取得不准确不全面，或者提取过程中由于一系列失误，证据最后提交到法庭却不被认可。说重点，网络犯罪尽管有自身的特点，但也是犯罪。网络犯罪严格意义上来讲不是具体的罪名，甚至都不是类罪的罪名，会涉及许多的个罪，也会涉及类罪。正是因为这一点，它和其他刑事案件的辩护有许多共性，也有它的特点，这些特点既展现在对案件的实体辩护中，也展现在对案件的程序辩护中。主要有这么几点：

第一，罪数问题。在具体的实践中，一个涉及与网络安全相关的案件，可能会呈现出一个罪名或者是多个罪名。比如在某案件中，可能在座有些同学薅过羊毛，京东会给新用户一些优惠，以比较低的价格购买商品。但是有人利用这个机会，以他人的名义注册很多新账户进行下单，生成了订单以后，再把订单加价卖出，这可能就涉及若干个罪。陌生人的信息是怎么得来的，身份证信息、QQ 号信息或者其他的信息有可能是买来的，有可能是通过非法手段获取的，这些获取信息的行为本身已经构成了侵犯公民个人信息犯罪，之后又以这些信息去注册、下订单，这又怎么处理？京东的看法是，平台本来希望注册者是真实的，但这不是注册者本人，而是以他人的名义注册的，其中有欺骗的成分，因此京东认为其破坏了交易秩序，给平台造成了损失，这可能是一个罪。在实践中，把一连串主体都逮捕了，如最初提供 QQ 号、身份证号信息的人，进行新用户注册的、下单的人，把卖订单的人也逮捕了，最后一股脑打包起诉，移送到检察院甚至法院，按诈骗定罪处理吗？这就要考虑到底是一个罪还是两个罪，这些罪是不是可以分的？网络犯罪中，犯罪人之间在网络上肯定是有关联的，是有上下游关系的，但是不是都要定一个罪，能不能定一个罪？如果说卖信息的人并不知道买信息的人是干什么的，或者说卖订单的人并不知道订单是通过不法手段来获取的，能不能认定他们为共同犯罪？这是要考虑的问题。现在司法机关统一按诈骗罪来定，而辩护律师就要考虑罪数问题，因为在网络犯罪中经常会形成犯罪群，既有上下游的，还有纵横发生关联的。因此，在这类犯罪中特别要甄别各个行为主体到底是不是共同犯罪。通常情况下，司法机关择重罪立案侦查，如果当事人只是参与了某一段，律师要特别小心地甄别当事人跟其他阶段实施犯罪的人有没有共同的犯意？虽然通过互联网看起来他们的行为有关联，但是由于缺乏共同的犯意，在具体的辩护实践中律师就要提出来，应当进行区分。因此，共同犯罪在网络犯罪中，罪数问题要特别注意。要根据犯罪人的行为，该构成什么犯罪就是什么犯罪，如果检察机关的指控不对，律师要据理力争。比如他的行为只构成了一个轻罪，甚至缺乏主观上的认识，只是在最初的相关的数据上做了一些手脚，但主观上没有欺骗的故意，只有其他的违法性认识，或者违法性的故意，可能就不应该定诈骗，而应定一个较轻的罪名，甚至不定罪，这是罪数问题。

第二，共同犯罪问题。现在的网络犯罪往往涉及环节较多，很多时候一个人很难完成，比如电信诈骗，往往需要扮演不同角色；在共同犯罪过程中，犯罪地位问题也是要特别注意的，共同犯罪过程中肯定有主犯、从犯等，既要考虑犯意的提起，还要考虑实行行为的实行、犯罪所得的分配等因素。如果他的行为已经不可避免地被认定为犯罪，那就要考虑共同犯罪中是否属于承担较轻的刑事责任的一方，甚至如果符合相关的法定从宽条件的话，是否可以不追究刑事责任、不起诉或者定罪免罚等，据此来提出辩护意见，这是网络犯罪中的一些实体问题。还有网络犯罪中的一些程序性的问题也需要注意，除了证据审查，还有质证。在审查过程中，对电子数据的质证，多数以司法鉴定的形式呈现。这涉及财产类犯罪，在计算犯罪金额的过程中，数据是检材，数据本身真实不真实，完整不完整，合法不合法，这些都需要审查。即便这些都没有问题，但根据现有的司法解释的一些规则——在实践中也有学者提出质疑和批评，比如存在很多推定规则，根据每天打了多少电话，发了多少条信息，再根据实施犯罪的时间，相关言词证据能证实其实施了多长时间的犯罪，再认定行为是不是构成犯罪，构成什么犯罪，是情节严重还是情节特别严重等。司法实践中，办案人员肯定是在具体裁量案件的时候使用这个规则，但是在使用的过程中，推定可能是合理的，也可能不合理，如果有相反的证据证明哪一段时间没有打电话，或者说打电话没有达到相应的数量，那么这个推定就能够被推翻。所以虽然有司法解释，也并非没有辩护空间。

第三，管辖问题。现在对管辖的规定较为宽松，涉及网络犯罪的案件，经常会出现多地方都有管辖权，特别是根据相关的司法解释，有关联的犯罪都可以放到一个地方的司法机关进行并案处理。但是什么叫关联性？关联性还考虑不考虑《刑事诉讼法》中的管辖原则？我认为还是要考虑的，司法解释不能突破相关的法律规定。这段时间有一个词，我估计大家都注意到了，那就是所谓的“远洋捕捞”，指的是有些司法机关跨区域管辖，跨县、跨市，还有不少是跨省。多数情况是穷地方的县市，到上海、北京、江浙地区去“捞鱼”，因为那儿的企业有钱。为什么能“捞”，就是因为有些是与网络犯罪相关联的案件。但是关联性应该是强关联性，而不是弱关联性。比方说卖订单与买订单，订单的生成行为是在甲地，付钱是在乙地，后来取货也是在乙地，实施的所有行为跟甲地没有任何关系。这有关联吗？有关联，因为这个单是从甲地过来的，但是这种关联不足以打破现在的管辖规定。在实践中就出现过这样的案子，异地过来把人给抓走，抓走以后进行合并审理。遇到这样的案件，还是要充分论证到底有没有关联，或者关联强度到底有多大，以此来对管辖权提出异议。如果办案机关带着趋利的想法，把企业的负责人或者其他的一些关键成员带走了，接下来可能会出现有罪推定倾向。在这种情况下，案件在当地进行审理，很难保证有一个客观公正的结果，因此管辖问题在这类案件中就显得尤为重要。如果说案件管辖能够改变，放到其他地方进行侦查、审查起诉并审判，可能结果就完全不一样。

最后，还是要重复一下，虽然大家是法科生，强项是法律，但是由于网络犯罪涉及很多技术问题、科学问题，所以大家还是要善假于物，要善于学习。一方面，在日常的案件办理过程中，不仅要在证据的审查、质证环节向计算机技术人员、网络技术人员进行讨教。另一方面，在审判阶段的，如果有必要，还要充分利用制度提供的空间，邀请相关的专家辅助人来出庭，帮助对证据提出质疑，弥补不足。

潘金贵：刚才王兆峰律师从辩护难点和要点的角度，提纲挈领的把网络犯罪案件辩护中的相关问题都点出来了。比如网络犯罪案辩护最大的问题是知识储备，说实话，我相信各位辩护律师，尤其是办理过网络犯罪案件的律师，包括我本人，都是深有感触的。作为纯文科生，辩护网络犯罪最大的困难就是自己的理科知识匮乏，尤其是涉及电子证据。兆峰律师最后一点总结得很好，就是要加强学习，辩护律师要做好刑事辩护工作，检察官、公安要做好刑事指控工作，办理网络犯罪案件却不加强学习，在法庭上肯定会很被动。下面有请第二位主讲嘉宾，北京冠衡律师事务所主任刘卫东律师，大家欢迎。

刘卫东：网络犯罪不是一个法律用语，一般来说有三种类型。第一种就是针对网络系统实施的犯罪，比如非法入侵计算机信息系统罪，或者是破坏计算机信息系统罪；第二种类型是利用网络实施的犯罪，刚才兆峰律师也讲到了，网络诈骗、电信诈骗都可以归到这里面去；第三种类型一般来说就是不履行网络安全管理义务的一些犯罪。

刚才兆峰律师是从比较宏观的角度讲了网络犯罪辩护的一些问题，我就从一个微观的角度和大家分享一下我的看法。我最近办了一个利用网络开设赌场的案件。

首先，简单介绍一下案情。一个网络科技公司开设了一个平台，在这个平台上有一种打赏的游戏，这种游戏一般来讲是没有问题的。但是我们确实也发现，有很多这种游戏打赏个几百万千上万的都有。具体操作上，就是设计一种概率性的游戏，就是投类似于金币的某种游戏币，2 块钱可以折换成 200 个金币，达到一定的等级后，投出去两块钱，有可能获得价值 200 块钱的礼物，这个礼物是虚拟的礼物，是给主播的，然后主播拿到奖品以后，可以兑换成实体的礼物，但是需要通过平台兑换，然后获得这个东西价值的 80%，但这个 80% 要兑换成现金，又得通过其他的平台，类似于支付宝或者微信，最后换成真正的货币。大概是这么一个流程。

这种做法在很多的网络科技公司里可能都存在，之前定义为一种灰色产业，很多时候没有当作犯罪处理。但当主播拿到礼物以后，可能和玩家联系，最后还将获得的这个东西还给玩家，如果有这种情况的话，那性质就变了。类似于我拿出20块钱，但最后可能会获得3000块钱，这种情况就有可能就会被定义为开设网络赌场，在这几年全国各地都有这种案子，而且非常典型的就是，像兆峰律师所说的，A省到B省去抓人，B省到C省去抓人，基本上都是跨省执法。

这类案件的第一个特点是跨省份、跨区域，甚至还跨国界，有的都是境外的。第二个特点是金额特别巨大，动不动最后审计出来都是五六十个亿，认定获利甚至高达十几个亿、几十个亿，金额都很大。第三个特点就是公安机关的异地办案。但是我个人认为这种异地办案不能说应完全否定。有些特别重大的案件涉及地方保护，如果不异地办案的话，可能解决不了这个问题，所以不能说异地办案就一定是错的。如果说是为了经济利益去执法，这确实就有些问题了。杀人放火的案件基本上没有异地办案的，案子一发生肯定就办了，但是为什么这种开设赌场的案件会出现这种情况，这背后是不是有其他原因？我觉得还是值得思考的。第四个特点就是证据非常繁杂，从辩护律师的角度看，也很容易挑出很多瑕疵，这也是这类案件的一个特点。第五个特点是涉及司法鉴定。司法鉴定在这类案件里面也是律师辩护的一个很重要的一点。第六个特点是法律适用的争议比较大，甚至说这个案子能不能定开设赌场罪，在实体法上面还是存在一定争议的。那么，作为辩护律师，该从哪些角度来辩护这类案件呢？

第一，从程序的角度来辩护。首先就是管辖权。兆峰律师刚才也说到了，这类案件有个特点，A省到B省办案，把这个案件办完以后，可能会认定这个案件有罪，且最后处理完毕了。但是案件也可能留在B省，B省就会认为这个案件有一定的争议，而且这些企业对B省的经济发展、解决就业、解决税收等方面还是有很大贡献的，B省甚至有可能定罪免刑或者酌定不起诉了，把它当作新的经济业态发展过程中可能存在的问题来消化，或者给予一定的行政处罚。

之前经常看见一些争议很大的民事案件在争管辖权，但是现在发现，刑事案件也可以提管辖异议，当然不一定最后能够成功。我办理这种案件的过程中，就能发现一些问题，比如说案件的来源，会写某年某月某日某人报案，但是看报案材料，这个电话根本不是受理这个案件地的电话，而且打过去问是不是开设赌场了、输了多少钱，结果对方说没有。也就是说，这个案件的来源、报案的材料可能不真实，这个大家可能都没想到。但是律师如果认真地去看案件材料，就能发现这个问题。还有一点，比如案件是6月5号立案的，他说5月份就有人来报案，但是翻遍了几十本案卷，竟然找不到报案人的任何材料。一个正常的案件如果有人报案的话，肯定得有被害人的笔录。而且后来我们发现，8月份以后出现了当地的一些人的报案记录。这里就出现一个问题，这个案件正式开始侦查的时候，没有当地被害人的报案材料，那能不能立完案、进入这个程序以后再来补这个连接点？

第二是排非，这里的排非和通常意义上的因刑讯逼供而排非不太一样，这里是一种广义的排非。办案的人是不是有可能就是当初的玩家，然后再以被害人名义来报案，如果说本身是被害人，然后再来办这个案子，那肯定就应该回避，并且取得证据也应该排除。也就是说被害人不能做自己的侦查人员，这又是一个辩护要点。还有申请调取新的证据，申请证人、侦查人员出庭等。

司法鉴定的辩护涉及的问题就更多了。案件里面的网络游戏有很多，首先要确定哪些是概率性的游戏，哪些是正常的游戏，要从这些游戏里面拿出这种概率性的游戏来做鉴定，但是能不能说概率性的游戏就是赌博？不能这么认定。钱给了主播，这个不构成开设赌场，只有主播的钱要回流给玩家的时候，才有可能涉及赌博。跟主播互动，他提供了一些情绪价值给观众，观众愿意打赏多少钱，这个跟赌博没有任何关联。花很少的钱，想获得很大的利益，并且确信这个东西能够获益，只有这部分钱才可能会涉及赌博的行为。所以在鉴定时就会说，正常的游戏金额是多少，然后概率性的游戏有多少，需要计算概率。但后面还有另外一种算法，平台给主播的钱，抽了20%，主播只能拿走80%，这个20%认定为平台获得的利益，之前已经有一个所谓的概率性游戏的数，再计算另外一个从中抽成的20%，这两个数按照有利于被告人的原则，哪个数小，哪个就是开设赌场的金额。大家想一想这种算法对不对？我认为这两种说法都不对，理由就是最后概率性的游戏都存在回流的情况。

还有一个要辩护的点就是财产处理的问题。案件冻结、查封的财产就将近两个亿，实际上办案机关很多时候没有把公司当成一个犯罪主体，但是公司名下的很多财产又被查封冻结，这种冻结的行为合不合适，这是有讨论空间的。所以在财产处理方面，律师也有很大的辩护空间，包括有些 CEO 的个人财产，能不能认定都是非法所得？实体辩护的第二个方面，最关键的一点就是资金是否有回流。

还有就是共谋的问题。平台和主播之间，还有各种组织，把这些主播组织起来，动辄好几百、好几千人的公司平台。主播组织者与主播之间存不存在共谋？或者说是纵容？甚至公安机关还用了“默许”一词：明知道他有这个行为，却支持他这么干，或知道他的行为，在努力打击，但没打击掉。我举了个例子。大家都知道歌厅里存在有偿陪侍唱歌的情况，但如果在场地之外出现卖淫行为，能不能直接给这个歌厅定组织卖淫罪？肯定不行。平台让这些人去干这种事儿，从中抽成，定罪没问题。主播利用平台做其他事情，就直接给平台定罪，这可能还是有问题。这种平台和主播之间的关系中还有辩护点，比如如何认定非法所得，这属于开设赌场的相关问题，都是在实体辩护角度可以变通的一些点。

当然，在此类案件中，各方往往在博弈过程中选择各自都能接受的方案。这些平台、公司也可能认为自身管理不当，会承担一定管理责任。这案件挺有意思的。当事人做过两次专家论证，当事人在我介入之前做过一次专家论证，没有告诉我。我后来发现那份专家论证里有大家熟悉的罗翔老师的签名，那是第一份。后来第二次又找了一批专家，是罗翔老师的老师那边的专家做的论证，也认为不应定罪，结论一样。

所以，这类案件最终的结果往往是交罚款或罚金，从轻处理，以后不许再干，给个教训。毕竟这类涉及人性弱点的案件（涉赌、涉黄）没有特别高的刑罚。在罪与非罪的认定上，即便观点有分歧，最后到了法院也不会轻易把企业“罚死”。底线能守住，结果不会超出辩护律师的预料。即使重，也就三五年，不会一下子判个十几年。法定刑也没有那么高，二档三年以下，三年到四年，或者五年以上，但可找出量刑情节。可能最后公司说，“钱我都不要了，该退赔退赔、该认罚认罚”，司法机关也许说“那行，给个教训，以后别干了”，最终往往如此。我知道有的平台最后交了十个亿、八个亿的罚金，都选择相对可接受的方案。这需要律师的智慧，也需要与相关部门不断沟通协调。这些就是几个方面：程序辩护、实体辩护，以及是否选择认罪认罚等。按理说这些词辩护律师不该随便用。还有一点是不断学习新知识新技术，尤其年轻的同学们，包括网络技术，这是基本功。

最后，我强调一下，不管此类犯罪多复杂，多有技术含量，最终还得回归法条，回归刑法相关规定。回到我们熟悉的主战场，用专业的刑法学知识说服法官、检察官，而不是仅靠比对方懂一点技术。不要因为自己是文科生就惧怕此类案件，不敢面对、不敢接、不敢处理，要打掉这种不自信。我举个例子，马云自己说他不懂技术，但不妨碍他成为阿里巴巴创始人和出色管理者。个别特别专业的技术问题，可请专家证人、技术专家辅助。但定罪量刑是我们的强项，是法律人的强项，一定要有自信。

潘金贵：刚才刘卫东律师结合一个具体案件，就网络犯罪案件从辩护角度谈了很多问题，其中既有程序辩护，也有实体辩护。说实话，我对此深有同感，因为在我办理类似案件的过程中，确实存在许多共性问题，也是我们都需要面临、解决的现实难题。比如程序辩护上的问题：报案的虚假性。在我前段时间办理的网络开设赌场案件中，同样找不到报案人，身份证号什么都有，但是没有电话。本地有与我合作的律师曾是公安出身，都找不到报案的来源。再如所谓“钓鱼执法”的问题。那个案件中，对钓鱼执法的怀疑甚至延伸到鉴定机构。我给它们取了个名字，后来在专家证人出庭时也提到，被称为“配侦公司”，即配合侦查的公司。先收集你的资料，确认你已经在网络赌场，然后再向公安机关提供线索，实际上双方在案发之前就已开始“合作”。

这些都是程序性辩护中必须面对和解决的。至于实体辩护方面，刚才刘卫东律师也提到了几个问题，包括资金回流。请各位律师以及检察官们一起探讨一个问题：如今网络犯罪辩护种类很多，关于网络开设赌场的案件，主流观点和相关司法解释认为，一旦网络 App 具有结算功能，就认定为开设赌场。这个理由究竟能否成立？举个例子，一款打麻将的 App，输赢额并不大，一场还不如线下打得大，收费也不如实体茶楼高。但有一个换分或结算功能，一旦分数对应金钱，就被认为存在结算功能。许多法官、检察官都认为只要有结算功能就可认定为开设赌场。这个观点是否稳妥？网络犯罪是一个相对宽泛的概念，只要与网络沾边的都可能归入此类。但无论是指控还是辩护，都应当高度重视。这类犯罪越来越普遍，其指控和辩护方式确实值得深入研究。下面请律师何峰发言。

何峰：今天和大家汇报的这个话题非常有意义，因为当下无论是生活还是工作，很多都是通过网络进行的。今天的话题涉及两个方面，按照潘老师布置的“作业”——第一是网络犯罪辩护的难点，第二是网络犯罪辩护的要点。接下来我就按照这个思路来汇报。

关于网络犯罪案件辩护的难点，我个人理解至少有三点。第一，刚才两位律师也谈到了，证据的专业性很强，对辩护能力提出新的挑战。首先是证据量巨大。其次，存在大量新型证据。最后，对海量的新型的证据如何审查，以及如何提出有效的辩护要点，是值得思考的。举个例子，在某网络诈骗案件中，有两个管理人员的手机微信聊天记录不一致。大家知道，在刑事辩护中，被告人之间有共同目标，比如都想作无罪辩护，但同时他们之间也会存在利益冲突。有的被告人可能会说，这事是另一个工作组做的，不是我们这个组做的。当出现利益冲突时，就可能出现两个人的微信记录不一致，看起来似乎各有道理。在这种案件中，对电子数据的检验就对辩护提出了新的挑战。例如，司法鉴定人员会先对送检的两部手机编号、拍照，然后启动电子物证的检验工作站。这类专门工作站需确保系统无毒无害，不产生自身因素干扰。之后鉴定人用特定软件提取手机数据镜像并计算校验值，再逐一解析数据镜像，成功提取并恢复微信数据。恢复后还要对数据库特征和表格字段进行核验，对比两部手机的聊天记录。我提到这么多专业术语，很多工作内容我们并不了解，这说明对于常规辩护手段而言，这类专业性极强的证据给辩护能力带来了新挑战。

第二，当前的司法解释或司法解释性文件在证据角度降低了证明标准。比如 2022 年“两高一部”发布的关于信息网络犯罪的意见，其中第 20 条提到，对于数量特别众多、具有同类性质特征或功能的物证、书证、证人证言、被害人陈述、视听资料、电子数据等证据材料，因客观条件限制无法逐一收集的，可按一定比例或数量选取数据，并说明、论证。许多学术文章认为这是建立了抽样取证规则。但我认为，这实际上降低了证明有罪的证据标准。而这是否真是抽样取证规则，我存疑，抽样取证应当与随机性相匹配。举例来说，在某些电信网络诈骗案件中，侦查人员可能只收集了一部分被害人陈述，这部分被害人都说自己被诈骗了。那么这种选择性的取证是否具有随机性？如果缺乏随机性，就可能在司法实务中带来问题。权威解释中，最高检第四检察厅曾在文章中说明，这条规定并非抽样取证规则，也未对随机性作出规定。如果没有明确抽样取证原则并确认随机性，那么就可能出现另一批不认为自己被骗的所谓的被害人。这就变成商业模式的争议：应采取行政先行，还是轻易以刑事手段介入？

因此，在办理信息网络犯罪案件时，应当建立典型的抽样取证规则，并以随机性原则加以确保。虽然《刑事诉讼法》要求全面收集证据，但在海量证据面前不可能逐一收集。然而，对于言词证据和其他电子数据的取证标准不能一概而论。如果完全牺牲这种证据权，就会出现严重问题。两位律师也谈到了，客观而言，侦查行为在一定程度上影响司法公正。在信息网络犯罪中，最突出的是，立案侦查后动辄抓捕上百人，这会使司法纠错更加困难。如果只有一两个被告人，无罪判决的难度相对小很多，但如果是上百人被抓，检察机关不起诉或法院判无罪就困难得多。结果就是“抓人越多，洗冤越难”，司法纠错机制被虚化。

许多信息网络犯罪存在商业模式争议。不仅公司的股东、实际控制人可能认识有误区，我们还遇到过一个诈骗案，审查材料时发现我认识的一位民商事律师在案卷里有笔录。问他才知道，他是去公司应聘法律顾问，结果在场人员都被公安抓了，他作为律师第一次蹲在墙角做笔录。所幸他只是候选法律顾问，没有被进一步追究。这说明有些信息网络案件不仅公司内部人员认识模糊，就连具有法律专业背景的人士也可能被误卷入。参考“套路贷”司法解释中对主观明知的判断标准：具备专业知识、获取利益、过往经历等都是考量因素。律师作为专业人士，也有利益获取（收了律师费），又有过往从业经历，就可能被认为是主观故意。这意味着部分从事民商事业务的律师面临的刑事风险比刑辩律师还要大。

侦查行为在一定程度上不仅影响到了司法公正的决断，还影响到了辩护要点。现在已经开始重视专家辅助人制度的运用，例如北京市海淀区人民检察院早在 2020 年就开始开展了“检察官+数据审查员”这样的新型办案模式。数据审查员不等同于司法鉴定人，而是介于司法鉴定人与检察官之间的一个沟通桥梁，对于司法鉴定所得出的结论进行相关复核的这样一种专业人员。现在经常出现公安机关和互联网公司合作的现象，许多互联网公司会梳理相关的网站或者应用程序，将一些线索信息提供给公安机关。刚才两位律师也提到过“远洋捕捞”逐利性执法问题，甚至个别案件当中还产生了公司证据造假的问题。所以无论是公安机关和检察机关，都十分重视专家的运用，那么辩护也应当如此。要重视证据规则意见的应用，首先，在信息网络犯罪案件中，涉及人数通常较多，动辄几十人甚至上百人，因此大多数情况都会分成多个案件来处理。在多个案件的处理过程中，可能会把公司的高层股东作为一个案件，把某个板块某个区域的中层又作为一个案件，再把一些工作小组作为一个案件。在司法资源有限的情况下，这种分案处理有一定的合理性，但是在司法资源有充分保障的情况下，应当尽量不适用分案处理。我待会还会给大家汇报，在分案处理的情况下，会让当事人，特别是让这个信息网络犯罪的相关公司或者说犯罪团伙的首要分子失去对峙的机会。

在现实中，我们可能看到大量的公司中层或者底层相关人员的笔录，可能会在笔录中记录他们就是在诈骗。但大家想一想，诈骗是一个自然事实还是一个评价性事实？如果有一个人被杀死，其左前胸部被连捅若干刀，那么这个事实就是一个自然事实。然而，诈骗是以很多自然事实作为基础，叠加相应的法律适用才形成的事实。在信息网络犯罪案件当中就存在这样一个问题，就是大量的公司非高层人员的笔录都谈到他们在进行诈骗，我认为这种表述并不是一种事实上的表述，而应当是证人猜测性、推断性、评论性的证言。因为这些人作为公司的中层、基层，没办法掌握公司的全貌。在我曾经办理的一些案件中，就确实存在公司的底层人员对整个公司的运作缺乏全面的、整体的、客观的评价和认知的现象。

第三，要全面审查证据。信息网络案件中证据为王，这不仅是其他类型的案件的特点，也是信息网络犯罪案件的一个特点。什么叫作全面审查证据呢？曾经有一个案件，在开庭前半个月我才介入。这个案件中公安机关随案移送了相当多的监控视频数据等光盘，但当我介入的时候，我惊奇地发现，这些光盘根本就没有拆封过，这意味着在此之前，律师、公诉人、法官都没有看过这些光盘。现在很多时候都是律师从网上的人民检察院案件管理中心拷贝案卷，而这时候的拷贝往往都是把对应的纸质卷宗的扫描件拷贝过来，相关的监控视频等电子数据大概率是不会被拷贝的。那么，在这种情况下，是否全面审查了证据？我曾经办理过一个信息网络犯罪案件，看完案卷后我认为这个案子里边应该有大量的电子数据，就与办案检察官联系，提出我想查阅一下电子数据，但检察官说他也不知道电子数据在哪里，后来问了一下公安机关，发现这个案子的电子数据有几十个 TB 的容量，但是公安机关没有把它刻成光盘移交过来。因此，要全面审查证据，就要看到案卷背后的案件的所有证据。

第四，要积极地收集证据。律师取证在实践中其实是一个很敏感的话题。我记得在前几年，成都有两位律师在办理一个职务犯罪案件时进行取证，最后自己却成为刑事案件的被告人。在一些私密性很强的案件中，比如一些性侵案件，律师接触被害人进行取证，最后却锒铛入狱。所以，律师的取证似乎成了一个让人觉得很纠结的问题。但是我认为，像刚才所举示的职务犯罪案件、性侵案件都是属于私密性很强的案件，是言词证据在整个定罪过程中占有绝对主导地位的案件，而今天所讨论的信息网络犯罪案件也恰好与此相同。在信息网络犯罪案件中，言词证据极具重要性，其虽然是直接证据，能够相对直接地、全面地去反馈一些情况，但是它的证据效力在信息网络犯罪案件中是低于客观证据的。所以我还是主张，作为刑事律师要积极地去取证，这也是让权力机关听到不一样的声音的重要前提。

讲一个案例，我曾经办理一个信息网络犯罪案件时，去取证一个可信时间戳认证证书，这是一个风水产品的诈骗案。这个公司在网上开设了一个网站，套路非常简单，第一步是免费看手相，让你把你的手掌拍个照，上传到这个网站，免费给你看手相。第二步就是给你测八字，测八字的费用是一个人 88 元或者 180 元，但这不是目的。第三步就是卖产品，卖的是风水产品。后来公安和检察机关认为这是一个以风水产品进行诈骗的平台，把这个网站关停了。在办理这个案件的时候，我认为，他测八字时实际上是真正为人家做了服务的，动用了几个数据库去测，然后进行匹配。关于卖风水产品的问题，后来经取证，确实有部分产品是开过“光”的，而且是到重庆非常著名的一个地儿去开光的。为了进一步证明卖风水产品的行为不能够或者不应当轻易认定为诈骗，我还做了另一件事。九龙坡区看守所对面是著名的华岩寺。2020 年 8 月 8 日观音菩萨过生日，所以这一天就有很多出来做算命生意的人，我就对在 2020 年 8 月 8 日出来摆摊测八字、卖产品的情况做了一个取证。从华岩寺进去以后往左走，有一个法物流通处，那里的很多法物的价格可能比当事人网站上卖得更贵。我认为作为刑辩律师，应当多多进行这样的积极取证，积极地去收集证据。

第五，要重视轻罪的辩护，因为信息网络犯罪，特别是在这个公司有数十人甚至上百人被立案的情况下，要做全案无罪辩护是非常难的。但某些情况下，我们可以做无罪或者罪轻辩护，特别是信息网络诈骗案件往往和非法吸收公众存款、非法发行股票等行为相关联。我曾经办理过一个以酒吧为标的的信息网络诈骗案件。这个酒吧是有相应协议的，我对这个酒吧进行了实地考察。我们认为，它这里面虽然没有约定固定的收益，但是它是一个类似于发行股票的行为，把自己公司的股份进行了拆分和售卖。最后就通过这种轻罪辩护得到了一个相对合理的辩护结果。

第六，对质权的充分运用。信息网络犯罪案件当中，往往 90% 的嫌疑人、被告人都会在笔录里表示认罪认罚，笔录里往往会采取"我们在诈骗"这样的表述。在 2022 年"两高一部"的意见里，谈到分案处理的问题。分案处理的前提是不影响当事人的质证权等诉讼权利，对质权是质证权的一个非常重要的部分。《最高人民法院关于适用〈中华人民共和国刑事诉讼法〉的解释》第 269 条已经规定了，同案的被告人可以当庭对质。我们应当好好把握该条款，分案审理的共同犯罪案件中的其他被告人都是可以到庭对质的。同时，被告人与证人和被害人也可以进行相关的对质，这在《人民法院办理刑事案件第一审普通程序法庭调查规程》中也有相关规定，在此不再赘述。此外，证人和证人之间也是可以进行对质的。然而，在很多案件中都是没有进行这些对质的。

第七，庭审实质化和裁判文书的充分梳理。刚才我讲了这么多的证据问题和权利问题，归根到底就是要推进庭审实质化，特别是在主要被告人不认罪的案件之中推进庭审实质化。认罪认罚从宽制度推进得非常快，2022 年最高检公布的数据显示，有 90% 的案件都适用了认罪认罚从宽制度。认罪认罚本身只是一个手段，那么与此相对应的目的是什么？目的就是在当前司法资源极其有限的情况下，兼顾公正与效率。认罪认罚从宽制度推进了庭审实质化，而庭审实质化的推进就必然产生证人出庭、被害人出庭的需求。然而，在信息网络犯罪案件中，即使律师多次申请证人、被害人出庭，也往往没有得到回应。所以庭审实质化的推进是办理信息网络犯罪案件、实现有效辩护的重要保障。同时，与庭审实质化相配套的还有一项工作就是裁判文书的充分说明。我之前为一个案件写了上万字的辩护意见，但最终在裁判文书上被浓缩成了短短两句话，并且这两句话完全没有概括到我想表达的意思。

我本人兼任了重庆律协刑民交叉专委会的主任，因此也会接触一些民商事的案件。但我非常欣喜又非常遗憾地发现，大量民商事案件的裁判文书的说理比刑事案件充分得多，这是一个不正常的现象。刑事案件保障的是人的自由和生命，怎么可能比民商事案件的裁判文书说理还更加简短呢？所以作为律师，对于信息网络犯罪案件，要积极地去推动庭审实质化，同时也要积极地去推动裁判文书的充分梳理。尤其是在一审裁判文书没有充分说理的情况下，可以在二审当中将此作为一个有力的辩护要点。

最近我在一个边境省份办理案件，在省高院与承办法官交流的时候，提出了两个核心问题。其一，在一审庭审过程中没有保障我方被告人的对质权。因为我是二审才介入的，一审的辩护是当地律师办理的。通过庭审笔录发现，这个案件中第一被告人一方是做无罪辩护的，但最后是判处的无期徒刑。而第二到第七被告人都是做的认罪供述。让人非常遗憾的是，一审的律师没有告诉第一被告人，做无罪辩护的时候他有申请对质的权利，所以他并没有当庭和第二被告人、第三被告人逐一进行对质。而我认为这个权利对于查明事实非常重要。这是我在省高院提出的第一个核心辩护要点。其二，一审裁判文书说理不充分，不过好在这个案件已经发回重审。所以当下虽然辩护难，信息网络犯罪辩护更难，但是我想，作为刑辩律师，我们与公安人员、检察人员和审判人员都是寻求真相与正义的专业人士，可以做的事情还有很多。

潘金贵：刑事辩护有实体性辩护、程序性辩护和证据辩护，那么哪个更重要，值得研究。我认为在网络犯罪案件里面，证据的辩护以及控方证据的运用，都是应当高度关注的，原因在于这种网络犯罪案件往往与技术挂钩，而这种技术性的证据对于控辩双方来说可能都有心理畏惧性，因为我们对此不熟悉。无论是控方还是辩方，在这种不擅长的技术证据上，更应当下足功夫。刑辩律师对于网络犯罪案件中的证据一定要有自信，不能因为不熟悉这个领域就退缩。所以，对于网络犯罪案件里面的专业性证据，如果律师辩护的方式方法比较得当，就有很大概率能够取得很好的庭审效果，甚至可能给案件结果带来正向的影响。所以这恰好是要高度重视的辩护要点所在。

我举一个例子，就是我前面说的网络开设赌场这个案件，公安机关对于这个案件里面涉及的电子数据用的鉴定方法是SHA256，但是我们的鉴定机构是四川的一个司法鉴定所，鉴定同样的一批数据用的是MD5值。大家可能对于SHA256不一定很熟悉，但是MD5值比较常见。MD5值是完整性校验值中一个非常重要的东西，关涉他的身份证号不可复制、不可造假等。那么，公安机关和鉴定机构使用了不同的鉴定方法，从辩护的角度来说，这里面有没有空间去解决证据辩护问题？首先应当从专业技术的视角来说下SHA256和MD5值到底有什么区别，为什么两个鉴定机构用了不同的方法去鉴定，鉴定结果出来后发现SHA256和MD5值的校验值是一样的。我对这两种鉴定方法进行了一些研究之后，就在法庭上问鉴定人MD5值的准确名称叫什么，SHA256的准确名称叫什么。这个年轻的鉴定人回答说不知道。我告诉他，作为电子数据的专家，对此是应当熟悉的。然后我就告诉他，MD5值叫作安全散列算法，SHA256叫作密码散列函数。这里面有个前提，大家一定要注意，你面对的是个专家，但是你如果显得比他还专家，那么他就会懵掉。然后我又问他，MD5值和SHA256在字节上有什么区别。他愣了一下，说他记不清楚了。然后我就告诉他，这些对于电子证据专家来讲都是最基本的知识。为什么叫SHA256？因为它是32字节256的序数，然后MD5字是16个字节128的序数。他愣了一下，说好像是这样的。然后我又问他了一个更有趣的问题：SHA256和MD5值哪一个更安全，哪一个更容易遭到撞库攻击。撞库攻击是一个网络术语，就是黑客会用收集到的你的相关密码账号信息，拼命去冲击你的软件，找到你的漏洞。鉴定人回答说应当是SHA256更安全。我说是的，SHA256比MD5值更安全。我问他哪一个更容易被破解，MD5值是否被破解过。他说应该没有。于是我就告诉他，MD5在2004年的时候已经被中科院的院士王小云破解了，但是SHA256从来没有被破解过。他就愣住了。我提出，既然SHA256更安全、效率更高，那么为什么公安机关都已经采用了这个方法，而你们作为专业的鉴定机构却使用MD5值？鉴定人回答说以后回去让鉴定所改进一下，都使用SHA256。我告诉审判长，通过刚才的发问，相信大家已经感受到了这位专家证人的专业知识水平如何。

但是我想告诉你们的是，我从哪儿学来的这些知识？是百度。我就是直接在网上检索这两个专业名词的相关资料，然后把知识用在了庭审上，效果非常好。我用这种相对权威的解释装了一回专家，然后把真的专家给弄迷糊了。所以我想告诉大家的是，辩护需要技巧，但是更需要一种学习的态度。我觉得像刚才三位副院长所谈到的，我们达成了一个共识，像这种新型的技术型犯罪，在大家的知识都相对匮乏的情况下，以这种学习的态度去学这些新知识，就可以把辩护做得更好。

首先请来自郑州泰和泰律师事务所刑事委员会的主任刘薇薇律师提问。

刘薇薇：我的问题跟最近郑州中院正在审理的"中原会战"案件有关。今天三位老师也都讲到了一个共同点，就是趋利性司法这个问题。我旁听了"中原会战"这个案件，也听到了律师们对于程序和证据上的违法性的争议焦点，重点在于它在根源上属于趋利性司法的矛盾体。今天三位律师也讲到了一些给律师的建议，比如从什么点去辩护。但是，作为一个执业 12 年的专业刑事律师，我对于律师努力辩护后能在司法结果上起到的作用持悲观态度。例如我办理过的一个案件，就有非常典型的趋利性司法。最初法院想要定诈骗罪，经过沟通，最终的结果是判处非法经营罪。此时公司已经退赃 1000 余万元到了法官信任的一个临时账户中。当公司打算继续退赃以争取更好的判决结果时，法院却突然要求公司增加退赃数额，然而此时公司在完成了之前的退赃数额后，已完全无力承担新增款项。这个案件最终又将放到临时账户的钱返回给一些出钱的投资人，趋利性司法还涉及司法机关能否保持客观公正的问题。我认为这样的问题恐怕需要在立法上解决，在司法实践中解决的难度是非常高的。我想请教的问题是，正值《刑事诉讼法》修改之际，三位律师针对防范趋利性司法有没有系统的立法层面的思考？

潘金贵：刘薇薇律师提出的这个问题其实是一个很宏观的问题。关于趋利性执法，就如刘品新教授形容的"远洋捕捞"，在现在的司法实践中确实是一个怪象。那么作为辩护律师，确实也需要思考这些问题。下面先有请王兆峰律师对这个问题进行一个简要的回答。

王兆峰：趋利性司法其实并不是一个专业的法律术语，它是对司法活动中一种司法现象的描述，是指司法机关为了获取利益而采取的一些司法活动。对于这种所谓的趋利性司法可能也要做一些区分，有些司法活动，它明显踩了法律的红线，或者更直白地说，它是通过违法的方式进行司法、获取利益。还有一些活动也是趋利性司法，但是它并没有明显地触碰法律的红线。这两种情况是不一样的。刚才刘薇薇律师主要考虑的是律师如何推动刑事立法，通过立法相关的规制来防范和禁止趋利性司法。第一，对于通过违法方式进行趋利性司法的情况，一方面是在相关的法律规定中，救济性措施，特别是具有惩罚性的救济性措施要予以明确。虽然现在法律也作了很多禁止性的规定，但是一个法律规范的构成有三部分，包括奖励、处理，最后是制裁。如果没有制裁，对于应该承担什么样的责任就没有规定。从立法的角度来讲，应该对规范性的东西作更完整的表述，既要奖励又要处理，最后制裁性的救济措施才会更完善，更清晰明确。第二，对于看似并没有任何法律红线的情况。除了立法，在我国的刑事司法活动中，刑事政策一直在发挥着非常积极的作用。通过律师的积极呼吁，要让我国最高司法机关、立法机关认识到诸如“远洋捕捞”这种趋利性司法的危害相当巨大。在法律还没有进行修订的情况下，通过刑事政策对一些行为提出否定性的评价来进行引导。

潘金贵：趋利性司法是一个很宏观的命题，从立法的角度如何解决这一问题是值得思考的。下面有请刘卫东律师谈谈自己的观点。

刘卫东：我主要谈两点。首先，要严格确定管辖的规定，期望能从管辖的相关法律上去避免这种错误，否则会产生非常严重的法律责任。其次，如果钱款全部上缴中央，可能是一个好的方法。

潘金贵：刘卫东律师的发言涉及两个比较关键的问题。第一个是管辖问题，现在学界把它称为管辖权的泛化现象。比如网络犯罪以及其他经济犯罪，我国司法解释将有管辖权的机关无限扩大，那么当多个地方都有管辖权的时候，比较的是谁能够敏锐地发现某一案件有利可图。所以能不能在管辖权上有所限缩，确实是要考虑。另一个问题，刘卫东老师讲得非常有道理，趋利总得有利益所在，如果最后的利益归属于中央，地方司法机关可能就没那么多动力了，这也是值得思考的问题。

提问人苏律师：我的问题是关于中国公民在境外开设赌场，但是没有招揽中国公民，在线上去掉了所有人民币的支付渠道，不允许中国手机号注册，完全针对外国人开设。这样的情况下能否认定开设赌场罪？

潘金贵：这个问题非常有意思，我也曾经遇到过这样的情况。从刑法上评价该不该追究他的刑事责任，先请刘卫东律师来解答。

刘卫东：我认为首先要去考虑当地的司法机关，它们是否认为这种行为是犯罪。如果当地的司法机关认为不构成犯罪，被害人也不涉及中国人，我认为我们是不能追究他的责任的。

潘金贵：下面有请王兆峰律师回答。

王兆峰：首先，这样的公司并不在国内，如果当地认为这样的做法合法，我认为是没有必要去管的。如果《刑法》修改之后把相关条款取消，那么从立法沿革上要考虑，为什么原来有规定，现在没有规定，可能有一些其他因素。但在目前对我国公民没有危害的情况下，我认为是没有必要去定罪的。

刘卫东：关于这个问题，我还想和大家讨论，比如说中国人在外国形成了一个团伙，在外边争凶斗狠，假如行为主体完全不是中国人，能不能构成组织领导黑社会性质组织犯罪？这样的问题确实很值得讨论，但是我想，如果说从形式上无法判断，那么实质上到底有没有对我们国家造成影响？毕竟，我国《刑法》首要保护的是中华人民共和国公民、国家和社会的利益。倘若既缺乏形式上的判断依据，又没有可供衡量的各类尺度标准，我觉得在这种情况下认定犯罪是可行的。当然，对于实质影响，可能存在不同看法，有些影响或许是直接的，有些则较为抽象，这都有待进一步讨论。比如说严重地丑化了中国人在海外的形象，或者造成非常恶劣的影响，以至于当地的华侨走在街上像过街老鼠一样。这种情形下，我觉得有待讨论。当然目前来讲，我还是不建议这么行动。

潘金贵：这个问题确确实实牵扯到对刑法实行原则的理解和把握，但深层次的问题还是怎么理解犯罪，犯罪是不是仅限于对本国公民造成了危害？如果要按照马克思主义的观点来说，犯罪是个人反抗国家的一种行为，是有社会危害性的行为，那么这种社会危害性是不是针对全人类的，取决于你怎么去评价，这是很复杂的一个问题，留待以后继续探讨。

提问人 1：我的问题是想请教何峰律师。以卖保健产品为例，假设某个行为人不了解该产品，只是发现了它的功效，并根据该功效完成了产品的营销。对于上述情况，有一个观点是，若营销时存在说谎的情形，那就能通过民事救济请求公司把钱还给消费者，这样是不是可以避免通过刑事手段去解决问题？实践中能否这样操作？假设这种情况没有可能性的话，那么在辩护的时候能否以虚假广告为由进行新的辩护？在最新的辩护实践中，您觉得这个方法如何？

何峰：刚才你提到这个问题，其实是司法实务中刑事辩护经常会出现的问题——即刑民交叉问题，关于刑民交叉，不同的学者从不同的角度会有不同的思考。若由刑法学者来判断，刑民交叉就是刑事诈骗和民事欺诈的“黄金分割线”在什么地方。而从诉讼法学者的角度看，刑民交叉就是研究先刑后民还是先民后刑还是刑民并举。从民商法学者的角度看，刑事认定了犯罪以后，民事的法律行为是否还有效？所以刚才提到的这个问题，就是典型的刑民交叉问题，是刑事法学者的研究范围。我个人理解，刚才你提的例子，当然可以这样来辩护，其实有意思的一点就在于这种诈骗的度在什么地方，这也是一种辩护的角度。但是对刚才你提的第一个问题，行为人可不可以把这个钱退了，退了就不认可了？我认为这是诈骗。有一个逻辑上的背景，如果它被认定是诈骗罪，那么推广行为只能够作为从轻处罚的情节，如果它本身就不是一个诈骗行为，那么它就是一个民事纠纷的协商解决问题。所以我个人认为不能以推广来理解，应当构成犯罪。

提问人2：有关充分说理的问题，二十篇文章中至少有三四篇是裁判文书中提到辩护人提出缓刑的请求，但最终裁决没有适用缓刑，并且没有说理，整个裁判文书的裁判意见也非常简单，使得我们在做研究的时候，对于相关司法规则的逻辑梳理产生了比较大的困难。遇到这样的困难时，我们可能有什么样的解决路径？

何峰：首先，在裁判文书说理方面，说理不充分的表现有：第一，对于律师所提交的各类书面申请，并没有在裁判文书当中进行展示。比如刚才两位律师都提到，在辩护当中可能会提出很多诸如证人出庭、调取证据等一系列的申请，这些在裁判中很多时候也没有。第二，关于律师的质证意见，这些其实在裁判文书中是缺失的。第三，对于律师的辩护意见，刚才也提到了，就是概括极其简单、驳论极其简单，这种没有干货的驳论，导致我们收到一审判决时，很难能在二审提出更加有针对性的上诉意见或者二审辩护意见。第四，你刚才提到的，除了前三者以外，对于量刑，包括违法所得认定等一系列认定也是非常简单的。这些问题怎么解决？在制度上，我理解的是首先推进庭审实质化，以庭审实质化来倒逼一系列的文书改革。其次，在当下，可能制度上没有进行全面修改，要做这方面的研究，可以和刑事法官联系对接。关于量刑，特别是在适用缓刑这一块，虽然也有相关的一些规定，但是司法实务中是怎么样来考虑这个问题的，我觉得可以和法官交流一下，可能这是暂时能想到的，也希望潘老师能多给指导，因为我也想问这个问题。

刘卫东：我没有听错的话，你问的问题是说，你查了二十个文书里面有三个文书没有对缓刑作任何回应，是吧？起码有三份文书对这个是否应该给他判处缓刑没有作任何回应，应该怎么处理这个问题？首先你说二十份文书里面有三份没作回应，我个人认为这个数据可能还不是很准确，可能比这三份多得多，可能一共就只有三个人提出了缓刑建议，然后都没有回应。你提出怎么解决这个问题，我觉得可以有个非常简单的办法。因为你手里有这么多的法律文书，文书后面都有法官和法院的名称，你作为西政的学生，打个电话过去，说："法官，我现在在做一个学术研究，有一个问题想请教您，您看看当时是不是工作太忙了，没有做这么一个东西？"他会说对不起，当时可能真的把这个忽略掉了。这是一种回答。另一种是他觉得这个问题根本就不用回答，没有法律依据和事实依据，故不予采纳，然后原汁原味地把最后的结论写在你的论文里面，我觉得应该是非常好的一篇论文。当年费孝通写乡土中国的时候，能够走到田间地里去做研究，你打个电话能获得一手数据，这是我的个人的建议。

潘金贵：刚才这位同学提的问题实际上是司法中的一个顾忌，不仅是刑事案件，民事案件也这样。刑事的裁判文书长期以来被称为是不讲理的，不讲理就是不讲道理，事实叙述完，最后来一个"本院认为已经构成抢劫罪"了，判了就完了。大家注意，这是个很有质量的问题，也是我们长期以来真正关注和呼吁的。至于怎么来解决这个问题，我个人是这样看的。第一，一定要强化法官的说理意识，克服法官的官僚主义。这话可能大家觉得很奇怪，为什么叫法官的官僚主义？我个人认为，大家知道法官不是官，但是相当多的法官是有官僚主义的，写格式文书一套一套的，但是他就懒得跟你去说理，他没有说理的意识。甚至我遇到有些法官跟我讲："我在国家法官学院学习的时候，格式文书文本就是这样写的。”确实，我们早期的格式法律文书写得很简单，法官学院的教材上教的文本都是简单写“本院认为”，下面的学生自然就学不好。我认为的理念比行动重要，意识是先导，所以第一，要强化他的意识，不要让他觉得自己是法官，你是律师，就不想搭理你。第二,一定要强化法官的说理水平，要提高说理的素养。法官要把这事说得清楚，一定要清晰地反驳辩方的观点，辩护人提的几点为什么不采纳？有些时候不是法官不想说，而是因为他说不清楚，我们也看到有的文书写得很有水平：“辩护人认为……本院认为……”这种法官的文书水平相当高。我还担任过法院的法律文书评比的评委，评上优秀的都是能够反驳辩护人的，不采纳辩护意见，但是说清楚了为什么不采纳，注意，这是一个思辨的过程。但是很多法官很懒，或者是水平达不到，但是如果法官的说理素养、本身的文字水平、法律素养很高，思辨能力很强，他能找得到充足的理由来反驳律师的辩护意见。第三,一定要强化法官重视辩方的理念，理顺审辩关系。长期以来我一直有个观点，这话不好听，但我说的是实在话，很多侦查人员，就是警官、检察官，包括我们监委的调查人员、法官，看待律师时是有职业优越感的，比如对控辩平等原则这种基本意识有所缺乏。有一些法官有这个意识，很重视辩护人的意见。我刚才给你们举了一个案例，关于鉴定意见，法官至少写了 2000 字，列了 10 多条，陈述辩方鉴定意见不予采信的理由。我当时就说看得出法官是用了心的，他对辩护人关于电子证据的意见进行了充分的研究琢磨。还有一个原因，我们请了一个专家辅助人，开到第三轮庭的时候，把北京的两位电子数据专家请来了，这个事情让法官高度重视。第四，应当要建立健全法官说理的激励机制，让法官有说理的积极性。举一个例子，最典型的就是各级法院现在有一个活动，可能同学们不一定了解，就是裁判文书评比，比如说全重庆市的刑事裁判文书，我们请专家来评比，对写得好的文书进行奖励，激励法官认真对待裁判文书中的说理，建立一种有效的机制，帮助我们解决问题。这是我的想法，供大家参考。

由于时间关系，今天的讲座到此结束。

09

关于刑事诉讼法的第四次修改

主讲人：樊崇义 中国政法大学教授、博士研究生导师，中国政法大学国家法律援助研究院名誉院长，“当代中国法学名家”

主持人：胡尔贵 西南政法大学党委常委、副校长，西南政法大学国家安全学院教授、博士生导师

时　间： 2024 年 10 月 20 日 19：00

地　点： 西南政法大学渝北校区三教一楼学术报告厅

胡尔贵： 今天我们非常荣幸地邀请到了中国政法大学的樊崇义教授来到我们西南政法大学，为我们带来一场关于司法现代化与《刑事诉讼法》修改的精彩讲座。

在推进中国式现代化过程中，《刑事诉讼法》作为我们国家的一个基本法，对于司法改革具有重要意义。樊崇义教授近年来对于刑事诉讼法与司法现代化的结合有大量研究，所以今天樊教授专程来到我们学校，就他学习研究的心得给我们做一个分享。

樊教授今晚主讲的题目是“关于刑事诉讼法的第四次修改”，我们以热烈的掌声欢迎樊教授。

樊崇义：《刑事诉讼法》修改是十四届全国人大常委会发布的立法计划，分三类。第一类是条件已经成熟的，一共有 79 项；第二类是创造条件形成草案的，大概有 50 项；第三类是还不具备条件的，大概 160 项。我们进行修改的，是条件成熟的第一项当中的第 62 项。

我讲如下几个方面。第一个方面讲这次修改的背景、观念、要求和标准。

转变观念，把这次修改做好，这里面有司法现代化的问题，还有党的二十届三中全会的指导理念的问题，在这方面如何转变观念、充分认识到这次修改的必要性。第二个方面讲一讲修改的重点，有几个修改情况给大家提示一下。

我想首先跟大家认真地讨论一下修改的重大背景。《刑事诉讼法》修改的理念、要求和标准是什么？这次修改和过去究竟有什么不同？习总书记对政法工作作出了一个重要的指示，即发扬革命精神，守正创新，奋力推进政法工作现代化。2023 年政法工作会议传达了总书记的指示，就是中华民族要实现现代化，政法工作也要实现现代化，这是与前三次修改的重大不同，所以我们这次修改首先有一个政法工作现代化的理念和要求。什么叫政法工作现代化？我总结为“四个坚持”。第一，要坚持中国共产党的领导。第二，要坚持以人民为中心的立场。立法也好，司法也好，修法也好，都要坚持以人民为中心的立场。第三，要坚持吸收中华民族五千多年来的优秀文化成果和习近平法治思想。这关涉中华民族五千多年的变化，对促进人类发展的修改要慎重，要吸收、承认优秀文化的成果。第四，必须坚持我们党改革开放的方针。以上这些就是关于政法工作现代化总结的“四个坚持”。

在当前的法律修改中，有几个关键的司法规律需要把握：

一是司法职权生成、发展和演变的规律。从人类历史上看，司法职权经历了显著的演变。在中国古代，司法与行政并未明确分离，例如县太爷既负责行政也负责司法。随着时间的推移，刑事诉讼与审判逐渐分离，革命后又实现了法官居中的平等控辩。审判权、起诉权、辩护权这三大职能在任何时候都不能被压制、减少或缺位，否则诉讼将不健全。例如，若开庭时间被随意更改，或者律师的辩护权被剥夺，这样的诉讼便不是有效的。法官居中的控辩平等与对抗是近现代诉讼的重要标尺，是科学民主的重要体现。尽管存在极端案件或困难，但我们要增强信心，把握规律，同时律师也应遵守科学、民主和程序原则。

二是诉讼方法与模式的演变规律。诉讼模式与方法也经历了显著的演变。历史上曾存在过“压制型诉讼”（即强制性的诉讼方式），后来逐渐转变为“权利型诉讼”，再到近半个世纪以来的“协商型诉讼”，如美国的辩诉交易和德法两国的合意型诉讼。中国的刑事诉讼也逐渐向协商型讨论的方向发展。这种诉讼模式的演进，意味着诉讼不再是单一主体或一方说了算，而是需要采取辩论式，遵循直接原则和裁判原则。这一规律同样需要得到加强，不应被削弱。

三是中国《刑事诉讼法》的发展规律。自1978年党的十一届三中全会以来，中国的《刑事诉讼法》经历了三次大修。每次修改都遵循着“科学、民主、文明”的规律。1979年的《刑事诉讼法》主要解决了拨乱反正、有法可依的问题。1996年《刑事诉讼法》的修改则涉及是否吸收西方司法原则的问题，最终引入了疑罪从无的原则。2012年的修改则将“尊重和保障人权”写入法条，尽管过程中遇到了不少困难。2018年《刑事诉讼法》的修改则确定了认罪认罚从宽制度。这一过程体现了刑事诉讼法从产生到发展，再到尊重和保障人权以及认罪认罚从宽的规律。司法工作必须遵循这些基本的司法规律，以确保司法的公正、有效和民主。

修改《刑事诉讼法》的第一个基本理念就是遵守政法工作现代化的标准，必须遵守这“三个规律”“四个坚持”。我们要考虑到，《刑事诉讼法》的修改只能前进不能倒退。这是关于政法工作现代化的理念和标准问题，我们要严格遵守。

关于理念，我想讲一下党的二十届三中全会的决议，应该说它对这次《刑事诉讼法》的修改产生了深刻的影响。这次会议的基本精神就是要坚持改革开放的方针，从党的十一届三中全会总结到党的二十届三中全会。党的二十届三中全会决议的第一部分对完善中国特色社会主义发展体系的立法和执法提出了明确的要求，一个是强调法治是中国式现代化的重要保障，全面支持宪法，树立宪法的权威，协同推进立法、执法、司法、守法各个环节的改革，并对深化司法领域的改革做了详细的阐述。从我们党的十一届三中全会到党的二十届一中全会、二中全会、三中全会，最基本的精神就是要坚持改革开放。这次决议对涉外立法和涉内立法都做了专章的论述，对新时代立法改革提出了一些新的课题、新的要求，我们一定要把这次三中全会的基本指导理念，作为修法的基本指导思想。从社会主义体系的形成到坚持改革开放，《刑事诉讼法》经历过的几次修改预示着第四次修改不是关门立法，而是要开门修法、科学修法、民主修法，特别是如何正确地对待司法的成果，需要我们认真考虑。另外，为什么在这次立法当中要提到国外的法律成果？

因为修法与国外的立法和联合国提出的最低限度司法标准紧密相连。联合国《公民权利和政治权利国际公约》中提出了人类司法文明最基本的标准。大家可以查一查第 14 条关于最低限度审判标准，其中包括司法中无罪推定的问题、审判的问题、审判原则的问题、证据的运用问题、沉默权问题、人身权利的保障问题，还有侦查问题，最后还有审判程序的问题。经过对照发现，我们的《刑事诉讼法》还有很多空白。这次党的二十届三中全会给我们提出了最基本的思想，立法领域的改革就是要正确对待先进国家的立法文明成果，我国《刑事诉讼法》还没有确立无罪推定，审判监督问题到现在也没有做好，沉默权就更不用讲了，侦查问题也不用，我认为这些问题都是这次修改的重点。

我讲的第二个大的理念，就是要坚持党的二十届三中全会的指导思想，要科学立法、民主立法、开放修法，把《刑事诉讼法》重大的缺陷补上。前段时间我参加了一个会议，一位亲自参与联合国公约起草的英国法官也参加了此次会议。会议上，这位法官讲到了废除死刑的问题，他说就废除死刑这个问题相关的公约，联合国成员国有 193 个国家签了字，其中有 110 个国家在立法上和实际执行上废除了死刑；有 74 个国家虽然在立法中没有废除，但实际上已经不判处死刑了；还有 11 个国家，不仅立法没废除，实际上也没废除死刑。我国系未废除死刑的国家之一，且也已签署了该公约。所以要把党的二十届三中全会的精神贯彻到《刑事诉讼法》修改中，把我们签署的联合国公约中的一些重要内容增补到我们这次修法中，但是如果观念不转变、立场不转变、认识不转变，我认为这是很难做到的。

关于转变观念、提高认识，要充分认识《刑事诉讼法》修改的必要性。总书记说要让人民群众在每一个司法案件中感受到公平正义，这个公平正义又解释为摸得着、看得见、听得清的公平正义，而不是关着门的公平正义。要让每个老百姓有公平正义感，不能再出现冤假错案或者制造冤假错案。昨天在北京讨论一个案件，是单位犯罪，讨论到最后，司法机关决定不追究刑事责任，但是在追诉的过程中，单位的 200 亿元财产被扣押了。既然不追究责任，钱就应该还给该单位，但是办案机关表示，钱没法还了，这种处理方法能让他们感到公平正义吗？这个财产处理问题我在后面再讲。我们一定要转变观念、提高认识，要使人民群众感到我们的司法是公平正义的，所以我的第一个观点是积极地回应人民群众对司法公正的迫切要求和期盼。

第二个观点就是结合当前的情况，要努力克服和摒弃重实体、轻程序的观念。长期以来，无论是公检法机关还是人民群众，重实体、轻程序的观念很深，要克服这种观念，要树立《刑事诉讼法》是“小宪法”的观念、没有《刑事诉讼法》就没有《刑法》的观念。

第三个观点是司法工作和时代发展要求我们尊重联合国的刑事司法最低标准，这是这次修改《刑事诉讼法》的必然要求，不能再往后推移。我们一定要认识到把这些标准落实到我们发展中的必然性和必要性。

第四个观点是要剔除长期以来在立法过程中宜粗不宜细的做法。在前三次的修改中，每次遇到关键问题领导就发言，《刑事诉讼法》是全国性的法，宜粗不宜细，所以《刑事诉讼法》出现可操作性差的问题，导致中央各个司法机关不断发布司法解释。《刑事诉讼法》只有308条，现在司法解释就有2035条，所以这次要剔除宜粗不宜细的立法指导理念，把《刑事诉讼法》修改好。关于数字侦查问题、数字检察问题、数字司法问题、数字证据问题，随着科学技术的发展赋能于司法程序，我们这次都要将其赋予到法典当中，把它做好。

以上就是对于这次修改的必要性，我所提出的转变观念的四个方面。

最后，我要讲的是一个重点问题，即关于《刑事诉讼法》第四次修改的重点思考，我的讲稿聚焦于此。当然，关于《刑事诉讼法》第四次修改讨论的问题非常多，我们在拟定草稿时列出了一千多条，现在我将着重讲述其中的重点问题。

我们先聚焦于以审判为中心的《刑事诉讼法》架构体系，这一议题深刻触及《刑事诉讼法》的体系性构建。自党的十九届三中全会、四中全会以来，我国明确提出将审判改革进行到底，要求从题目到内容对《刑事诉讼法》进行全面修改。在题目设置上，我们需要明确区分审前程序与审后程序，将侦查、起诉等环节均视为审前程序的一部分，并据此进行相应的调整。同时，我们必须凸显审判程序的核心地位，确保立案、侦查、起诉等审前程序都能紧密围绕审判程序展开，同时兼顾各自的独特性。在这一架构中，一个核心问题在于如何以证据为核心来构建审判程序与起诉程序。众所周知，检察机关正致力于此方面的探索。今年年初，已有同志提出，应构建以证据为中心的刑事指控程序，即在立法层面，将审判程序与审前程序像德国、俄罗斯等国家那样进行更为紧密的衔接与加固。

在内容上，我们必须确保以审判为中心、以证据为核心的基本理念和标准，在立案、侦查、起诉程序中得以充分展现。这不仅需要我们在起草过程中将其明确表述出来，而且在制度设计上也需要将这些理念转化为实际的程序和操作，使之不再是空洞的口号。多年来，我们在这一领域虽有探索，但成效尚不显著。在《监察法》的修改过程中，核心问题在于证据。经过数年的争论与探讨，《监察法》第 33 条终于明确提出，调查程序需遵循审判时的证据标准，这一规定无疑为我们此次刑事诉讼法体系的改革指明了方向。在构建以审判为中心的刑事诉讼法体系时，我们必须兼顾各个程序的独特性，确保立法的题目与内容都能准确反映这一核心理念。

第二个重点议题，涉及刑事协商程序和制度的建构。刑法规定了接受450个罪名，其中 88 个罪名归纪委管，调查以后要移送到检察院审判起诉。一位老师以专家顾问的身份参与会议时指出，纪委的调查工作是一种特殊的延伸，应当全程录音录像，并明确接受何种监督以及后续的审查起诉流程。但也有观点认为纪委既不是侦查机关，也不是起诉机关，更不是司法机关，反而更像是我国的证据收集机关。如果说纪委是证据收集机关，难道法院、检察院不是证据收集机关吗？以纪委是证据收集机关为由来对抗诉讼职能，混淆这种调查的属性是不行的。因此，我认为在这次《刑事诉讼法》的修订中，应明确对于这 88 种案件的管辖权，监察委员会所行使的实质上是一种具有特殊性质的侦查权，尽管通常被称为“调查权”，但它实际上具备诉讼和司法的属性，并应当接受诉讼程序的监督。只有这样，我们才能确保这 88 种案件的处理质量得到有效提升。《监察法》的修正案好像已经公布，已经规定了四种强制措施，其中一个是留置，把留置的时间从原来六个月延长到八个月。严格来讲，公安机关参与的强制措施要经过检察院批准，要有法官评判，没有公安机关能随意限制人身自由，关了六个月，导致检察院不能监督，这种案例《人民日报》报道过几十起，所以对纪检部门的定位要和《刑事诉讼法》衔接起来，这是这次争议的要点，我放在第二位，希望同志们认真地讨论这个问题。

第三个重点议题是关于轻罪的处理问题。我国刑事犯罪的长期统计数据显示，尽管刑事犯罪的数量在不断增加，但轻罪与重罪的比例正在发生变化，轻罪所占的比例已高达 83.6%，而重罪所占比例则在大幅下降。这一趋势引发了一个关键问题：如何在《刑事诉讼法》中妥善处理轻罪问题，并明确其处理程序？在此，我们暂不争论轻罪本身的性质，而是聚焦于程序层面。一个不可忽视的客观事实是，80% 以上的案件中，被告人承认自己的罪行。鉴于此，《刑事诉讼法》的修改必须重视轻罪的处理程序，并明确以下几个研究方向：首先，刑法需要明确轻罪与重罪的划分标准。目前，通常以三年有期徒刑为界限，但这一标准仍存在争议，需要进一步完善。其次，《刑事诉讼法》是否应构建一个轻罪的协商程序，即控辩双方可以在法律保障下，从提起诉讼至法院审判阶段进行协商。这一协商模式将传统的对抗式审判转变为更为和谐的协商式审判。协商的主体应包括公检法机关、被告人、当事人以及被害人，且各方应享有明确的权利和程序保障。

第四个重点议题是关于轻罪协商程序的具体构建，我们面临以下关键问题：一是是否应在《刑事诉讼法》中为轻罪处理设立专篇，并建议采用协商方式处理；二是对于重罪，应保留单独的程序体系，但在被告人认罪认罚后，法庭上是否允许重新进行协商；三是协商程序的参与主体、每个阶段的主持人、律师及当事人到案的时间、被害人的参与时间等；四是涉及财产赔偿的问题；五是如何将协商结果转化为具有法律效力的文件，并明确执行手续，以实现案结事了、双方满意的目标。考虑到 80% 以上的案件可能涉及此程序，甚至在某些地区，例如重庆，轻罪案件的比例已高达 92%，因此，构建和完善这一程序体系显得尤为重要。综上所述，关于《刑事诉讼法》程序的构建和财产的处理，特别是轻罪协商程序的建立，是《刑事诉讼法》修改的重要环节。希望各位同志能够深入思考并积极参与讨论。

第五个重点议题是关于认罪认罚从宽制度的完善。一般的认罪认罚案件，按照分流程序，一个案件从起诉到审判要逐步分流，但是这个程序在具体实施过程当中基本上偏离认罪认罚的方向。被告人要认罪，律师要帮助，我们确立了律师帮助制度，但还没有实行起来。律师和当事人很少参加协商甚至不参加协商，把双方协商变成以检察机关为主导。所以对于认罪认罚这个制度的构建，虽然案件进入了法庭，但是刑事诉讼方面的程序还没有落实，认罪的标准和界限、认罚的标准和界限、从宽的标准和界限，实际上没有形成全国统一的程序，特别是被告人认罪认罚案件到法庭上又被推翻了怎么办？被告人上诉的话，检察院抗诉，上诉要加刑，完全违背《刑事诉讼法》的原则，所以在2018年确定了这个制度以后，如何把治罪变成治理，在这一点上我们还是没有做好，包括在法庭上翻案怎么办等问题。因此，这次《刑事诉讼法》的修改要把它作为一个重点，一是轻罪的治理程序，二是轻罪的审理程序，三是要构建刑事协商程序，确实体现认罪认罚从宽，最后结案事了、化解矛盾。所以这涉及的一系列程序，是我们这次研究的重点。

第六个重点议题是完善刑事证据制度。证据裁判原则是《刑事诉讼法》的基本原则。长期以来，我们以事实为依据，以法律为准绳，实事求是，调查研究。我们要的的确确、实实在在地把刑事证据制度完善起来，涉及以下几个问题：首先，究竟什么叫证据？证据的概念是什么？现在的立法规定，凡是能够证明案件事实的材料都叫证据。我们把它叫做“材料说”，现在也有同志提出“信息说”。其次，要形成一个完整的刑事证据体系、证据规则体系、贯彻证据制度，要有一套证据规则，形成一个证据规则法典，包括关联性规则、非法证据排除规则、质证规则等。我们要把完整的、系统的证据规则体系建构起来。再次，关于证据内容中的证据错位，《刑事诉讼法》如何表示体现新质生产力的电子技术证据及其应用。最后，要不要建立以证据为中心的证明体系？立法要把证明体系、辩护体系、审判体系均表示出来，最高检提出要构建以证据为核心的刑事指控体系。在西方世界，所有证据问题都规定在证据法典中，我们希望在证据这个问题上，可以单独规定出来。

第七个重点议题是关于辩护权的保障制度。虽然我国的辩护权经过四十多年的发展，已经有了很大的变化，但保障还是不足，实施过程中也呈现了相当严重的问题。如何分阶段、分层次地把辩护权介入诉讼、在诉讼中如何对权利予以确认并进行保障，特别是阅卷权、会见权、知情权、案件事实调查权这四大权利，应该将其作为一个重点进行保护。最后，关于法律援助，法律援助的范围要扩大。

第八个重点议题是关于监督体系的问题。一方面，要特别强调废除指定居所监视居住，因为出现的问题太多了。尤其是职务犯罪的案件，在指定居所监视居住的过程中上吊的、自杀的、逃跑的犯罪嫌疑人、被告人太多。另一方面，要完善强制措施的适用范围和条件，包括留置、拘留，都要细化。

强制措施适用的条件、适用的对象，每种强制措施中的程序，如律师参与程序、强制措施的变更程序也应该更加明确。

第九个重要议题是渎职案件的管辖问题。就监察机关的监察权而言，大家纷纷建议，渎职案件不应该归监委管，自从监委管渎职案件以后，渎职案件数量在不断增加，但是进入诉讼的案件数量在不断减少，渎职案件由监察机关来管合适否？

第十个重要议题是健全涉案财务处理的程序。就这个问题，最近召开了专题座谈会，大家一致认为，重人权而轻“财权”，对人权的保障程序比较完善，但财产权谁来管呢？公司200亿元的财产被扣押、冻结，最后归财政处理了，案结了，但钱没了。有同志在研究这个问题，建议把涉案财产处理问题作为单独一章体现出来，要保障人权和财产权，这些都是宪法规定的。

第十一个重要议题是关于增设违反程序的制裁后果问题。其中包括辩护制度，要不要规定无效辩护？你是我请的辩护人，但你在法庭上对案件的了解比公诉人还少，这叫无效辩护。我们要不要建立无效辩护制度？要不要建立公检法机关违反程序的制裁程序？

第十二个重要议题是关于完善审判制度的问题。特别是立案以后，人跑了，跑了以后财产怎么处理？

第十三个重要议题是关于涉外诉讼程序的增设。涉外程序是《刑事诉讼法》的空白，《刑事诉讼法》只规定了管辖方面，但立案、审查程序等都是空白，这次总书记提到了这个问题，我们要通过第四次修改把涉外程序兼顾起来。

以上就是我罗列的十三个议题，当然还有很多问题，我就讲到这儿，下面我们进行提问环节。

胡尔贵：各位同学们有没有什么问题要和樊老师交流？

提问人1：樊老师您好，我的问题和党的二十届三中全会上提出的轻微犯罪记录封存制度有关。刚刚您提到需要关注的重点问题包含对于轻罪重罪的划分标准，还有财产问题。那么，轻微罪犯罪记录封存制度是否需要在《刑事诉讼法》中重点体现？

樊崇义：这个问题提得很好。这是三中全会公报提出的，我认为犯罪记录封存制度这次肯定要写入《刑事诉讼法》。原来的规定是对未成年人的犯罪记录要封存。现在这个问题非常严重。我查阅了40多部行政法，如果未成年人的父母存在问题，未成年人长大后连物业管理委员会都不能入职，更何况就业参军。所以我认为这个问题肯定是要写进《刑事诉讼法》的，犯罪记录是“封存”还是“消灭”，是否还要扩大适用未成年人的刑事犯罪，这是一个很大的问题。

提问人1：针对这个问题，我还想再追问一下，我国现在已经明确了相关轻微犯罪的封存制度，但是这个制度在未成年人犯罪记录封存之上的扩大适用，还是要和实际相结合，比如结合复权，在犯罪记录封存之后把权利恢复。参照法国的复权制度，我国到底仅仅是在形式上扩大适用还是兼顾实质方面？例如在封存记录之后复权，我觉得如果仅仅是封存轻微犯罪记录而没有恢复相关权利，这相当于隔靴搔痒。

樊崇义：封存的适用范围是轻微犯罪记录还是对所有刑事犯罪的犯罪记录，这一问题是值得研究的，多数人建议要复权，针对未成年人可以认定轻微犯罪。我的意见是，个人的犯罪影响后续不要延伸至其家属。

提问人1：我国针对检察官、法官等公务员有明确规定，有刑事处罚记录的人没有办法享有相应的权利。虽然规定了记录被封存者在升学就业方面享有平等的权利，但是由于权利没有恢复，现实中一些情况下仍然没有办法享受同等的权利，所以我感觉未成年人犯罪记录封存的规定有点空洞。

樊崇义：我刚刚所提到的40部法律，也包括《检察官法》《公务员法》在内，都要服务于《刑事诉讼法》关于犯罪记录消灭这个“小宪法”。

提问人2：樊老师，我想请教一下认罪认罚程序中关于值班律师的问题，和法律援助也有关联。法律规定，检察院在认罪认罚程序中要同步录音录像，此时还需要值班律师吗？在实践中，值班律师只起到现场签字的作用，同时，现在提出要不断扩大法律援助的范围，如果值班律师只是起到形式上的作用，是不是浪费资源的行为？能不能请樊老师从未来的立法方面谈一谈对于这个问题是怎么考虑的？

樊崇义：针对录音录像制度的执行问题，我有很多学生也在做相关工作。现在存在事后录音录像的问题，录音录像这个手段要落实，值班律师制度也要落实。认罪认罚阶段为什么也要对值班律师进行录音录像？因为针对犯罪嫌疑人在侦查阶段的认罪认罚，我们需要保证犯罪嫌疑人理解有关的法律援助制度，律师到场后要告知其认罪认罚的后果、认罪以后适用的程序和方法等。如果由帮助变成委托再完善手续的形式，这样的帮助是不到位的。对于录音录像制度、律师帮助制度以及委托的相关程序要分别进行规定，逐一明确，不能混淆，不能用录音录像代替法律帮助，更不能代替委托。

提问人 2：樊老师，我想请教一下，立法者对律师在场权是怎么看待的？我们现在的刑事侦查律师在场权是不是真的成熟了？

樊崇义：理论研究得很深，全国搞了五个试点，一共搞了九年，中央就录音录像问题进行调查，二千多个案件，写进了政府报告。这个对司法权、侦查权、审判权的制约是面对面的，是很强的制约和监督，要把它落到实处是比较难的。2012 年《刑事诉讼法》就没有修改，这次修改我认为必须涉及这个问题了，要采取措施。如果要叫律师到场但实际上司法机关不允许，那什么是现代化？所以这次我们要把这个制度落实下来，作为一项重大的修改把它落实下来，不过“如实陈述”肯定要出现。还有律师陈述这个条款，应当如实陈述，我们还要求不得强迫，废除不当的陈述，增加律师在场制度。

提问人 3：樊老师您好，非常荣幸向您请教两个问题，是关于公安管辖和立案的。第一，我们在律师执业中，对于立案这个问题，有的时候感觉作为控告方，想立的案子立不上，但是作为辩护人，又会纳闷这个案子是怎么立上的？关于管辖，立案阶段的辩护人异议权有没有可能在新的《刑事诉讼法》中得到体现？第二，在立案监督的环节，有的时候对检察院能否起到更好的监督作用有所怀疑，这方面能不能在新的《刑事诉讼法》中有所期待？

樊崇义：对于立案监督，强制性好像不是很强，但是立案监督肯定要加强，该立案的没立案，不该立案的立案了，应该由谁来监督？一个是刑事制度体系，一个就是法律监督体系，想在立案阶段解决，检察机关要进行立案监督，还要有正式的程序和文书，要解决这个问题。律师也就是说说而已，你可以控告，只有检察机关介入立案程序才能改变。

胡尔贵：由于时间关系，我们的提问环节到此结束。

我按照流程简单点评一下。党的二十届三中全会指出，法治是中国式现代化的重要保证，对完善中国社会主义法治体系作出明确部署。今年年初，习近平总书记对政法工作作出重要指示，要求以政法工作现代化支撑和服务中国式现代化，司法现代化是事关法治文明进步和社会经济发展的大事，刑事诉讼法作为保障公民权利、维护社会秩序的重要法律，事关司法现代化的实现。樊老师今天的讲座给我们分享了司法现代化背景下第四次《刑事诉讼法》修改的必要性、理念要求和标准，以及修改需要重点思考的13个问题。他强调，《刑事诉讼法》第四次修改需要转变观念，以党的二十届三中全会对刑事诉讼法制度论述为指导，要遵循司法规律、科学、开放、民主立法，要抓住重点立法。樊老师的讲座内容十分丰富，对《刑事诉讼法》进行了系统的反思，既有宏观理念原则的探讨，也有具体制度的剖析。樊老师的讲座问题意识特别突出，针对司法实践当中的难点和热点问题从13个方面逐一给大家进行了分享。同时樊教授的讲座理论观点也非常鲜明，给我们带来很大的启发，对我们西政的学生开展下一步的理论研究大有裨益。樊老师向我们布置了一系列有关第四次修改《刑事诉讼法》的题目，这些都是我们的重大课题。所以，我们也希望各位老师、各位同学能够在接下来的研究中，按照樊老师带给我们的启示，为《刑事诉讼法》的第四次修改贡献我们的力量。今天的讲座到此结束。

10

“证据属性”理论工具真的重要吗？

主讲人：罗维鹏 西南财经大学法学院副教授、博士生导师
主持人：潘金贵 西南政法大学法学院教授、博士生导师，西南政法大学证据法学研究中心主任
与谈人：郑 飞 北京交通大学法学院副院长、副教授，美国西北大学法学院访问学者
樊传明 上海交通大学凯源法学院副教授、博士生导师
夏睿泓 汕头大学法学院讲师
时 间：2024 年 11 月 6 日 19: 00

潘金贵：各位线上的朋友们，各位老师，各位同学，今天这场讲座是西南政法大学证据法学研究中心主办的全国青年证据法学者在线系列讲座的第四讲。这个系列讲座主要是西南政法大学证据法学研究中心为了推动我们国家证据法学方面的优秀人才成长，同时也吸引更多的年轻学者能够关注和参与到证据法学的研究中来而举办的。证据法学作为一个实用性非常强的学科，在司法实践中可以说是最重要的一种工具，所有案件的办理都是基于证据分析展开的。它所涉及的理论问题、实践问题，学者和实务工作者们都应该要有所关注和了解。

今天的讲座有幸邀请到了西南财经大学法学院的副教授、博士生导师罗维鹏教授来主讲。罗维鹏教授是我们青年证据法学者里的佼佼者之一，发表了一系列的关于证据法方面的文章，专著成果也是非常丰硕。除了罗维鹏教授作为主讲嘉宾以外，我们今天还有幸邀请到了上一期的主讲老师郑飞教

授来和大家来一起交流。因为他上一期讲的主题和今天这个主题有很多交叉的地方。今天罗维鹏教授主讲的主题是"'证据属性'理论工具真的重要吗？"，恰好上一期郑飞教授讲的也是证据属性的一些基本问题。我们邀请到的另外一位嘉宾是上海交通大学的樊传明副教授，也是非常优秀的一个青年学者，发表的很多专著、论文都是相当有水平的。还有一位与谈的嘉宾是一个年轻的老师，汕头大学法学院的夏睿泓博士。夏睿泓博士是我所指导的学生，对于证据法学有浓厚的兴趣，也颇有研究，是我们培养的一个很有潜力的学术新人。

今天探讨的这个话题，是证据法学的一个基础问题。证据属性不仅仅是个理论问题，在实践中也非常重要的。就像上一次郑飞教授的讲座里面谈到的证据的"三性"问题，在司法实践中，法官、检察官、律师办案时审查判断证据的主要切入点都是看这个证据到底符不符合"三性"。通常，三性的问题主要被归纳为证据属性问题。咱们今天探讨的这个主题，虽然看起来是一个基础理论问题，但实质上它是个实践性很强的问题。正好以讲座的形式通过两个专题来把它搞清楚。说实话，即便通过这样的讲座，我们也不一定能够把它搞明白，因为这个问题在学界就是个厘不清楚的问题，大家都有不同的观点和看法。当然，真理越辩越明，大家尽量去寻找有共识的地方。

下面就有请我们今天的主讲嘉宾罗维鹏教授给大家讲一讲证据属性到底重不重要。

罗维鹏：今天选的这个题叫作"'证据属性'理论工具真的重要吗？"其实，在刚刚开场的时候，潘老师就已经提到了，既然我们两期都在探讨证据属性究竟是不是重要，那么在一定程度上可以反映出来，这个理论研究确实是重要的。但其实刚才潘老师也提到了，证据属性向来也都是很难厘清楚的事情。既然厘不清楚，或者说，理论上向来都有争议，那么它究竟重要吗？潘老师开场已经对我的这个选题进行了点题，那么我就展开我今天晚上跟大家介绍一下。首先我为什么选这个题目。在研究证据法的过程中，我发现证据的研究以及证据的运用往往起始于证据属性这个概念。根据我的观察，似乎法律人或者从事证据法研究的人谈论证据问题或者证据法学的时候，必谈论证据属性这个话题，所有的教科书中也都有介绍证据属性的章节。而且我们国家的法治发展到现在，法律人提到证据属性其实都或多或少会有自己的见解，由此证据属性在理论和实践层面都是非常重要的。

但是我们又会发现证据属性向来都是一种非常高深的理论。我们在理论研究中越来越倾向于一种非常哲学化的方向，导致很多理论成果在实践运用的时候变得看上去不是那么重要。基于这个背景，引发了我今天的这个思考"证据属性究竟重不重要"，今天在线的朋友们可能既有证据法学专业的老师，也有一些证据法学的研究生，还可能有一些对证据法学感兴趣的人。我今天就以证据属性为题，既有一些基础方面的介绍，比如和证据属性相关的基础概念以及基础理论，也有与证据属性相关的一些自己的思考。

我今天的分享主要分为三个方面，我对证据属性理论工具作了进一步的概括，第一方面，何为证据法学属性思维；第二方面，介绍证据属性思维可能存在的一些问题；第三方面，如何运用证据发生思维。很多初学者，比如说一些研究生同学们，在思考证据法学的时候，或者在研究证据运用的时候，往往是从证据属性的角度来开始的。这种思维我把它叫作证据的属性思维。自 20 世纪 80 年代以来，学界已经就是否要将证据属性作为证据法学的重点研究对象展开了大量的讨论。前几年读到何家弘教授的一篇文章，对我影响很大。今天的这个主题在某种程度上也受到何老师的影响。他提出这样一个观点，就是证据属性是学术研究的废矿区。看到这个标题时，我非常受冲击，我就进行了相关的思考，以展开今天我们的讨论。既然我们要探讨证据属性，就可以在头脑中思考一个问题，当我们在谈论证据属性的时候，我们究竟在谈论什么？我们谈论它有何意义？当然，今天不具体去研究证据究竟有哪些属性以及证据的某种属性怎么来理解。我会从更加宏观的层面来给大家介绍一下，我对证据属性在抽象层面的理解。我们谈论证据属性的时候，我们在谈论什么？或许每个人心中都有各自的答案，我大概归纳了常见的这么四个。第一，证据有哪些属性？第二，证据的本质属性或者说第一属性是什么？第三，每种证据属性的具体含义是什么？第四，不同的证据属性之间的关系又是什么？

围绕这四个问题，在学界的研究中，存在大量有关证据属性的研究，成果也非常丰富。如果说我们暂且不去观察，也不去讨论证据究竟有哪些属性以及第一属性是什么，而是把这个问题转换一下——假设我们先给大家答案，告诉大家证据有哪些属性、证据的本质属性或者第一属性是什么，也告诉大家每种证据的含义。那么我接下来的问题就是，它会对我们的理解或者对司法实践有什么样的影响？我们知道这个答案又能怎么样？这其实就是我说的属性思维，值得我们今天晚上一起来讨论。

至此，我们可以考虑一个问题，证据属性究竟是富矿区，还是废矿区？证据属性仅仅是一种理论思辨的对象，还是它确实在司法实践中扮演着不可或缺的角色？特别是在面对司法实践关心的证据是否相关、证据是否真实以及证据是否合法等具体问题时，从证据属性的视角，能否为证据评价提供一个有效的分析框架和解决的办法？

在实践中讨论案件的时候，有时办案人员关心得比较多的问题就是眼前的证据，或者手头已经拿到的证据材料究竟是不是合法的，而不是去关心证据合法性、证据相关性以及证据真实性。我们如何来理解它？通过调研，我将证据属性的思维概括为以下三点，即我们从属性的角度去理解和运用证据时，往往会从这三个方面具体地展开：我将第一种证据属性思维称为从属性角度辨别证据，即证据属性这种理论工具在司法实践上提供指导。第二种证据属性思维是指，我们不去谈论证据究竟有哪些属性，只是要告诉大家，有了这个概念之后，证据属性会帮助我们审查证据。第二种证据属性思维的表现就是我们会从属性的角度去审查证据。也就是审查证据的时候，我们往往将属性作为证据审查的一个内容，后边我会再具体地来介绍。第三种证据属性思维就是指从属性的层面去规范证据，或者说以属性为基点来构建相关的证据规则。很多的证据规则其实是围绕属性或针对某一个属性来具体展开的，这就是一种属性的思维。有了这样的属性概念，便可以从这个角度去展开证据法学的研究，理解证据的运用。

关于从属性的角度来辨别证据。初学者以及很多在校生理解证据属性，或者运用它的时候，需要知道为什么要学习证据属性，为什么要掌握证据属性，原因在于要从属性的角度去辨别它是不是证据。属性是事物的性质或者事物的内在特征。把握了一个事物的属性，也就把握到了这个事物与其他事物的本质区别，所以我们可以通过一个事物的属性看到它的本质。因此，属性其实是理解事物的重要理论角度和分析事物的理论工具。

证据的属性同样如此。我们可以借助属性来区别诉讼的证据与其他的证据，从属性的角度来理解一个证据的特殊含义，甚至可以通过证据的属性来把握刑事证明的目的以及刑事证明的本质。我们可以抛开对于证据具体属性的理解，从整个宏观层面来考虑证据属性的功能。可能很多今天在线的朋友对于证据法学比较陌生，因此，我要给大家对证据属性的基本理论或基本含义作一个交代。我先就证据属性的基本范围进行介绍。

其实在我国的主流观点就是“三性说”。刚刚说的证据属性是一个一般意义上的概念标签，那么证据属性具体有哪些表现或证据属性究竟具体指什么？“三性”主要是指证据必须具备真实性（客观性）、相关性、合法性。在这个地方将真实性与客观性并列在一起，是因为有时候实践中或理论上会在不同的语境下使用它们。具体有什么样的区别，今天也可以进行探讨。真实性，指的是证据的内容源于案件，内容真实；相关性，主要是指证据应当与案件有关，有助于了解案情；合法性，指证据获取的主体、证据的取证方式以及取证的程序等应当符合法律的规定。“三性说”虽然是主流，但是在学界中与“三性说”存在竞争的，还有这么以下几种学说。第一种叫“一性说”。有的学者认为，证据不一定具有“三性”，它只需要具有一个属性就可以了，它是指证据无须具有客观性、也不存在客观性和真实性。对证据而言，最重要的是可采性。可采性，这是英美证据法学中的一个核心概念，主要指的是证据能否被法庭采纳使用的特性。在我国，关于可采性的研究也比较多。学界常将可采性与大陆法系中的证据能力相提并论，认为二者具有一定的相似性。关于证据的属性，还存在“两性说”和“四性说”等理论。任何事物想要成为诉讼中的证据，必须具备证据能力和证明力。“两性说”主张证据的根本属性是客观性和相关性，而合法性则存在争议。从证据属性基本范围来看，“四性说”则认为证据应具备相关性、可采性、证明力和可信性等多重属性。这些理论使得证据属性的范围显得颇为复杂，涵盖了真实性、客观性、相关性、合法性、证据能力、证明力、可采性和可信性等多个概念。那么证据究竟应该具备哪些属性？不同属性之间，又是什么样的关系？这就涉及证据属性的具体含义，对此可以进行一些理论上的探讨。

我们首先来探讨证据的客观性。证据的客观性通常指的是证据应当是客观存在的，并且其内容应当是真实的。然而，在 1979 年《刑事诉讼法》立法前后，关于客观性是不是证据的属性，学界一直存在争议。有些学者认为，如果认为证据全部都是客观的，那么就没有审查判断的必要了。另一些学者则认为，客观性仅指证据的内容必须客观，而不是指证据载体也必须客观。还有学者认为，客观性并非说证据本身是客观的，而是说证据与事实之间的关系是客观的。

在我看来，关于证据的客观性，其实包含两个方面：一是证据本身来源于案件，是客观存在的；二是证据的内容应当真实，不是虚假的或伪造的。当然，有些证言是客观存在于人脑中的一种印象，但无论如何，它都与案件有客观联系。这种联系就是客观性的第一种表现，即证据本身的客观性。而证据内容的客观性，则是指证据所记录的内容应当是真实的。

在庭审质证过程中经常会提到证据的客观性和真实性。在很多时候，客观性和真实性是可以共用或互用的。但我们也应该认识到，证据的客观性和真实性并不总是完全等同的。有时，一个真实的证据未必是客观存在的；而有时，客观存在的证据其内容未必是真实的。比如，一个证人非常诚实地说了一句实际为“假”的话，他作证说：“我看到了案件发生的过程。”同时，本案的被告人只是从案发现场路过，并未实施涉案行为，证人也没有作伪证，只是虚构了这个故意。如果证人看错了，那么这个证据是不是客观的，是真实的还是虚假的？人们通常会认为，这个证据是假的，因为被告人不是证人所看到的这个人，证人证言的内容不是客观存在的，但它作为证言又是客观存在的。这就好比在辨认的时候，证人面对辨认的对象，不知道哪一个是案件中的被告人，只是随手一指，就指认对了。在结果正确的情况下，证言在内容上并不是客观存在的。但是证人作证的过程，或者这个证据本身的存在性是客观的。

接下来，我们讨论证据的相关性。相关性是指证据与案件事实之间存在一定的联系，能够用来证明或反驳案件事实。在我国，学者主要借鉴了英美证据法学者对于相关性的理解，即如果一个证据比没有这个证据更能够或更不能够证明一个案件事实，那么我们就说这个证据与案件事实具有相关性。相关性有两种表现：一是证据能够用来证明与案件构成要件有关的事情；二是证据与案件之间存在一定的逻辑关系。在庭审过程中，质证时经常会听到辩护律师对证据的相关性不持异议，而对证据的合法性或真实性提出异议。这说明在实践中，相关性往往不是一个最大的问题。但在理论研究中，相关性却可能存在很大的争议。

最后，我们讨论证据的合法性。合法性是指证据必须符合法律的规定，才能被法庭采纳和使用。在我国证据法学界，曾经对证据的合法性展开过广泛的讨论。有些学者认为，合法性只是人为对证据的法律评价，并不是证据本身的属性。换言之，在这个时代，认为非法取证和非法取得的证据是不具备合法性的。在过去很长一段时间，非法取得的证据仍然是一种证据。甚至在有的时代，非法取证也是获取口供最经济的一种方法。随着历史、法律的变化，人们对于合法性会有不一样的理解。在有些学者看来，合法性并不是证据与生俱来的，而是后天赋予的。既然是后天赋予的，那么就不是证据的属性。就好比人，善恶美丑，其实是对一个人的评价，那么就不能说美是人人都具有的属性。然而，当前，不得不承认的是，合法性是证据审查的重要内容，也是证据应当具备的一种属性。因为如果一个证据失去了合法性这一要素，那么证据审查、证据运用以及证据法都将失去空间。

在探讨证据属性的过程中，我发现了一个疑问：有些证据的相关性并不是与生俱来的，而是后天形成的。比如鉴定意见或专家意见等后天制作的证据，它们与案件的相关性是怎么产生的呢？再比如，有的时候，专家支持或不支持案件事实的结论，有可能是随着办案的具体情况，基于不同的出发点作出的。这是否意味着相关性并非证据与生俱来的属性呢？此外，我还认为证据的相关性其实也是一个有无的问题。至于相关性大小或程度，则取决于证据的具体接受者或使用者对证据的看法。即使一个证据与案件事实高度相关，但如果使用者不相信它，那么它的相关性也会受到影响。因此，相关性并不仅仅取决于证据本身，还取决于使用者的判断和理解。

总的来说，对于证据的属性，不同的人会有不同的理解。即使我们给出了证据的三性或更多属性，人们对于这些属性的理解也可能会存在差异。因此，初学者在审查证据时，需要从证据的属性入手，运用属性思维来审查证据。这是审查证据的一种有效方法和思路。

证据属性为证据审查提供了一些指引和方向。证据属性的顺序可以决定或安排证据审查的顺序。在这里，除了之前所讲的证据的“一性”，即某些证据只具备单一属性，不涉及证据属性的顺序问题以外，其他证据往往有不同的审查顺序。大致有以下几种情形：

第一种是并列关系。横向看，一个东西要成为证据，必须同时具备所有相关属性。在实践中，我们经常听到这样的话，比如在质证时，无论控方还是辩方都会说："你提交的这个证据不具备'三性'，所以不能作为证据使用。"就好像"三性"已经决定了一个东西能否成为证据，缺少一个属性，它就不是证据。比如常听到有人说："你取得的这个证据不具备合法性，所以它不是证据。"最近最高法的案例库中就有这样的案例，辩护人指出，立案前取得的证据不具备合法性，所以就不是证据。这样一来，证据属性变成了判断某物是否为证据的关键构成要件。

第二种是递进关系。递进关系告诉我们如何根据证据属性的顺序来审查证据。例如，我们可以先审查证据能力，再审查证明力；或者先审查证据的相关性，再审查证据的合法性。根据证据属性对证据在程序中的不同作用，审查的顺序和视角也会有不同安排。

第三种是层次关系。郑老师提出过一个重要观点，即证据有层次关系，可以将证据属性分为不同层次，如要素属性和结构属性。我们可以先审查证据的某种要素属性，然后再审查另一种属性。根据逻辑层次的不同和程序的具体位置不同，审查的顺序也会有所变化。这种递进结构是按证据属性划分的。掌握了证据审查的顺序之后，证据属性还为证据审查的内容提供指引。也就是说，我们究竟要审查什么？通常认为，我们要审查证据的真实性、合法性、相关性，这些都是由证据属性引导的。比如最高法司法解释有规定：对于物证的照片、录像复制件，如果不能反映原物外形特征，就不能作为定案根据。这说明在审查物证时，需要确认其复制件是否能真实反映原物的特征。这正是"真实性"这一属性对证据审查的具体指示。从属性的角度审查证据，我们也能据此制定相应的规范，这是证据属性的另一种用途。

最后一种用途是以属性为概念标签来规范证据，制定相应的证据规则。例如，非法证据排除规则就与合法性相关。翻开证据规定或刑事诉讼司法解释中的证据章节，我们会发现许多证据规则直接或间接与属性相关。最高检印发的《人民检察院公诉人出庭举证质证工作指引》也明确指出：举证思路应当围绕证据的真实性、相关性和合法性展开。这意味着证据属性直接为操作实践提供了思路和方向。若没有属性这个概念，我们操作时就便会缺乏方向。

在学术研究中，证据属性也有一定用途，比如在完善和构建证据规则体系时，学者们会从属性角度进行分析。学界曾有争议：证据的根本属性或第一属性是什么？为什么要讨论这个问题？因为我们要根据不同的属性来设置不同的证据规则。如果以相关性为核心，就意味着凡是相关的材料都可成为证据，规则更多表现为对证据的排除和限制；如果以真实性为出发点，则更倾向于如何发现真相，从而确立不同的规则取向。总之，证据属性对证据规则的构建有一定影响。

总结一下第一部分。当我们不谈论具体的证据属性时，回顾近些年来的实践操作和学术研究，我们会发现：第一，当辨别一项证据是否合格时，我们依赖证据属性的概念进行审查；第二，当构建证据规则体系，使之更加完整时，也会借助证据属性的思维。一旦我们想到这些，其实就已经具备了所谓的“证据法学属性思维”。

第二部分将主要介绍这种证据属性思维可能存在的一些问题。实践中，实务人员会深有感触，司法人员更关心的是证据是否相关、是否真实、是否合法，这些都是具体问题，需要操作方法和理论支撑，但仅从属性角度难以直接回答这些具体问题。当我们尝试沿用属性思维继续往前寻找答案时，可能会遇到“废矿区”现象，即走不通。举个例子，众所周知，证据要有合法性，禁止非法取证、禁止变相肉刑。但是具体到实践中，比如连续审讯 12 小时、一整天只给犯罪嫌疑人一块面包和一杯水，一天只让其睡两个小时，这是否算变相肉刑？合法性在这里只能给出一个指示，最终还要在个案中具体判断。

正如有学者指出的，从属性角度辨别证据的效果比较弱。仅以属性齐全作为定义证据的逻辑，不仅难以自洽，也不符合实际需要。无论证据概念如何变化，对一线办案人员影响并不大。证据的概念在不同的属性之下，形成了事实说、材料说、信息说、命题说、根据说等。但办案人员清楚，证据就是用来认定事实的手段和根据，证据外延就是《刑事诉讼法》列举的几种形式，只不过不同种类的证据制作收集的程序不一样。在这方面，我们可以做一些实践调研，即证据的概念从“事实说”调整为“材料说”，对于实践来说会产生什么本质性的影响？我认为其影响应该并不显著。

如果说“属性齐全才是证据”，那缺少一个属性就不是证据了吗？比如缺少合法性，它就不是证据？从逻辑上讲，这是不成立的。因为当我们说

“一个物证是证据”时，已经对它进行了界定。若再说它缺少合法性，那就与前面的定义自相矛盾。事实上，一个物证若不合法，并不代表它不是证据，只是说它不能在诉讼中作为定案根据使用。也就是说，它可能不是合法的证据，但仍然是证据；它不是真实的证据，但仍然是证据。或许它不能在诉讼中被使用，但不能因此就否定它是证据。再者，实践中有很多新事物，很难从属性的角度来辨别它们是不是证据。典型的如大数据证据、数字证据以及各种新型分析报告，如果坚持从“属性齐全才是证据”的观点去识别，它们恐怕很难直接被认定为证据，但许多材料其实在实务中也在使用。在这里，我们经常会听到一句话：“证据违反了哪一个属性？”这个问题成立吗？大家可以思考一下。在我看来，“证据违反了哪一个属性”其实并不成立。因为一旦我们认为它是证据，就意味着它具备了某些属性，谈不上违反了哪个属性。

通过属性来定义证据也很难达成共识，属性思维容易让学界陷入越来越抽象的讨论。借用何家弘教授的论断，即诉讼中至少有三层意义上的证据。第一种是案件发生后自然状态下留下的、看得见摸得着的痕迹，或留在人脑中看不见摸不着的印象，这属于“证据一”。案件发生时必然会留下各种痕迹和印象，有的在物质层面，有的在心理层面。第二种是当事人或办案人员最终收集并提交给法庭的证据，也就是“证据二”。现实中可能存在大量“证据一”，但未必能收集到。例如，案发当时路上留下的车辙印本来是“证据一”，但下雨可能将其冲刷掉，或人为破坏使其无法保存。这些本来存在的“证据一”无法进入“证据二”的层面。即使当事人或办案人员收集到一些证据，向法庭提交时还要经过筛选，所以呈现在法庭上的证据又减少了一部分。第三种证据是法官经过审查后最终留下的定案根据，也就是“证据三”。按照我国《刑事诉讼法》规定，凡查证属实的证据才能作为定案根据。“证据三”的范围更小，因为有些提交给法庭的证据是虚假的、不充分的，或者是因非法取得而被排除掉的。

在这三个层次中，证据属性的要求并不相同。如果按照“三性”去理解，“证据一”可能更强调客观性或相关性；在“证据二”的阶段，通过收集程序赋予其合法性；到了“证据三”时，法官对证据进行审查，更注重证据的真实性。现在学界还提出一些新的属性，如完整性。问题在于，这些新属性对应哪个层次的证据？若在“证据一”层面不具备完整性，是否就不是证据？显然不是，它依然是证据，只不过是残缺的证据。同样，在“证据一”层面，我们很少谈完整性或真实性问题，因为当时的痕迹是自然留存的，肯定是真实的，只是后续收集和提交过程中可能会出现伪造、失真等情况，使真实性在“证据二”和“证据三”层面暴露出问题。

从这个角度来说，不同的证据，属性又是不一样的，故从属性这个角度去界定一个东西是不是证据的时候，会存在混乱。美国的证据法学家华尔兹教授曾经提出过这样一个观点：“我们容易辨识相关性，但不容易定义相关性。”我觉得非常准确，也非常适合今天的主题。在操作中，根据人类的一般的理性可以辨别出来这个东西是否相关，但是要对一个证据存在相关性进行明确定义的时候，会显得混乱。罗素曾经说过，要定义一个事实时，就不好定义了，事实是难以被定义的概念。同样，证据的真实性也很难以被定义。既然这样的属性很难被定义，但又要用它去定义识别一个东西是不是证据，那么就会发现它是难上加难的工作，也正如潘老师开篇提到的，长期以来在证据属性的这个概念上，理论都在纠缠，但是都没有厘清楚。既然我们都没有厘清楚，又如何让它定义证据？即使学界定义好了，在司法实践中也很难具有可操作性。

在不同话语上讨论的证据属性也同样会导致很难形成一个统一的定义。现在国内研究证据法，经常使用英美的一些术语或概念，比如可采性、品格证据、可靠性、可信性等，都是一种英美的概念。一方面，我们使用这些英美的概念或者英美主流的证据思路；另一方面，我们国家却比较偏向于大陆法系的传统，这就会产生思维上的混乱和分裂。此外，我们现在强调自主知识体系的构建，我们国家还有证据材料、证据定案等概念。这就会导致三种话语不断地在交叉，我们要从属性角度去定义证据，仍然很难形成共识。

证据属性可以为证据审查提供一些大致的方向，而非没有意义。办案人员在使用证据属性的时候可能往往止于合法性。比如说办案人员在拿到案卷材料进行证据审查的时候，会首先看一下这个证据是不是真实的，或者首先看一下相关手续是否齐全，这其中就蕴含了合法性。因此，证据属性主要是为我们提供一个大致的方向。

我将证据审查分为两个方面。第一个是证据审查的内容。属性就是证据审查的一种抽象的内容。有司法解释规定，对于证据的真实性，应当结合全案综合审查。怎样结合全案综合审查真实性，就需要根据具体的情况、逻辑和经验去推断。法条中出现的真实性，其实为证据审查提供了一个方向、一个概念、一个标签。真实性具体如何来把握是因人而异的，个案有差异。审查证据的具体内容，什么样的情况属于真实的，比如说物证、书证是否为原件，鉴定意见是否经过鉴定，照片是否与原物符合，制作是否有两人以上签名等。证据的具体内容是证据真实性的具体表现，实践中更多的是从后者去考虑的。不管怎样，在我看来，以上全都是证据的真实性、证据的属性或证据审查的具体内容。

第二个就是证据审查的标准。司法实践发展到现在，绝大部分人都知晓证据审查的内容，至少知道证据审查的抽象的内容，但是对于证据审查的标准，每个人会有不同的判断。刚刚提到的证据审查的抽象内容是真实性，有一个具体的表现就是物证、书证是否为原物。在实践中，审查一个书证是否为原件也比较复杂。比如说判断一个蚕丝的画卷是否为原物时，将一幅山水画从中间横着撕开，它会变成两份，这样两份还是不是原物？对于原物和原件的审查，应当怎样具体判断，这就是证据审查的标准。它是否与原物符合？这种符合应该到什么样的程度？比如摘抄一份文字，有个别字摘抄漏了，用这种对照式的方法得到的东西会有一定的偏差，那么它是否与原物相符合？具体的审查标准就是从这个角度去展开的。

再就是对证据审查的顺序而言，证据属性并没有很强的约束力。无论将证据属性进行怎样的排列，是首先审查证据的合法性，还是审查证据的关联性，抑或是审查证据的客观性，都有一个前提，即在制度和程序上，都应当有证据的隔离机制。只要有了有关证据的隔离机制，才能够对证据的审查提出这种顺序上的要求。但令人遗憾的是，我国目前对证据审查并没有明显的隔离机制。在没有明显的被动隔离机制的情况下，我们审查证据，仍然是对案卷材料反复地翻查、调阅，与当事人进行核对。那么在反复查阅的这个过程中，其实对于证据三性的运用是同时发生的。在审查证据的时候，证据属性的顺序排列往往是不需要被考虑的。

在进行具体的证据审查时，每一个证据的各个属性是相互影响的关系。比如说收集证据的程序、过程不符合法律规定，即违反了合法性。但是有时不符合法律规定的程序所收集的证据，其本身的内容有可能是真实的，那么为什么要排除掉这种证据？是因为我们担心程序的违法可能会影响到证据内容的真实性，导致证据失真。因此，此时证据的合法性和真实性是相互影响的，很难存在先后的关系。由此可知，在具体审查证据的时候，属性思维恐怕不像理论建构得那么精密，也并非一步一步地按照操作顺序进行。

证据的属性只能演绎出一些概念性的证据规则。在建构证据规则的时候，属性思维只能告诉我们什么是证据，或者告诉我们从哪些方面审查证据。属性就好比是一把钥匙，前边有很多门，给你一个钥匙，可以对你进入某个房间起到作用，但是我们还需要拨开事实这层迷雾，抽丝剥茧，对证据去伪存真。这个过程是在房间里进行探索的，而属性对于案件的具体的推理就到此结束，由此会演绎出一些概念性证据规则。司法实践中，实务部门经常会进行实体法的培训，但很少进行程序法的培训，对于证据法的培训或证据法的专题学习就更少了。

一线办案人员对于证据法没有很多深刻的研究，更没有多少有关证据法基础理论的学术专著，然而，其仍然可以办好手中的案件。甚至很多人并不知道我刚刚说的证据的具体属性有什么内容、如何分类，以及“三性”中究竟哪一个属性是它的根本属性。但是给出一些证据材料，让其对案件事实进行判断，仍然可以得出正确的结论。这就是我们的逻辑思维能力、日常经验在推动着我们来分析证据。因此，属性在这方面仍然是存在有限性的。

第三部分为如何运用属性思维。在属性的研究中，学界以往过度关注理论建构的精致性，忽视了司法实践这种具体、精细化指导的需求，特别是在判断证据是否相关，怎样才算相关，是否真实等具体的问题上。因此，学界要进行更多的研究以探讨这种属性应用的路径，如相关研究能否跳出属性？如何能够跳出属性的思维？跳出属性思维之后又该研究什么证据法学问题？我觉得可以考虑跳出属性的思维，跳出属性之后，有两个大概的方向。

第一，我们可以考虑更多地关注证据审查这种经验性的问题。在证据属性思维的影响下，证据法学的研究更多的是在方法上的、建构性的、或者说理论演绎型的，而证据运用或证据法学更多的是实践性的学科，这需要更多地关注证据运用的经验。比如，我们经常说要对证据三性进行分析，此时，在某种层面上就已经跳出了属性思维，进入了对属性进行运用的思维，只不过有的时候我们没有从理论层面去关注到这一点。

第二，我们要更多地去研究和关注证据分析的方法。就证据分析而言，跳出属性思维要考虑证据运用，而不是考虑过于抽象的和哲理化的东西。与证据分析密切相关的，是在证据运用的基础之上对于证据的“三性”如何进行具体分析的方法和理论，即从证据到案件事实的过程中我们怎么得出结论的操作方法。换言之，假定证据的“三性”已经解决了，那么如何通过证据来推断案件事实，就需要对证据进行分析，这就不只是属性思维了。此外，我们可以通过证据分析的路径，去研究证据运用的经验。实践中有很多有关证据运用，包括对于属性的具体分析或者分析属性的具体方法的实践经验。对于涉及的好的方法，我们可以对证据标准进行提炼和归纳。很多案件非常需要这样的证据分析思路以及证据标准，比如环境资源类案件，由于证据的标准不够统一，出现案件办理的难点。故而，为更好地办理案件，可以对这方面进行一定的规范。当然，这种证据分析的研究，未必能够上升为法律，形成统一的准则。因此，可以考虑以指引的方式来发挥作用。通过指引，特别是给证据运用方面的一些新手提供入门级实操建议，能够帮助大家更好地运用证据，这相比于抽象地建构、研究证据的属性更加有意义。

现在看来，如果把证据运用理解为一个过程，可以说证据属性就是一个开端，或者说它是帮助进行证据分析和证据具体运用的方法，这是我们前面所讲到的。相比之下，在我看来，后面要讲的是更重要的问题。我最近这几年在做一些研究，发现在证据分析的方法中，概率、类比、抽样、叙事、矛盾分析等方法都在发挥着作用，证据分析并非只有印证的方法。相比于属性研究，证据分析的这种具体方法也可以为获得案件真相提供更多的途径。

今天跟大家探讨了证据属性，也探讨了一些我对证据属性具体概念的理解，但这不是最重要的。我主要是想归纳出证据的属性思维，以及对属性思维的运用进行一些检视，也提出一些对于属性思维存在的问题的思考。更重要的是，引出一个与更加广阔的证据分析方法相关的具体研究。因为证据分析的具体方法中有很多的研究内容是非常复杂的，短时间内不能把它讲得周全，所以系统地抛出“跳出证据属性思维”这样一个思路供大家去思考，也希望大家批评指正。对证据法学感兴趣的朋友们，让我们在证据法学的理论与实践中穿行，心怀知识与经验，探索案件的真相！

潘金贵：大家可以看到罗维鹏教授对证据属性的基本问题的思考，也提出了一些很有趣的问题。今天这个选题就很有意思。证据属性到底重不重要？当然，对于里面的一些认识，可能每个学者都会有不同的看法，如客观性与真实性之间的关系，怎么看待合法性等。就如罗维鹏教授最后所言，对证据法感兴趣的朋友们，我们可以一起多交流、多探讨。我们不一定能给未解决的问题一个结论，但不断的学习和交流是让大家一起成长的重要方式。下面有请北京交通大学的郑飞副教授就这个问题来谈谈自己的看法。

郑飞：我今天确实学习了很多，也有很多感想，但是时间有限，我就简单地讲一讲我的几个赞同和几点澄清。

关于几个赞同。第一，对于罗维鹏教授总结的几个问题，包括证据属性中包含哪些属性，哪个是第一属性，每种属性的具体含义以及不同属性之间的关系等。这些问题我认为他总结得非常到位。第二，罗维鹏教授运用“证据思维”这个词，我也非常赞同。包括如何辨别证据，以及证据属性作为审查证据的内容之一，其实决定了规范证据的一些规则。第三，罗维鹏教授更加强调证据分析，其实我这学期也在上证据分析的课程，同时我也在做一个项目——“刑辩律师的证据分析指南”。我非常赞同的一点是，我们现在研究更多的是证据这一部分，其实在证据分析这一部分研究得还不够，所以罗维鹏教授重视证据分析，我十分赞同。

但是，我认为有几点可能需要澄清或者商榷。第一，对于罗维鹏教授引用的我的证据属性的层次论，需要进行一点补充。对于所谈到的相关性影响证据资格，真实性、合法性影响定案根据资格，同时关联性、真实性、合法性影响证明力这一块，在对要素属性和结构属性进行区分之后，结构属性还有两种方案，选择证据能力和证明力，或者是选改革后的中式结构属性三分法。另外，刚才罗维鹏教授证据属性只能够演绎概念性的一些规则。我不太赞同这个观点。例如，像美国的《联邦证据规则》，从言词证据到实物证据等的一些分析，其实也是围绕着证据是否真实、是否合法、是否相关来决定是否排除该证据的。另外，我国在研究证据属性的过程当中，以往可能是注重名词之争，即到底有哪种属性。但实际上，学者们慢慢地发现，例如电子数据的合法性、影响因素等，从纵向去看，其实会产生很多的证据规则。从微观上看，对于各种证据的证据属性，其实还是需要这样普遍性的研究，从而可以建构相应的规则。从宏观的角度来讲，其实它也影响到整个证据框架制度的建构。我们可以去看英美法的历史，它的最佳证据规则、相关性规则等，都是在试图用属性来架构证据法，其实证据属性的研究以及证据分析都是很重要的。我非常赞同2018年最高检在《人民检察院公诉人出庭举证质证工作指引》中的一个观点，质证阶段是针对静态的单个证据，围绕它的相关性、真实性和合法性，着重分析它的证据能力和证明力。在辩论阶段，针对的是动态的证据，围绕它在多大程度上能够证明案件事实，更偏向于整体的证据分析。

第二，在相关性方面，有的学者认为属性齐全者才为证据，其实不是这样的。只有相关性才能决定它是不是证据，不具有相关性其实就不是证据。具备相关性之后，审查证据最后能不能用，能不能作为定案的根据，这时才判断它的真实性和合法性。我认为，不相关，无证据。

第三，在真实性与客观性方面，怎么去判断证据到底具有客观性还是主观性。有学者认为证据既有客观性也有主观性。但我认为，证据或事实是一个认识论，而不是本体论。它是主体与客体互动而形成的概念。真实性就是主观与客观符合的程度，有一位哲学家说，如果符合程度超过50%，那么真理就占了上风。

第四，在合法性方面，我国的研究尚不深入，更多的可能只关注了非法证据和瑕疵证据。但合法性其实可以做类型化的区分，有的可能是纯粹的关于其他价值的保障，有的合法性规定可能是为了保证真实性等。关于类型化区分其实还需要进一步去考虑。另外，关于非法证据和瑕疵证据的判断，我国现在其实是存在问题的。非法证据的判断标准应当是判断它是否侵犯了宪法上的公民基本权利。其他的更多的是瑕疵证据，法官是否排除，要看具体的情况。

第五，是罗维鹏教授谈到的一个表述，即“看证据违反了哪一个程序”，我可能不太赞同。我们不能说它违反了哪个程序，表述为“审查证据具有的相关性、真实性以及可能性的程度”，更为恰当。

总体来看，我的基本观点是，证据属性是很重要的。不管是从宏观的证据法构架，还是从微观层面，不同证据种类如何去审查判断，都要从三个不同的维度进一步结合每种证据的特点去做研究。但是，我也非常赞同罗维鹏教授所讲的，在单个证据的审查判断之后，还要在辩论阶段来判断这些证据在多大程度上能够整体地证明案件事实。当然，可能还要具体区分，因为对于某个要件的证明是动态的、整体的，这个时候就涉及很多的证据分析方法。总之，我还是赞同融合论或者层次论的观点，即证据属性、证据分析都重要，我们要辨别清楚它们在整个事实认定或者证据分析当中的位置。

潘金贵：关于这证据属性重不重要这个问题，我认为郑飞教授的观点是有道理的。任何理论在实践中的价值如何，这可能是我们去评估它重不重要的标准之一。从个人的认识来说，我认为证据属性的理论其实是很重要的，它表面上是个理论问题，其实更多的是个实践问题。不管怎么评价我国的“三性”理论或者西方的关联性、可采性理论，它都是指导我们办理案件的重要方法论。至于这“三性”中哪一个是根本的、怎么进行排序，我和郑飞教授的共识是：在证据的“三性”中，关联性是最根本的。至于合法性是不是证据的根本属性，这是值得商榷的。我认为合法性是证据属性之一，但不是根本属性。一方面，证据能力或者可采性更多的是合法性问题，但不能画等号。从本质上来说，无论大陆法系、英美法系还是我国，为什么要强调证据合法性，有法律价值上的考量。另一方面，这种判断从民主法治的角度来说，是很重要的一个方面。所以我认为，证据属性的探讨是一个非常有意义的问题，能够成为实践中司法人员办案的指引。这是我的一点感想。下面有请上海交通大学的樊传明教授就这一问题发表自己的高见。

樊传明：对于证据适用这个理论，我自己没有太深的研究，我也是抱着一个学习的态度来的。首先，我们讨论的一个基本的前提就是证据审查的框架。这种程序化的、结构性的证据审查方法很重要，证据法体系也很重要，我认为没有人会对此质疑。因为我们都承认，证据法要体系化，证据审查要有一个框架，也要有一个固定的思维程序，但是不是说一定要用这种属性论的思维去完成这个任务？维鹏教授在讲座中就提出了这样一个问题，我觉得他用的一个词很好，他把证据属性作为证据属性思维方式或者证据属性论用来统合证据规范、统领证据审查框架的一种方法。我尝试站到一个不同的角度来提问，就是证据属性论或者证据属性的思维方式真的重要吗？对这个问题，前面郑飞老师和潘老师都表达了一个肯定的态度，我尝试着提出一个怀疑，有这样几个问题。第一个问题，我们做一个思想实验，如果去掉属性或者去掉整个证据属性论，我们是不是能够继续完成证据方面的立法和司法的任务？如果说去掉这个东西，我们还是能够完成原来的任务，甚至完成得更好，就意味着某一个属性似乎没那么重要。比如，刚才讲到的合法性，最典型的是非法证据排除规则、瑕疵证据规则，还有其他的一些与合法性相关的规则，这些看起来都很重要。我们再做一个思想实验，就是把合法性术语去掉，我们是不是就不能立法或者不能司法？好像也不是。再比如，假设我们想把以侵犯人的基本权利的方式获取的证据排除掉，我们可以说是根据非法证据排除规则来排除的。那么这样来推演的话，似乎证据属性论里边的很多内容也不像我们想象的那么必要，因为即使没有这些理论，似乎也不影响证据规范的立法和司法，这是我想提的第一个问题。第二个问题，对于证据法这样一门实践性的学科，我们到底在追求规范和理论的简明化还是复杂化？证据分析的理论越来越复杂，证据属性理论也越来越复杂。这就让我想到边沁的反规范论。在边沁生活的年代，英格兰的证据法也变得越来越复杂，他就表达了这样一种批判性的立场，他认为司法证明应当简单一点，应当是一个常识性推理，是一个自然化的认识论的过程。所以我想，现在以证据属性理论为代表的证据理论变得越来越严格，是不是会让工具变得比使用工具要达成的目的还要难。这是我想提的第二个问题。我想提的第三个问题，证据属性理论到底是当代学术问题，还是历史负担？证据属性理论的争论可能起源于张保生老师在《清华法学》发表的一篇文章——《证据客观性批判》。后来何家弘老师有一篇跟进的文章，再后来好多老师都跟进，包括郑飞老师、维鹏老师也都有这方面的大作发表。当然，去读这些文章时，我们会发现其实这些研究是在清理一些历史的负担，不管是学理的历史，还是制度的历史，还是司法实践的历史，都是在清理负担。那么我们再作一个反事实的假设，如果说现在可以毫无历史负担地去从零建构一个规则，或者说如果把我们空降到一个不同的法律体系中，我们可能会发现他们没有我们国家的这种证据属性论。比如德国，其实德国只有三类证据规则：第一类是法定证据方法，第二类是证据禁止制度，第三类是证明责任规则。德国没有证据属性这个话语，连证据能力都没有。英美法系也没有证据属性理论，相关性只是一条规则，不是我们讲的抽象的证据属性，可采性也是一个组织性的框架。美国《联邦证据规则》第401、402、403条，其实是三个组织性的规则，不是我们这种意义上的抽象的属性论，但是这些证据法运行良好。如前所述，相对比较成熟的两个语境里，它们没有我们这种意义上的属性论，似乎也不错。这让我想到证据属性论在中国是一个如此宏大的话语，它真的是当代的“富矿”？我们以前有这样一个理论，不管其是怎么来的，但是有这个理论，这是一个既定的事实，司法实务人员也经常使用属性论这种修辞或使用属性论的思维方式去处理案件，所以说当代研究者不得不去回应和处理这样的问题，在处理的时候，我们是想让它更加复杂？还是可以尝试着做一些减法，让它更加简单？这是我想提的第三个问题。第四个问题，其实就是刚才维鹏教授在他讲座快要结束的时候提出来的，他说，司法实务人员培训的时候，经常培训一些实体法的问题，很少培训证据法等程序法的问题。这让我想到证明或者认定事实的问题，它是一个实用的、常识性的推理过程，很多司法实务人员本身就有判断方法或者说处理证据问题的能力，证据法在这方面如果话语过度复杂，可能会给他们造成难题，而不是他们本身在处理案件时真的有这种困难。我还是回答一个老问题，对于证据法这种实践性的、基于常识的学科，我们的教育、理论过度复杂，这是不是一个好的现象？是不是一个值得追求的方向？当然，我绝对赞同我们要有鉴定式思维、审查框架的思维，但是思维方式是不是一定要借助这种属性论去体现，这也是我的一个疑惑，我也没有答案，只是提这么几个问题。

潘金贵：刚才我们樊传明教授提了几个问题，一会儿也希望罗维鹏教授能够作一个简单的回应。关于证据属性问题，在国外可能是没有这种提法，至少是没有那么重视，有些时候是中国语境下的一种总结。但是我又觉得，证据属性问题可能在中国的法律语境下还是有它存在的必要性。为什么？我恰好正在改一篇文章，叫《中国式刑事证据制度自主知识体系的构建》，我和我的博士生正在写，我们对这里面的很多问题有些探讨，但是到底什么叫中国式的自主知识体系，换句话说，比如说像证据属性的这种提法，我们是不是一定要按照西方的方式来表达，才能够成立？我始终觉得我们要借鉴西方既有的优秀理论成果，也要结合中国的具体的国情，搭建中国式的理论框架。证据属性理论，至少从办案的角度来说，比如证据的“三性”问题，它的可操作性是比较强的，但是某种意义上比证据能力和证明能力这种术语表达得更直白，对一线办案人员来说更好用。下面我们请汕头大学法学院的夏睿泓老师谈谈他的见解。

夏睿泓：围绕证据属性是否作为一种理论，我讲一下我的学习心得，请各位老师批评指正。

从我个人的学习感受来讲，如果证据属性从抽象宏观的角度来考虑，它可能会影响整个证据规则的建构。比如，如果以相关性作为基点，可能会发展出不同的规则架构，但是如果从实践的角度出发，我们对证据属性的探讨，可能是方便学界或者实务人员更好地明确相关内容。从证据审查适用的内容和方式乃至标准的角度出发，更好地贯彻证据裁判原则，以实现我们对犯罪事实的准确认定。我认为，如果基于这样的目的出发，我们当前对证据属性很多的探讨，或者说采取哪一种学说，在一定程度上也就影响了审查认定证据的方式，现在比较有竞争力的就是传统的"三性说"，也就是真实性、相关性和合法性，还有我们的"两力说"，即证据能力和证明力。很多人的观点与老师刚才所讲的相似，即倾向于选择具有可操作性或容易上手的方法。然而，理论界也开始反思，事实认定者在审查证据时，尤其是在同步采用真实性、相关性、合法性的"三性"学说或运用这种理论工具时，对证据的审查方式可能存在问题。这种方式可能是一种平面化、同时性且一步到位的审查方式。也就是说，我们对证据的真实性，合法性和相关性没有明显的前后相接的审查顺序。

实践中往往可能将证据的真实性判断摆在最前面，优先于证据的合法性判断，这可能导致不合法的证据无法得到有效审查，进而也影响法官的心证，特别是当不合法的证据与其他证据形成了印证关系的情况下。现在又有比较多的学者开始提倡采取证据能力和证明力的"两力说"来审查会比较好。这种证据能力和证明力的审查的思维方式更契合我们现代证据审查的递进式审查方式，也就是证据的准入资格的审查。但是采取这种"两力"的审查方式，就完全是没问题的吗？我觉得还是有值得我们研究的地方。首先证据能力和证明力的具体内容是什么？我们对此并不明晰。因为从我个人学习和阅读的一些实务文章和理论文章来讲，首先，证据能力这个词在以前我学的教材中会注明来源于大陆法系，但是最近的一些研究发现，例如德国其实没有这个词，可能是源于日本。我国台湾地区在对证据可采性进行提炼的过程中，形成了证据能力的概念，这个概念是源于大陆法系普遍使用的一个词汇。

其次，证据能力和证明力又包括什么？在一些学者看来，证据能力可能等同于我们所说的证据的合法性乃至形式上的相关性。然而，在阅读一些实务工作者所写的书籍或文章时，他们又会认为证据能力实际上包括了证据的合法性、真实性和关联性。相反，证明力则是指证据具有充实性和确实性的情况。即使我们采取两种对立的学说，对于它们各自的内涵我们也仍然不够明晰。更何况，“三性”和“两力”之间又相互影响。在我学习郑飞老师的文章时，我觉得他阐述得非常清楚，这让我深受启发。在此情况下，即便我们采用了证据能力和证明力的划分，仍然面临着另一个问题。即在作为执业法官的审判结构中，若未进行证据能力裁判主体与案件事实认定主体的划分，这种划分即使有意义，旨在避免“三性”平面同步审查，理论上的划分也仍要求执业法官在思维层面具有自觉性，进而自行进行划分。然而，我们并未匹配相应的诉讼制度。此外，我注意到各位老帅今大总会提及 2018 年最高检发布的《人民检察院公诉人出庭举证质证工作指引》。尽管其中确实关注到了证据能力和证明力，但它们与“三性”的关系其实并不明晰。特别是当这些概念被放在一起讨论时，如《人民检察院公诉人出庭举证质证工作指引》中提到应围绕证据本身的真实性、关联性、合法性以及证据能力的有无和证明力大小进行判断，我们似乎对它们之间的关系不甚明了，还需要进一步深入研究。

我并没有强调要做自主的研究，而是现在大家都在讨论如何利用规范上的表达，通过材料证据和定案证据来判断案件。我记得在硕士学习期间，我就曾思考过，证据并不一定都具有“三性”，因为可能存在伪造的证据或不合法但看似真实的证据。但从规范的角度来看，定案的证据一定是符合“三性”的。有学者认为，我们已经形成了一套从材料到证据，再到定案根据的逐步审查体系。然而，即使存在这样的审查体系，我们仍需要对当前的规范情形进行梳理、完善甚至修正。因为从材料到证据，它仅具备形式的合法性，比如是否符合证据种类、是否具有法定的证据形式，以及是否具有与待证事实的最低相关性。而当我们从证据上升到定案证据时，同样需要对“三性”进行共同判断。如果我们想要在法律适用前对证据进行一致性审查，或者对证据环节进行前置审查，那么我们可能需要对证据的定义进行修改，改为“能够证明案件事实的合法材料是证据”。这样的修改可能会引发对我们整体立法思路或相关概念的进一步讨论。因此，接下来我们可能需要更细致地考虑如何对证据和定案根据进行划分。在罗维鹏老师的文章中，他对此进行了非常精细的研究，我认为写得非常好，深受启发。

同时，我还想请教一个问题，在现在对证据属性的探讨中，对于相匹配的证据属性，我们也要和证明方式或者证据分析相挂钩。当前，我们转向多元求真模式的司法证明模式，我们会强调很多辅助证据的使用。这种辅助式证据的使用，当它加入证据构造里以及加入司法证明环节中，对辅助证据的审查判断同样需要满足证据“三性”，那这样好像势必会和规范有较大的冲突。

潘金贵：刚才夏睿泓老师也把他对问题的一些理解和大家进行了交流，作为一位年轻的学者有这样一些思考，我认为这是非常重要的。当然，我们也希望其他的年轻学者能够更多地参与到咱们这个讲堂来，参加这个系列讲座，把自己对证据法相关问题的一些思考分享给大家。还有几分钟时间，我们就请罗教授就刚才与谈嘉宾发言里面提到的问题，作一个简要的回应。

罗维鹏：今天与大家交流和分享的内容，主要是提出了一个问题，关于证据属性思维或证据属性这个理论工具是否好用。当然，单纯以好不好用或有没有用来评价证据属性，显得比较武断。刚刚樊老师对我的讲座做了点评，我想基于他的观点作一个整体的回应。

从证据属性或属性思维来理解证据、理解证据运用，以及学习和研究证据法，在我看来，证据属性确实是有用的。但这样的评价只能算是一个初步看法，因为确实显得不够全面，仍有些武断。我今天主要讲述的这种属性思维，在使用过程中，或在实际运用中，其时效性或功用是受到很大限制的。从整体来看，这个属性是有价值的，并非毫无价值。但在我看来，其价值主要局限于证据运用的起始阶段或前半段，而对于证据使用或更进一步的证据分析，属性思维就显得较为局限。正如樊老师所说，证据法或证据运用，很多时候体现的是一种常识思维或日常思维。如果给这种日常思维施加过多的理论束缚，就可能出现类似于“教鱼游泳”的荒谬现象。

那么，我们应该如何应对呢？一方面，我们可以对属性思维进行更深入的思考，甚至考虑去掉“属性”这个概念后，我们的证据法学理论或相关规则是否会崩塌。或许，这真的不一定。另一方面，从证据分析的角度，我们更应该做的是探索和总结证据运用的常识思维或常理思维，而不是试图去“教鱼游泳”——去发现与游泳相符的规律、方法和经验，为相关证据的证明提供论证。这也是我们证据法学研究在跳出属性思维后可以做的一些事情。

当然，今天的主题可能过于宏大，很多问题不一定能形成固定的答案。正如我们今天探讨的很多证据属性的具体概念，现在都难以形成定论。因此，我想说，既然那么多证据属性的概念都难以确定，那么使用属性去定义证据或构建规则，恐怕也是难上加难。最后，还要再回应郑老师的一个提问，即证据违反了哪一属性？我也提出了质疑。在我看来，其实并不存在证据违反了哪一属性的说法。从证据学研究的角度来看，这样的问题或许未必能够成立。

潘金贵：作为一个基础性的理论问题，尽管我们已经举行了两次专题式的研讨，但肯定也得不出一个定论，分歧依然会存在。但是不管怎么样，中国证据法学的发展需要我们一代又一代的学者们不断努力。正如前面的几位老师也都谈到的，长期以来整个证据法学的研究是比较薄弱的，只是这十来年才开始逐渐有所起色。我们也希望有更多优秀的年轻学者，尤其是我们年轻的研究生们，能够更多地关注和参与到证据法学的研究中来。虽然前面老师们也谈到，说证据属性是否已经是一个被充分挖掘过的话题，或者对其的讨论是否已经过剩，很多问题仍然有待我们深入研究。总的来说，作为一门非常重要的学科，我们需要不断有新人才加入研究的队伍中，这样才能够推动它的繁荣。这在某种意义上，也是推动国家法治发展的一个重要环节。因为我相信，证据问题，在现在的司法实践中，大家都越来越认识到它的重要性。所以说，我认为证据的研究是一座富矿。不管是对哪一个问题的研究，可能都还有待我们大家共同的努力！我们争取能够不断推出新的研究成果，来繁荣中国式的法治知识体系。那咱们今天的讲座就到此结束。

11

我国职务犯罪监察证据规则的体系及展开

主讲人：吉冠浩 北京航空航天大学法学院副教授、硕士生导师、法学博士，北京航空航天大学法学院院务委员

主持人：潘金贵 西南政法大学法学院教授、博士生导师，西南政法大学证据法学研究中心主任，西南政法大学刑事辩护高等研究院执行院长

与谈人：万　旭 成都大学法学院讲师、硕士生导师

王剑虹 西南政法大学副教授、硕士生导师，西南政法大学证据法学研究中心副主任

时　间： 2024 年 12 月 11 日 19：00

地　点： 北大法宝学堂直播间（线上）

潘金贵： 各位线上的朋友们，今天是由西南政法大学证据法学研究中心主办的全国青年证据法学者在线系列讲座第一季第五讲，很荣幸地邀请到了北京航空航天大学的吉冠浩副教授。吉冠浩副教授是证据法学研究的新秀，在证据法学方面发表了一系列优秀的科研成果。今天他给大家分享的是其最新的研究心得，即我国职务犯罪监察证据规则的体系构建问题。2018 年《监察法》颁布施行以后，我国的反腐败力度不断加强，其中涉及很多证据方面的问题，尤其是《监察法实施条例》用大量的条文规定了监察证据的基本内容，也确立了一些基本规则。总的来说，由于监察案件的特殊性，无论是理论界还是实务界，对于监察证据体系的研究尚不充分。所以吉冠浩副教授今天谈的这个话题，我认为是非常重要的。

今天不仅仅邀请到了吉冠浩副教授做主题演讲，还邀请到了两位优秀的

青年证据法学者作为与谈人。第一位是西南政法大学证据法学研究中心副主任，王剑虹副教授。剑虹老师对证据法学非常有研究，也曾经到美国留学，在我国台湾地区交流访问，发表了不少关于证据法学的论著。更难能可贵的是，剑虹老师在闲暇时间办理了大量的案件，其中也包括与监察机关有关的职务犯罪案件，是一位优秀的女刑辩律师。第二位是成都大学法学院的万旭老师。近年来，万老师在证据法学研究中也投入了很多的精力，发表了不少优秀的科研成果。下面有请吉冠浩教授做今天的主题演讲。

吉冠浩：今天我跟大家交流的话题，是关于我国职务犯罪监察证据规则的体系及展开。刚才潘老师已经从宏观的角度给大家进行了定位，2018 年国家监察体制改革以后，反腐败的力量集中到了国家监察委员会。在其办案过程中，涉及职务犯罪相关内容，既涉及国家监察委员会相应的特殊性，又涉及技术的相关问题，以及证据的具体适用。其中，证据规则作为事实认定的依据，成为理论界和实务界历来关注的问题。我对这个问题进行了初步的研究，供大家参考。

今天的内容分为五个部分。首先是为什么要研究这个话题。《监察法》第 33 条被学界称为我国监察证据制度的基础条款，第 33 条有 3 款，这 3 款为什么可以称为是监察证据制度的基础条款，因为它从宏观上解决了以下三个问题。第一，第 1 款规定了监察证据可以在刑事诉讼中作为证据使用，赋予了监察证据在职务犯罪案件中刑事证据的资格。第二，第 2 款确立了监察证据与刑事证据的要求和衔接标准。监察机关在收集、固定、审查运用证据的时候，应当与刑事诉讼中证据的要求和标准相一致。第三，第 3 款确立了非法监察证据的排除规则。

今天讨论的问题就是职务犯罪监察证据规则体系的非法监察证据排除规则。无论是学界还是实务界，对于非法监察证据的排除规则都没有什么争议，不管主张哪种证据规则体系，都承认非法监察证据的排除规则。问题在于，排除范围具体该怎么设置，以及相应的排除程序具体怎么灵活运用？现行《监察法》第 33 条与《监察法实施条例》第四章第二节第 11 条初步确立了我国职务犯罪监察证据的规则体系。但从体量上就能看出，尚不完善。所以从 2018 年至今，在证据环节，职务犯罪监察和司法，尤其是和行政司法衔接的时候，还是存在一些痛点和难点的，这是研究整体的逻辑起点。

首先，我对现有的监察证据规则体系的研究进行了梳理。目前对于职务犯罪监察证据规则体系有五种观点。观点一认为，规则体系要以证据的合法性和可靠性为标准。持这种观点的学者将监察证据的规则体系区分为非法证据排除规则和不可靠证据排除规则，并指出监察证据均应适用《刑事诉讼法》和相关司法解释的排除规则，但是对于为什么能直接适用《刑事诉讼法》及相关司法解释还需要进一步论证。观点二认为，要以应然和实然为标准来划分监察证据规则体系。从应然功能的角度出发，持这种观点的学者认为监察证据规则包括证明标准、调查取证制度、特殊证据制度。但是将证明标准包括在内，可能使得应然功能的外延泛化。从实然运作的角度出发，学者们主张监察证据规则要包括证据转化制度，即从监察证据转化到刑事证据。观点三认为，应从监察调查的动态过程出发对其进行区分，将监察证据规则区分为证据收集规则和证据使用规则，并强调对监察机关收集证据的相关调查措施宜采用准用性规则。观点四认为，应着眼于证据能力的规范，把监察证据规则分为关联性规则、传闻证据规则和非法证据排除规则，并指出证据能力规范在监察案件的适用上应侧重以上三个层面的规范。但存疑的是，关联性规则是否属于证据能力规则？根据传统证据属性学说，关联性和合法性是相区分的。关联性和真实性涉及证明力问题，而合法性涉及证据能力问题。该观点从证据能力规范着眼，却提及了关联性规则，存在一定的不妥。观点五认为，应从《监察法》的文本着眼，监察机关调查证据的规则应该涵盖三种规范，即授权性的规范、义务性的规范和禁止性的规范。

整体来看，现有的研究可能存在以下四个问题。第一，对于监察证据证明力规则的研究不足，尚未形成完整的职务犯罪监察证据规则体系。第二，职务犯罪监察证据规则体系的框架界定不明确，导致具体的分类标准不统一。第三，职务犯罪监察证据规则的外延可能会泛化。正如刚才所提及的，目前的观点谈及监察证据规则体系的时候，会把内容扩展到证明标准乃至调查取证制度。第四，《监察法实施条例》颁布实施以后，学界没有及时跟进，尤其是颁布以后一些司法实践的具体情况。

基于现存的四个问题，我进行了一定的反思。对于监察证据规则体系而言，还是要借鉴和参考刑事证据规则体系。2010年出台“两个证据规定”以来，我国刑事证据规则体系在司法实践和理论研究上都已日渐成熟。从现在主流的证据法教科书中可以归纳出来我国的刑事证据规则体系。一般认为，刑事证据规则是按证据能力规则和证明力规则进行区分的。整体来看，目前我国刑事证据规则体系包括以下几种。其一，非法证据排除规则；其二，传闻证据规则（关于中国现在有没有传闻证据规则，其实是仁者见仁的）；其三，意见证据规则；其四，最佳证据规则。当然，在目前我国优先使用相关的物证、书证原件的背景下，"最佳证据规则"这一表述是否准确，后续也值得进一步的讨论。另外，还包括关联性规则与补强证据规则。当然，一些教材认为还包括证据印证规则。

我们再来看监察证据规则体系。仅就现行的监察证据规则的文本来看，已经总括性地呈现了相应的刑事证据规则的全貌。但是，具体的规定其实是一种碎片化的刑事证据相应文本的移植，并没有从体系上构建出独立于刑事证据规则的监察证据规则体系。监察证据最终能否成为定案根据，要在证据能力和证明力两个层次上接受《刑事诉讼法》的规制。这并不否认监察机关在政治上的定位。如果仅从《证据法》着眼，这些证据迟早要受到司法机关在证据能力和证明力上的审查判断。因此可以得出初步的结论，即职务犯罪的监察证据规则体系的建构可以并且应当参考刑事证据的规则体系。

以上是对现有的研究观察之后进行的反思。在此基础之上，要建构职务犯罪监察证据规则体系，并且要参照刑事证据的规则体系，从证据能力规则和证明力规则两方面加以展开。在证据能力规则上，应以非法监察证据排除规则为核心。因为从目前《监察法》和《监察法实施条例》的文本来看，主要是非法监察证据排除规则。在证明力规则上，从《监察法实施条例》的内容可以看出，目前已经初步形成了以下四种证明力规则，分别是对传来监察证据的限制规则、实物监察证据的鉴真规则、监察证据的印证规则和口供补强规则。

在明晰了初步提出的监察证据规则体系以后，我们就具体来展开监察证据的证据能力规则以及证明力规则。关于职务犯罪监察的证据能力规则，第一点要提出的是以非法监察证据排除规则为核心的证据能力规则。从文本来看，《监察法》第 33 条第 2 款，也就是目前草案的第 36 条第 2 款，监察机关在收集、固定、审查、运用证据时，应当与刑事审判关于证据的要求和标准相一致。其中就涉及如何理解刑事审判的证据要求以及刑事审判标准的问题。一般认为，这种要求相对于后续的证明标准，主要是在审前阶段。因为只有刑事审判阶段才存在标准的司法证明问题，才存在控辩审三方的诉讼构造。而在审前阶段，因为不存在标准的控辩审三方构造，如果把相应的要求叫作证明标准其实是不合适的。因为不存在司法证明的问题，所以可以把它叫作证据要求。这是对此处的证据要求和证明标准的理解。显然，这一规定是比较笼统的。所以《监察法实施条例》第 61 条对其进行了细化。其要求“证据必须经过查证属实才能作为定案的根据”，即强调监察证据的真实性；“审查认定证据应当结合案件的具体情况，从证据和待证事实的关联程度、各证据之间的联系来判断”，此处强调的是监察证据的关联性；“是否依照法定程序收集等方面进行判断”，此处强调的是监察证据的合法性。所以《监察法实施条例》第 61 条强调的是监察证据三种属性的总体要求，即监察机关审查认定监察证据要从真实性、关联性、合法性的总体要求加以审查判断，而其中合法性的落脚点就是证据能力规则的适用。由此可见，《监察法》和《监察法实施条例》都明确规定了非法监察证据的排除规则，职务犯罪监察证据的证据能力规则是以非法监察证据排除规则为核心的。

再看《监察法》第 40 条第 2 款，其具体规定了对于严禁以非法方式收集证据的要求。要注意的是，本次草案对应的条文第 43 条第 2 款中的内容产生了变化。《监察法》第 40 条第 2 款规定“严禁以威胁、引诱、欺骗及其他非法方式收集证据，严禁侮辱、打骂、虐待、体罚或者变相体罚被调查人和涉案人员”。而本次草案最新的变化在于：首先，从主语上强调调查人员应当依法文明规范开展调查工作，从整体上进行了宣示。其次，在具体的“严禁的非法方式”里明确了严禁以暴力的方式对待被调查人员和涉案人员。整体来看，这个条文规定严禁以非法方法收集证据，是为了促进监察工作和后续的公诉审判活动有效衔接，确保监察职务犯罪调查取证的真实可靠。监察机关在证据收集过程中，应当遵循非法证据的排除规则，严禁以非法方式收集证据。《监察法实施条例》第 64 条对其进行了细化，这也是本次草案为什么增加“严禁以暴力”这一形式。要注意的是，《监察法实施条例》所规定的非法收集证据的禁止性规定，相对于《监察法》第 40 条第 2 款的内容有以下两个方面的变化。第一，在非法取证方法上，它的列举范围相对于监察法进行了扩大，增加了暴力和非法限制人身自由这两种方式。通过对非法方法内涵的扩张，将其内涵予以了延伸。第二，在非法取证方法的对象上，除了被调查人、涉案人员之外，增加了证人，也就是说这些严禁的方式同样适用于职务犯罪中的证人。其对于监察工作人员取证行为进行了相应的要求和规范，这一点同样也适应了职务犯罪调查的具体实践情况。因为在职务犯罪中，证人身份和被调查人身份是一个动态变化的过程。相较于普通的刑事案件，职务犯罪里对于证人采取非法方法的概率较高，所以在非法取证的对象上，《监察法实施条例》增加了证人。

另外，《监察法》第 33 条第 3 款初步确立了监察机关非法证据排除的义务，规定的内容比较简单："以非法方法收集的证据应当依法予以排除，不得作为案件处置的依据。"这一规定显然是比较笼统的，所以权威机关对其进一步进行了解读，可以从两点进行把握。首先，以非法的方法收集证据，主要是指以刑讯逼供，或者以威胁引诱、欺骗等非法方法来获取证据。其次，有权部门进行解读的时候明确指出，对于不符合法定程序收集的证据，也就是对于合法性有问题的证据，不能一概排除，应当区别对待。这就涉及《监察法实施条例》中的规定，对于一些实物证据，不能补正或不能作出合理解释的，对该证据才应当予以排除。

整体来看，现行的《监察法》对于非法监察证据具体排除范围的界定、排除规则、证明责任、包括排除程序的问题都是没有明确规定的。这必然会导致职务犯罪调查实践中排除规则适用的困难。既然《监察法》在第 33 条第 2 款已经规定了其证据收集要与刑事审判关于证据的要求和标准相一致，而《刑事诉讼法》已经有了很完善的非法证据排除规则，这也应当适用于监察机关办理的职务犯罪案件，尤其是监察机关证据收集合法性的问题。

从《监察法实施条例》的具体内容来看，首先，《监察法实施条例》确立了层次性的非法监察证据的排除规则。其包括两个层次：第一，第 65 条第 1 款和第 2 款规定的强制性排除规则；第二，第 65 条第 3 款规定的裁量性排除规则。

第一个层次——强制性排除规则的规定。《监察法实施条例》第 65 条第 1 款规定"对于调查人员采用了暴力、威胁以及非法限制人身自由等非法方法收集的被调查人供述、证人证言、被害人陈述应当依法予以排除"。第 2 款对第 1 款中的暴力方法、威胁方法进行了一个具体解读。"暴力方法指的是采用殴打、违法使用戒具等方法或者变相肉刑的恶劣手段，使人遭受难以忍受的痛苦而违背意愿做出供述证言和陈述”，这和《刑事诉讼法》采用的规定是相似的，既要有直接的暴力或者是变相肉刑的间接的暴力，同时也要求造成难以忍受的痛苦。四川大学龙宗智教授把它概括为痛苦规则。此外，对于威胁的方法，“指的是采用以暴力或严重损害本人及其近亲属合法权益等进行威胁的方法，使人遭受难以忍受的痛苦而违背意愿做出了供述、证言和陈述”。这里还没有实施相应的暴力，只是威胁实施，但同时第二个条件也是要让人遭受难以忍受的痛苦。对于符合这些条件的言词证据，要求强制性地进行排除。据此，强制性排除规则有以下三个特征：第一，所适用的都是监察人员严重违反法定程序所获取的非法言词监察证据；第二，办案人员尤其是后续的司法机关工作人员是不享有排除或不排除的自由裁量权的，一旦监察机关实施的是《监察法实施条例》第 65 条第 1 款的相应内容时，一定要强制进行排除；第三，上述的排除都是不可补正的排除，不会给调查机关进行补正或者说明、合理解释的机会。类似于我国刑法中的行为犯，一旦有这个行为，直接予以排除。

第二个层次——裁量性排除规则。《监察法实施条例》第 65 条第 3 款规定，“收集的物证、书证不符合法定程序，可能严重影响案件公正处理的，应当予以补正或作出合理解释；不能补正或作出合理解释的，对该证据应当予以排除”。据此可以总结出裁量性排除规则的三个特征：其一，所适用对象区别于强制性排除规则的对象，后者是非法的监察言词证据，而前者所适用的对象是监察人员非法获得的物证、书证这类实物证据；其二，在决定是否排除的时候，办案人员享有较大的自由裁量权，要综合各方面的因素来进行自由裁量；其三，给予监察人员进行程序补正的机会，包括作出合理解释，也可以进行相应的程序上的补正。

以上是两个层次的排除规则，分别是强制性的排除以及裁量性的排除。但我国在职务犯罪监察领域并没有确立类似刑事证据领域的瑕疵证据补充规则，职务监察犯罪证据只有强制性排除，或者裁量性排除。换言之，职务监察犯罪案件中对于程序性违法程度不高的一些瑕疵证据容忍度较高。以上是关于非法监察证据实体上的排除范围是什么的问题。但如果只有实体上应当排除的范围，这个规则尚难适用，其必须具有可以排除非法证据的程序。所以下面我们来看一下《监察法实施条例》对于非法监察证据的排除程序是怎么规定的。

在《监察法实施条例》第66条中，通过3款的内容规定了非法监察证据的排除程序。第1款规定了两种调查核实的情形，调查核实作为监察机关审查监察证据的重要职责，主要涵盖两种情形。这两种情形主要规定了非法监察证据的排除程序怎么启动，这和普通刑事案件的非法证据排除程序的启动程序是一样的，逻辑上分为职权启动和依申请启动。首先，可以依职权启动，也就是“监察机关在办理案件过程中发现了监察人员可能存在以非法方法收集证据情形的，应当依据职权进行调查核实”；同时，还可以依申请启动，“对于被调查人控告举报，调查人员采用非法方法收集证据，并且要提供相应的涉案取证人员的时间、地点、方式、内容等材料和线索”。“根据现有的材料无法证明证据收集合法性的时候应当进行调查核实”，这是依申请提供了初步的线索和材料，此时调查核实程序就要启动了。第2款规定的是调查核实以后，达到什么的证明标准才要排除的问题。也就是“确认或不能排除以非法方法收集证据的，对有关证据应当予以排除，不得作为案件定性处置、移送审查起诉的依据”。这一规定和刑事案件的非法证据排除的证明标准是一致的。要强调的是，“认定调查人员非法取证的，应当依法处理，另行指派调查人员重新调查取证”。第3款规定了上下级监察机关的问题。“监察机关接到下级监察机关调查人员采用非法方法收集证据的控告和举报，可以直接进行调查核实，也可以交由下级监察机关调查核实，下级监察机关应当及时将调查结果报告给上级监察机关。”所以从《监察法实施条例》第66条可以发现，这里的调查核实，具体要考虑到以下三个重要因素：其一，程序启动是依职权或者依申请，涉及如何明确违法取证责任分配的程序衔接问题。其二，初步证明中对取证行为合法性有疑问的，被调查人要提供初步的线索和材料，而后续的取证行为合法性，可能需要监察机关加以证明。其三，关于证明标准，主要是要达到确认和不能排除的标准。

关于调查核实相应证据收集的合法性有哪些方式，在归纳调查实践以及相应的规定以后，方式还是比较多的，例如司法实践中最常见的监察机关出具说明材料。但此处要注意的是，监察机关不能只根据自己的说明材料就证明调查取证行为的合法性，必须还有别的证据作证。另外，还包括讯问被调查人、询问调查人员、询问在场人员及证人、调取讯问笔录和讯问录音录像、调取或查询被调查人出入留置场所的身体检查记录以及提讯登记等材料、进行伤情或病情检查或鉴定以及其他的调查核实方式等。此外，最高检在工作指引中就监检衔接的程度强调，职务犯罪案件中非法监察证据的排除，除了应当依照《监察法》的规定以外，还应当严格适用《刑事诉讼法》以及相关司法解释的规定。这一般涉及监察调查和后续的检察机关、审判机关衔接，还要适用《刑事诉讼法》，尤其是刑事证据的相应规则。上述是关于证据能力规则的阐述，接下来看职务犯罪监察证据的证明力规则问题。

首先，关于传来监察证据的限制使用规则，又称为“原物、原件优先规则”。对于这一部分，我仍然从《监察法》和《监察法实施条例》这两个法律文件的层面进行剖析。《监察法》第25条第1款（目前的修订草案中是第28条第1款）明确规定，“监察机关在调查过程中可以调取、查封、扣押用以证明被调查人涉嫌违法犯罪的财务、文件以及电子数据等信息”。紧接着，这一条款进一步强调采取调取、查封、扣押等措施时，应当尽可能收集原物、原件，并且在后续条文中对相应程序有进一步规定。从《监察法》的层面来看，这里特别强调在调取、查封、扣押相关实物证据时优先获取原物、原件，而且当时的法律并未为此设定明显的例外情况。这也意味着在2018年《监察法》颁布之初，其对原始证据的要求比当时《刑事诉讼法》中的相关证据规则更为严格。

接下来，我们再看《监察法实施条例》第121条第1款和第2款。条例在《监察法》的基础上增加了一些例外情况。条例首先重申了原则：调取物证应当调取原物。随后，对例外情形作出规定：“原物不便于搬运、保存，或者依法应当返还，或者因保密工作需要不能调取原物的，可以将原物封存，并拍照、录像。对原物拍照或者录像时，应当足以反映原物的外形、内容。”增加这些例外规定是出于职务犯罪调查实践的实际需要。许多职务犯罪案件中可能涉及的证据体积较大、质量较重，特别是在异地管辖审判中，长途搬运十分不便。此时，就允许将原物进行封存并通过影像固定的方式保存证据。此外，对于书证和视听资料，条例也规定了与物证类似的原则。一般而言，应当优先调取原件，但在无法取得原件或者因保密需要无法调取原件时，可以选择调取副本或复制件。

从《监察法》和《监察法实施条例》的规定中可以明显看出，我国法律对原物、原件的使用具有优先态度，即坚持将原始证据放在首位。换言之，我国的法律条文将原物原件作为一种原始证据，在证明力顺位中高于复制品、复制件或其他传来证据形式。这种立法选择将司法实践中原物原件有更高证明力的经验直接法律化，体现了我国立法的特色：善于将司法经验和证明规律通过法律条文固定下来，对于一些证明力方面的司法经验，我们喜欢从法律上直接予以法定化。这主要是证明力规则，强调了原物原件的证明力优先于复制品，物证书证的原始证据证明力在这种意义上要大于传来证据的证明力。这是原物原件的一个优先规则。有人将这一原物原件优先规则类比为英美法系的“最佳证据规则”，但这种类比需要审慎对待。从英美法的传统理解来看，最佳证据规则的适用范围多局限于书证以及由此延伸的特定文件类型，不及我国制度中所涵盖的范围广泛。我国不仅适用于书证，还包括物证和电子数据载体等多种类型。这样一来，我国的原物原件优先规则实际上要比英美法的最佳证据规则适用范围更加宽泛。这是我们谈到的与证明力相关的第一个规则，即对于传来监察证据的限制使用规则。

接下来，我们看第二个规则，即关于实物监察证据的鉴证规则。在职务犯罪调查取证的过程中，从最初的调查阶段，到后续的审查起诉，再到最终的审判，这其中可能经历相对较长的时间跨度。辩护方往往会在庭审中提出质疑：法庭上出示的实物证据是否就是调查阶段所提取的同一份证据？是否可能在中间环节发生替换、篡改、损毁或增删的情形？针对这一点，我们就需要建立实物监察证据的鉴证规则，以保障证据从获取到呈堂的同一性和真实性。虽然《监察法》没有对广义的实物证据鉴证规则作出全面系统的规定，但我们可以从《监察法实施条例》第 123 条的相关规定中看到有关电子数据鉴证的制度设计。电子数据鉴证规则的设定某种程度上为实物监察证据鉴证规则提供了一个“局部但典型”的示范。第 123 条共分为 3 款，其逻辑清晰：第 1 款是关于电子数据外部载体的鉴真。该款规定，在收集、提取电子数据时，原则上应当扣押其原始存储介质并予以封存，并在调查笔录中详细记录封存状态。第 2 款是关于电子数据内部载体（即数据本身）的鉴真。这里要求收集提取的电子数据必须足以保证其完整性，不能在提取过程中被删改或增加内容。这就确保了内部数据内容的可靠性和统一性。第 3 款是关于证据保管链条完整性的规定。条文强调在收集、提取电子数据后，必须对数据的清单和保管情况进行记录，由相关人员签名或盖章。这3款的内容，都是通过鉴真来确认职务犯罪案件监察证据的证据载体的真实性。

在探讨电子数据作为证据时，其载体不仅包括常见的物证外部形态，还涉及相对复杂的内部构成。首先，我们聚焦于外部载体的验证方法。在收集与提取电子数据的过程中，为确保外部载体的真实性，原则上应提取原始存储介质，一般采取扣押措施，同时在相关笔录中详细记录封存状态。此为第一层情形。然而，当面临无法扣押的特殊情况，例如职务犯罪案件需提取存储于腾讯深圳服务器上的微信信息，此时扣押原始存储介质将对广大微信用户造成影响，显然不可行。在此情况下，可采取第二种方式，即直接提取电子数据，必须在笔录中明确记录无法扣押的原因，以及原始存储介质的存放地点或电子数据的具体来源。接下来是第三层情形，即当直接提取电子数据亦无法实现时，由于客观条件的限制，无法采取前述方式收集与提取电子数据，此时可作为权宜之计，采用打印、拍照或录像等方式固定相关证据，并同样在笔录中详细阐述原因。在此过程中，监察机关工作人员需特别注意笔录的重要性，尽管笔录本身不直接证明定罪量刑的实体问题，但它作为过程性证据，能够证明调查行为的合法性。以上是外部载体验证的讨论。

接下来，我们转向内部载体的验证，这涉及电子数据外壳内的数据本体。在此强调，收集与提取的电子数据必须确保其完整性，即未被删除、修改或增加，这是电子数据作为证据使用的前提。因此，我们引入了“完整性”的概念。

关于“鉴真”与“同一性”“完整性”的理解，它们在电子数据中均是为了保障数据的真实性。从逻辑上讲，这些概念都是围绕确保电子数据的真实性而衍生出来的。在电子数据的复杂特性下，我们将其扩展为统一性、完整性以及链条完整性的证明。

最后，我们讨论链条完整性的证明。在收集与提取电子数据时，必须制作笔录，并附上电子数据清单，同时要求相关人员签名和盖章。若电子数据的持有人或提供人拒绝签名盖章，应在笔录中注明，并寻找见证人签名。在条件允许的情况下，还应对整个保管链条进行录像，这都是通过对整个证据包括链条的完整性的证明，以确保电子数据的统一性，从而实现最终的证明。以上是《监察法实施条例》第123条对于电子数据的鉴证问题的规定。

此外，电子数据的鉴证问题还涉及司法鉴定，具体依据为《监察法实施条例》第151条的相关规定。这里面为什么涉及司法鉴定，因为它涉及对于鉴定鉴材鉴证的问题。我们看《监察法实施条例》第151条，其规定经审查具有下列情况之一的，应当重新鉴定，其中第5项规定：鉴材虚假或被损坏的时候要重新鉴定。它强调的是，对于鉴定的鉴材，我们通过鉴真发现它虚假或者损坏了，这时候是要重新鉴定的。可见监察实务的证据鉴真规则不仅对我们法庭确信实物证据本身的真实性和关联性有重大意义。同时，还对司法鉴定人的鉴定也具有很大的制约作用。当我们要完成一个鉴定的时候，鉴材是前提。而鉴材如果没有通过鉴真规则的审查判断的话，其真实性得不到保障，那后续的鉴定意见也不能作为定案根据，因此这种情况需要重新鉴定。以上是实物监察证据鉴真时的两个运用场景，一方面关于电子数据，另一方面关于鉴定鉴材的鉴真。

接下来，我们探讨第三个证明规则——监察证据的印证规则。关于此规则，当前的规定虽略显笼统，但仍有所体现。具体而言，它分别规定在《监察法》第40条第1款以及《监察法实施条例》第60条第1款中，两者内容具有较高的重合度。在《监察法》中，明确规定监察机关应对职务犯罪行为进行调查，收集被调查人有无违法犯罪及情节轻重的证据。这强调了收集证据的全面性和客观性，既要收集有罪证据，也要收集无罪证据；既要收集证明情节重的证据，也要收集证明情节轻的证据。这要求监察机关调查人员要严格按照规定的程序客观全面收集证据。同时，要求查明违法犯罪事实，形成相互印证、完整稳定的证据链。这里的“相互印证”和“证据链”等字眼，正是监察证据印证规则的重要体现。

而在《监察法实施条例》第60条第1款中，进一步细化了这一要求。它强调监察机关认定案件事实应以证据为根据，全面、客观地收集、固定被调查人有无违法犯罪及情节轻重的各种证据，形成相互印证、完整稳定的证据链。相比于《监察法》第40条第1款，该条款增加了“监察机关认定案件事实，应当以证据为根据”的表述，这是刑事证据法中熟悉的证据裁判原则，也是对监察机关调查收集认定证据总体要求的具体化。同时，该条款与《刑事诉讼法》中关于证据收集和证明标准的要求高度契合，既规定了证据裁判原则，也规定了要全面、客观地收集证据，并最终强调要形成相互印证、完整稳定的证据链。这些都是比较宏观的规定，我们在办理职务犯罪案件的过程中，要坚持监察证据的互相印证。具体到《监察法实施条例》中，还有一个关于综合判断辨认笔录证明力的规定。在《监察法实施条例》第144条第2款中，明确指出当辨认笔录存在其他瑕疵时，应综合全案证据审查其真实性和关联性，并作出综合判断。这体现了在证据存在瑕疵的情况下，需要结合全案证据来审查辨认笔录的真实性和关联性，并通过其他证据来印证，这同样涉及了监察证据的印证规则。

通过对上述三个条文的分析，可以看出，当前的《监察法》及《监察法实施条例》在职务犯罪案件中对监察证据相互印证的要求是比较笼统的。相比于刑事证据中的证据印证规则，它们并没有对哪些监察证据以及如何印证作出进一步的具体规定。这是目前监察证据印证规则仍需进一步细化的地方。在职务犯罪监察调查的司法实践中，与刑事普通案件办案一样，证据印证的重要性不言而喻，这也是许多学者所强调的司法证明中的印证模式（尽管存在争议）。不能否认的是，在调查办案中，我们经常强调具体证据之间的相互印证。然而，从《监察法》和《监察法实施条例》的文本来看，相应的规定供给不足，无法满足监察调查的具体需求。因此，在修法或制定实施条例的具体规定时，我们需要对此予以重视。

在这里，我们刚刚探讨的是监察证据的应用规则。接下来，要深入分析监察口供补强规则与监察证据应用规则之间的异同。首先，审视相同之处。在监察证据的范畴内，监察口供的补强与普通监察证据的印证存在着一定的联系。在进行监察口供补强时，同样会运用口供之外的其他监察证据，以此来验证和佐证口供中所包含的事实信息。因此，从这个角度来看，补强可以被视为应用规则的一种特殊情况。而印证，则是一个更为宽泛的概念，它代表了一种普遍的证据验证方式。补强作为印证的一种特殊形式，其本质上也是利用其他证据来增强某一证据的证明力。这是两者相同的地方。然而，补强与印证在核心作用上又有所不同。补强是以被补强的监察证据（即口供）为中心而进行的证据验证活动。在这个过程中，起到核心作用的仍然是印证的原理，即利用其他证据来验证某一证据的真实性和可靠性。但需要注意的是，印证并不总是以一个特定的证据为中心，它更多的是证据之间的相互验证和支持。而在补强中，由于我们关注的是口供的真实性和可靠性，因此会特别强调其他证据对口供的验证和佐证作用。

印证，这一概念强调的是监察证据之间的相互验证与作证。接下来，我们将对监察口供补强与监察证据印证的不同之处进行归纳。监察口供补强的必要性仅在被调查人的供述包含全部犯罪构成要件的情况下才存在。换言之，仅当供述构成直接证据时，才需进行口供补强。我们之所以确立强制性的口供补强规则，是因为仅凭口供的公正性无法直接定案。因此，必须强制性地补强口供的正义性，以确保案件的公正处理。而对于未包含全部犯罪构成要件事实的被调查人供述，即非直接证据，我们则无须进行口供补强。此时，只需适用监察证据的印证规则即可。因为在此情况下，口供并非直接证据，不包含主要犯罪事实，因此它与其他监察证据在本质上并无区别。此时，我们应用的原理即为印证规则。

以上是从整体上对监察口供补强规则与监察证据应用规则的区别进行的把握。接下来将探讨补强证据的资格要求。对于口供的补强，补强证据需满足以下三点要求：第一，补强证据必须是被调查人供述以外的其他监察证据。我们不能使用多份被调查人的口供来补强其中的一份。补强证据必须是口供以外的其他监察证据，并且本身需具备证据能力和证明力。若补强证据自身的证据能力和证明力都难以保证，那么它又如何能补强其他证据的真实性呢？第二，补强证据应是办案人员独立搜集的其他监察证据。这一要求确保了补强证据的独立性和客观性，从而增强了其证明力。第三，在共同犯罪中，特别是职务犯罪这一领域，补强证据原则上不能是同案共同被调查人的供述。因为从整体上看，虽然他们是不同的被告人的口供，但实质上仍属于同一类型的供述。由于他们属于共犯，因此他们的供述在某种程度上具有相似性，难以作为独立的补强证据。

根据《监察法实施条例》第 60 条第 2 款规定，“只有被调查人陈述或者供述，没有其他证据的，不能认定案件事实；没有被调查人陈述或者供述，证据符合法定标准的，可以认定案件事实”，也就是众所周知的“孤证不能定案”。而没有被调查人陈述或供述证据的案件，也就是零口供案件，能不能定案？答案是可以的。全案只有间接证据的时候，照样可以定案。《监察法实施条例》第 60 条第 2 款强调监察机关认定案件事实，应当坚持口供补强原则。如果缺少言词监察证据，可以通过相互印证形成完整证据链，依然可以对案件事实予以认定。监察机关对于传统上作为“证据之王”的口供的依赖性没有之前那么强了，在证据符合法定标准的时候，根据间接证据其实也是可以定案的。

此处需要注意一个细节，职务犯罪和普通刑事案件相比，不仅是调查和侦查这两者的字面之分。在具体的案件情况里，证据的构造也是不同的。普通的刑事案件是从案到人，即发现了一个刑事案件，再去找犯罪嫌疑人。而职务犯罪往往是先锁定人，再根据职务犯罪的特征调查案件，职务犯罪里大多数都是无被害人的犯罪。相比于普通的刑事案件，在无被害人的情况下，寻找物证、书证较难，故而在客观上比较依赖口供，也更依赖对被调查人的人身控制。为了降低留置监察调查措施的风险，有必要强调监察口供的补强规则。虽然倚重口供，但是更应当根据口供的特征，进行相应的审查判断。以上是对于职务犯罪监察的证明力规则中监察口供补强规则的简要介绍。

我们确立了证据能力规则和证明力规则两分的职务犯罪监察证据规则体系，其中证据能力规则是以非法监察证据排除规则为核心，包括非法监察证据的强制性排除和裁量性排除的层次性规则，同时也设立了非法监察证据排除的相应程序。证据能力规则比较单一，也就是非法监察证据排除规则。而证明力规则，目前通过《监察法》和《监察法实施条例》其实已经形成了一套体系，包括对传来监察证据的限制规则，实物监察证据的鉴真规则，监察证据的印证规则和监察口供的补强规则。

当然，我们会发现上述规则各方面的具体内容不如刑事证据规则全面。对此，相关机关还需要更加重视，学界也要进一步推进相应的研究，形成一个良性的互动。

整体来看，除上述讲到的职务犯罪监察证据的证据能力和证明力规则中相对具体的局限性，从大方面进行着眼，仍有一些需要完善的地方。其一，《刑事诉讼法》第四轮修改正在如火如荼地推进，以四大机关为代表，又有了重申“以审判为中心的诉讼制度”的声音。在这样的背景下，以目前的职务犯罪监察证据规则来对标“以审判为中心的诉讼制度改革”，其实还是有很多需要进一步细化和完善的地方。其二，职务犯罪监察证据规则和目前我国的刑事庭审实质化目标还是存在着一定的差距。所以，对标刑事诉讼法的修改，我国的刑事庭审还需要进一步的完善。

潘金贵：刚才吉冠浩副教授把监察证据体系中的很多问题为大家进行了梳理。其核心还是监察证据的证据能力规则和证明力规则中的一些重要问题。下面有请两位与谈嘉宾发表自己的高见。

王剑虹：正如吉教授所指出的，监察证据规则在制度上仍有待完善。如果将其与刑事诉讼证据规则进行比较，可以发现《监察法》及其实施条例在证据规则方面仍有所欠缺。例如，在证据能力规则中，明确提及的只有非法证据排除规则。根据过去的一些经验来看，一些错案或有缺陷的案件问题多数出在事实认定上。而事实认定出现问题，往往是因为证据收集方面存在不规范的取证行为。因此，非法证据排除规则在证据能力规则中占据了非常重要的地位。值得注意的是，从整个证据规则体系来看，对证据能力的限制不能仅仅关注非法证据排除规则。例如，意见证据规则在《监察法》及其实施条例中似乎没有明确的条文提及。而在《刑事诉讼法》2012 年的司法解释中，意见证据已有明确规定。从《监察法》第 33 条的规定来看，监察证据收集要求和应用要求对标《刑事诉讼法》，实际上也可以视为需要遵循相应的规定，但细化条款中并未对意见证据进行明确规定。根据我办理的案件经验来看，职务犯罪案件的案卷中经常会出现一些推测性或猜测性的证言。对此，我们必须有清晰的认识，证言属于意见证据，按照《刑事诉讼法》的规定，意见证据不能作为证据使用，属于证据资格问题。然而，目前《监察法实施条例》中对此问题似乎尚未有明确界定，但在实践中，我们仍需对此予以高度关注。这是我想讲的第一点。

第二点是关于《监察法》对非法监察证据排除的规定。《监察法》第 33 条第 3 款对非法证据排除做了原则性的规定，而《监察法实施条例》第 64 条至第 66 条对非法证据排除规则进行了具体规定，基本上吸收了《刑事诉讼法》的相关内容。因此，在排除范围、排除程序以及非法方法的认定方面，与《刑事诉讼法》有高度的相似性。但值得注意的是，正如吉教授所提到的，我国在证明取证合法性方面仍需努力。例如，在普通的刑事案件中，控方或追诉方通过同步录音录像来证明取证的合法性。而在监察调查中，虽然也有同步录音录像，但在庭审过程中，这些录音录像的播放可能相对较少。根据《监察法》的规定，监察调查环节的同步录音录像属于留存备查，并非必须移送。因此，当法院需要审查录音录像以确认证据是否合法时，可能还需要监察机关的配合。尽管如此，监察机关调查取证时应有意识地进行同步录音录像。这不仅是一种监督手段，也是对证据风险的预防。如果被调查人或辩方质疑取证过程不规范，录音录像能够有效证明取证的合法性，具有高度的说服力。当然，这也要求调查人员在镜头下进行取证，以避免录音录像暴露取证过程中的不规范之处，造成反效果。所以我认为录音录像制度在立法中是有必要存在的，它发挥了预防证据风险的作用。即便办案机关可能认为该录音录像涉及国家秘密或者其他不宜公开的内容，但只要不公开播放或者进行相应的技术性处理即可。因此，我认为监察机关应当重视录音录像的问题。另外，运用非法证据排除规则时，涉及控方取证合法性的问题。监察机关的同志需要重视调查人员出庭的问题。《监察法实施条例》第 229 条第 2 款规定："人民法院在审判过程中就证据收集合法性问题要求有关调查人员出庭说明情况时，监察机关应当依法予以配合。"这明确了调查人员具有出庭说明情况的义务，也为我国实现庭审实质化，实现审判公正作出了贡献。因此，调查人员在调查职务犯罪过程中，若想仅以书面的情况说明代替出庭是不现实的。调查人员出庭需要接受控辩双方的交叉质询，法院根据发问和回答的情况来判断证据收集的合法性。调查人员应当积累一些出庭说明情况的经验，通过出庭说明情况来佐证证据收集的合法性，于己方有利。监察机关有同志认为，监察机关作为政治机关不需要出庭，这是错误的思想观念。如果案子进入了《刑事诉讼法》调整的范围，调查人员也需要遵守《刑事诉讼法》或者《监察法实施条例》等相关规范。

第三点是证据能力规则的传闻法则问题。无论是《刑事诉讼法》还是《监察法》，都没有涉及传闻法则。尽管我国没有建立起系统完善的传闻法则，但在以审判为中心的诉讼制度改革背景下，还是要重视传闻法则的问题。此外，还有我国证人出庭作证情况的问题。纵向对比，现在证人出庭作证的数量较过去有明显增长，在未来，证人出庭作证率应该会进一步提高。监察案件与普通的刑事案件不同，没有那么多的痕迹物证或者实物证据，更多的是言词证据，主要是口供。因此涉及较多的证人证言。如果监察案件的控辩双方在庭审中出现分歧，辩方申请证人出庭作证，法院认为有必要，就会通知证人出庭。但有时证人在法庭上作证的效果不好，或者说因为证人出庭作证而让书面证言出现了明显让人产生合理怀疑的地方，这样就会影响证据收集的合法性。因此，监察机关在调取证人证言的时候，要注意调取的规范性和确保证人作证的客观性，要让证人对于可能被法院通知到庭有一个心理预期。随着庭审实质化的推进，监察机关在取证时，要加强证人出庭作证的法律意识和心理建设，确保证人能够在法庭上提供完整、准确的证言。因此，监察机关不仅要规范证言的收集流程，还要与证人进行充分有效的沟通，增强作证实效。如果庭前就发现了由于证人记忆不清或者主观认识的偏差而导致的疑点，监察机关应早早进行应对。

第四点是关联性规则。关联性规则是证据法学理论中的一个非常基础的规则。但遗憾的是，《刑事诉讼法》和《监察法》都没有对其进行一个系统的构建，仅在条文里有所涉及。例如，《监察法实施条例》第 59 条规定“可以用于证明案件事实的材料都是证据”。这就涉及监察证据的证明性问题。《监察法》第 61 条规定：“证据必须经过查证属实，才能作为定案的根据。审查认定证据，应当结合案件的具体情况，从证据与待证事实的关联程度、各证据之间的联系、是否依照法定程序收集等方面进行综合判断。”关联性审查的一些内容，包括证据本身，其与待证事实的关联程度，以及证据和证据之间互相联系的问题，这些都涉及关联性规则。在实践中，无论是监察调查人员还是司法工作人员，对于关联性规则都没有太大分歧。在取证过程中，收集证据应当紧扣与犯罪行为有关的各个要素来展开，这是指导收集证据的一个范畴。另外，国外的一些做法，附条件的关联性证据，对我国办案取证是有一定启发的。证据材料的关联性，不仅仅跟证据材料本身的性质和内容相关，还跟案件的其他证据、案件的具体情境、有关法律规范密切相关。例如，在受贿案件中，调查人员在搜查过程中看到被调查人的电脑上保留了一些出售奢侈品品牌手提包的记录，但是仅仅从这个记录来看，很难直接证明其是否有贪腐事实，交易记录的关联性并不明显。但如果本案有其他证据，例如，有证人说有人多次向官员赠送某奢侈品品牌的手提包，官员多次收受他人赠送的奢侈品品牌的手提包。如果把该证言和在官员电脑上发现的多次出售奢侈品品牌手提包的交易记录相结合，那么该事实与其核心犯罪事实就有关联性。这个就是附条件的关联性，其包含在关联性规则之中。

此外，还有品格证据问题，我国法律也没有明确提及。但是《监察法》

第 11 条第 1 项规定，“对公职人员开展廉政教育，对其依法履职、秉公用权、廉洁从政从业以及道德操守情况进行监督检查”。这实际上也有一定的道德操守方面的监察权。督查违法犯罪的时候，不仅仅要看他的职务行为，还要看他的道德品行表现。监察机关在办案实践中，有一些通报会出现涉及品格方面的内容。例如，某党员某干部，政治品行败坏，欺骗组织，品行恶劣等等。当然，还要关注这些品格与涉及的犯罪问题及案件的核心事实之间的关联性，因为一般来讲品格证据是不能够用于定罪的。此外，还有一些在办案中值得考虑的类似事实行为，可能也有一定的关联性，例如 2016 年《关于办理贪污贿赂刑事案件适用法律若干问题的解释》第 1 条就明确规定：“贪污或者受贿在 3 万元以上不满 20 万元的，应当认定为刑法第 383 条第 1 款规定的‘数额较大’。贪污数额在 1 万元以上不满 3 万元的，具有以下情形之一的，应当认定为刑法第 383 条第 1 款规定的‘其他较重情节’。”比如，曾因贪污、受贿、挪用公款受过党纪、行政处分的，这类似于事实行为，在某些追诉标准成立的时候是要考量进去的。这也与关联性规则有关。

最后，以非法证据排除规则为中心是没有问题的。对于证明力规则，可能最重要的还是印证规则和口供补偿规则，尤其是后者。正如刚刚提到的，监察机关办理的案件，口供的重要性是毋庸置疑的。而按照一般做法，口供是需要补强的，如果仅有口供是无法定案的。那么如何补强才能够让口供和其他证据结合起来，以认定本案的主要犯罪事实？这一点可能是监察机关在定案、把握证据证明力的时候需要重点关注的。其次，另外要重视的一个问题是在印证或补强时，如果口供当中涉及指向一些客观证据的，比如能够指向物证的，在收集证据的时候要高度关注。也就是说，办案中需要关注口供和其他的客观证据之间的印证。还要注意的是，在收集证据的过程中要注意顺序，是由证到供还是由供到证。两者顺序不一样，能够说明的证据的真实性或者事实成立的可能性是不一样的。

潘金贵：剑虹老师指出的很多问题对我们了解监察证据的规则很有启发。下面有请成都大学法学院的万旭博士就今天的话题给大家进行分享。

万旭：关于今天这个主题，我就从证据规则的体系出发，再结合今天的学习体会作一点分享。

在《监察法》与《刑事诉讼法》都即将要修改的背景下，大家可能更关注的是，从立法论的角度，这个规则如何调整、优化、改变等。但是我个人更倾向于从解释论的角度来思考这个问题。本次《监察法》修改虽然涉及很多条文，但是关于证据问题，其最基础的条文就是现行《监察法》第33条，即监察机关办案过程当中的证据要与审判时的证据标准相一致。在这个核心要求、基础要求没有变的情况下，我想即便是这次修法调整了很多证据规则，后续还是会面临一个解释、适用的问题。

从这个角度，我再提一下今天的学习体会。第一，证据能力这一概念本身在研究和实践当中是存在争议的。这个争议体现在多个方面。首先是证据能力的规制节点。无论是理论上还是实践应用中，大家谈证据能力是要谈证据进入诉讼程序的节点，证据进入法庭调查的节点，还是证据获取定案根据资格的节点？不同的研究者、不同的实务人员的理解可能会有差异。第二，证据能力的具体要素包含哪些？证据能力到底是讨论传统的证据合法性，例如取证主体、证据形式调查程序等方面的形式合法性要素问题，还是去关注2010年“两个证据规定”发布以来，2012年《刑事诉讼法》确定的非法证据排除规则之后关于办案机关的取证行为当中有权益侵害性的部分导致的证据排除问题？最高法的入库案例中提到证据能力，涉及积极的证据的查证属实、消极的证据的使用禁止问题。具体要素的判断本身也有差异，即证据能力是否仅包含非法证据排除，可能也会有争议。第三，证据能力的判定逻辑。证据能力的判定到底是一个单纯的证据排除问题，还是涉及证据怎么用、能不能用的问题？是只关注没有证据能力的证据如何退出诉讼证明的过程，还是也关注证据能力缺陷、疑问、争议的证据如何能够在一定条件下继续留在诉讼进程当中并继续得到使用的问题？这两个判定的逻辑，后续的要求是不一样的。如果强调退出，那么后续就要考虑消除无证据能力的证据对于诉讼进程的负面影响；如果要继续用，就要考虑后续如何来规范使用，如何避免后续使用出现负面效果。关于到底用哪一个逻辑，理论和实践上也有争议。第四，语言表达上的困难。证据能力和证明力这一组说法在理论研究当中已经很常见，但实践当中更多的还是讨论“证据三性”。而“证据三性”和“证据两力”的关系又比较复杂，此处有一个理论体系构建与实践修辞表达之间的紧张关系。这种情况下需要考虑，理论上主张的许多证据规则，实务者会不会感到陌生或者难以接受？

另外，关于证明力规则，吉教授刚刚归纳的我国现有的若干监察证据相关的证明力规则，其本质上是定案规则。但是定案并不仅仅涉及单个证据证明力的审查评价，还会涉及证据的整体乃至全案证据的分析评价问题。如印证规则、补强规则，它会涉及多个证据的关系乃至全案证据的分析、评价。所以，以证据能力和证明力的区分框架为基础来归纳现有的监察证据规则体系，可能还有待挖掘。此外，证据能力规则与证明力规则的区分主要是从实体性证据规则的角度切入的，较少涉及质证意见如何发表、证据异议如何提出、调查程序如何展开等程序性的证据规则。最后，今天吉教授在阐述非法证据排除规则时提到了排除程序的问题，我认为这是可以再适当扩展的。

在此基础上，我想提出一个监察证据规则体系化的梳理方法，供大家参考。它要综合考虑三方面的标准：第一个标准是目的性标准。即体系化的产生要能够有效地去解释、描述现有的证据规则，并呈现证据规则内在的运作判定逻辑。第二个标准是予以约定的标准。它要能够在理论阐释方面充分尊重实践中常用的一些表达方式以及相关的法律规范、司法解释，比如《监察法》《监察法实施条例》中一些既有的规范表述等。第三个标准是可操作性。它要能给大家解释实践当中证据相关的现象，并解决证据相关的争议，为问题提供可操作的标准和尺度。

我认为可以从两个角度来划分监察证据的规则。第一个角度就是将它区分为诉讼证据资格规则和定案规则。因为在职务犯罪的证据审查运用过程当中，它会涉及证据材料的三步评价：第一步是证据材料是否具备诉讼证据资格；第二步是证据材料是否具备定案根据资格；第三步是基于有定案根据资格的证据，是否能最终定案。诉讼证据资格本质上是一种衔接转化的规则，也就是具备相关性的。关于监察环节的证据材料在刑事诉讼程序当中是否需要重新制作、重新获取还是直接使用，在我们现行的法律规定中的表述是“××材料可以作为证据使用”。这样的规则多数属于一种确认性的、宣示性的规则。这里有一个特殊问题：在最新出的《监察法实施条例》里，好几个条文前面加了一个前缀——“经审查符合法定要求的”可以作为证据使用，此处审查主体显然是监察机关，这就会涉及其是否和《监察法》第33条第2款有紧张关系，因为该款要求“审判标准相一致”（可以作为证据使用）。原则上最终的判断是由审判机关作出，但条例里的这一表述有可能会被扩大解释为：监委自己就可以判断是否符合法定要求。这就涉及从解释层面如何对其进行有限解释。即该条例虽然如此表述，但其仍然包含对诉讼证据资格的确认宣示，而不应当被解释为“监委的审查可以替代后续证据裁判的判断”。

另一个角度是根据我国现有的证据规则的主体内容，从规范目的区分，它可以区分为查证属实规则和非法证据的排除规则。前者关注的是关联性、真实性、可行性问题，后者关注人权保障、程序正当性等问题。根据这一标准，还可以进行分类，例如还可以区分为准用的规则和排除的规则。准用的规则在相关法律和司法解释中大量存在，主要表述为“在 ×× 条件下才能作为根据使用”。而排除规则的常用表述是“在 ×× 情况下不得作为根据使用”。这两种规则在目的上有些时候是存在差异的，同时，在判定和适用的逻辑上面，两者也会有一些区别。比如，准用规则有可能是符合条件就直接就用了，也就是说一个很好的证据是可以直接使用的，也有可能这个证据有些问题，但是也可以附条件地适用。直接准用的证据，后续的使用只需要遵循一般的要求，比如举证、质证的一般性要求。而对于附条件准用的证据，可能会被附加一些更具体的要求。比如，这个证据是在扣押笔录上有缺陷，需要补正，那么后面的使用也要以这个补正为前提条件。排除规则有可能是强制规则，也可能是强制排除的规则。其核心就是限制法院的裁量空间——只要符合法律规定，法院就必须要作出判定。裁量排除规则会允许引入一些案件的调和因素，包括这个案件里面是否有其他证据来补强等。

在学习《监察法》和《监察法实施条例》的过程中，我发现《监察法》里面大量的证据规则是对《刑事诉讼法》以及相关司法解释等证据规则的吸收。或者说在对照定案规则方面，《监察法》有自己的特色，这体现在职务犯罪的实践办案过程当中。因为定案规则的核心是定罪证据标准的设定，其独特性在于会对证明方法和定罪标准作出限定，或者说，《监察法》和《监察法实施条例》当中有许多对于证明方法的限定，整体上体现出客观化的倾向。比如，《监察法》第 40 条第 1 款关于印证的表述是“查明违法犯罪事实，形成相互印证、完整稳定的证据链”，这样的说法第一次进入我国正式的法律中。再比如，《监察法》第 177 条第 2 款明确要求“案件到了检察机关之后检察机关在初步核实当中应当要注重收集客观性的证据，确保真实性和准确性”，其中对“客观性证据”的强调也是一个特征，它体现出监委办案的客观化要求，这在实践中是非常明显的。

除了像这样按照流程来区分，还有一组比较重要的区分就是实体性证据规则和程序性证据规则，这是对定案根据资格规则的进一步区分。因为实体性的证据规则，比如非法证据排除、意见证据排除规则，其实际效果高度受限于所处的具体程序构造的语境以及对应的程序性规则的支撑情况。如果程序性的证据规则缺失、空置或者失效，那么实体性的证据规则就会“沉睡不醒、直接昏迷”，或是根本得不到实际的应用。而程序性的证据规则直接涉及到实体性证据规则的激活、审查和判定的问题。以“激活”为例，如果在美国对抗化的程序构造语境下，按照威格摩尔的说法，证据可采性规则对应的激活规则主要就是证据意义规则，它的核心就是把实体性规则的适用激活视为当事人的选择、当事人的权利和义务。如果当事人不珍惜自己的权利，那么这个规则就得不到适用，相当于不存在这个规则。而在我国现有的程序构造语境下面，我们对于定案根据资格规则的激活在文义上面来看是一直存在的，它要么是办案机关依职权激活，要么是由被追诉方申请激活。在具体的实体性规则审查和判定上，“激活”还具有分段多元的特点：每个阶段都有一个判定主体，监委调查阶段、侦查阶段、检察阶段、审判阶段的判定主体都不一样。这就导致实际运用当中，它有很多的特殊性。那么在这样的情况下，如何观察评价现有的监察证据规则体系？我们首先需要去理解当前监察证据规则的设计缘由和思路。它一方面充分吸收刑事诉讼证据规则，但又不直接把监察的规定单独放在刑事诉讼法里。这就引出了衔接问题。而另外一方面，它对于证据的规则、证明的方法和标准的高度客观化的追求的原因是什么，其背后体现了办案的特殊性。

还要注意到，监察机关和其他执法部门之间的关系是非常特殊的。《监察法》里面提到，市机关之间的分工负责、相互配合、相互制约。比如在职务犯罪案件的办理中，监察机关确实相对要更强势一点。那么在这种情况下，结合现有的框架，我个人从理论研究者角度的出发，与其说是提出立法层面的畅想、规则本身的增加，可能更多还是要考虑在现有的这种情况下，怎样对相关证据规则作出一种妥当的解释。对于这种妥当的解释，我个人认为它应当是一种有限的体系化解释。它的有限体现在不能对《监察法》和《监察法实施条例》当中超出了现有《刑事诉讼法》文义表述的证据规则轻易地作出过于激进开放的解释。而它的体系性体现在对于监察证据规则的解释，应当审慎地考虑其与刑事诉讼相关证据规则的关系，既然《监察法》要求监察机关在收集、固定、审查、运用证据的时候应当与审判机关对于证据的要求和标准相一致，本身这一项基础性规则就已经蕴含了要对监察证据规则做有限性和体系性解释适用的要求，它也应当体现在其他具体的监察证据规则的解释过程和结论当中，这涉及理想化的理论主张如何照进现实。也许有一天多部门联合来制定关于职务犯罪案件当中的证据收集、固定、审查、运用的具体程序框架。这样才有可能从根本上避免在不同的环节中个别部门出现各自本位的区域司法问题。

我主要从解释的立场展开，不涉及对于许多规则更实质性的、直接的调整和变动，因此对于现在监委办案当中的一些证据问题，包括过度客观化的证据倾向问题，只能有限地去解决。

潘金贵：很多证据规则问题和万旭博士讲的一样，理论上似乎已经没有争议，但在实践中并没有引起重视，甚至在中国的语境下有不同的看法。今天，吉冠浩教授的讲座和两位与谈嘉宾的点评让我们对监察证据规则体系有了一个比较深入的认识。在监察改革正在逐步推进的情况下，我相信监察证据相关问题的研究也会日益受到重视。

随着这场讲座的结束，本年度的全国青年证据法学者线上论坛也顺利落下了帷幕。相信通过我们的不懈努力和积极推动，我国证据法学的研究将更加繁荣，法学也会因此更加受到大家的重视。期待明年论坛再会！